"思想文化与社会发展研究"丛书

何谓唯物主义

——重新理解马克思

刘志洪 著

中国社会科学出版社

图书在版编目（CIP）数据

何谓唯物主义：重新理解马克思 / 刘志洪著 . —北京：中国社会科学
出版社，2017.1（2019.2 重印）

ISBN 978 – 7 – 5161 – 9275 – 7

Ⅰ.①何… Ⅱ.①刘… Ⅲ.①马克思主义哲学—唯物主义—研究
Ⅳ.①B0 – 0

中国版本图书馆 CIP 数据核字（2016）第 270783 号

出 版 人	赵剑英	
责任编辑	朱华彬	
责任校对	张爱华	
责任印制	张雪娇	

出 版	中国社会科学出版社	
社 址	北京鼓楼西大街甲 158 号	
邮 编	100720	
网 址	http://www.csspw.cn	
发 行 部	010 – 84083685	
门 市 部	010 – 84029450	
经 销	新华书店及其他书店	

印 刷	北京君升印刷有限公司	
装 订	廊坊市广阳区广增装订厂	
版 次	2017 年 1 月第 1 版	
印 次	2019 年 2 月第 2 次印刷	

开 本	710×1000 1/16	
印 张	16.25	
插 页	2	
字 数	273 千字	
定 价	69.00 元	

总　序

学以成人　经世致用

　　人类进入 21 世纪以来，伴随现代科技的快速发展，"可上九天揽月、可下五洋捉鳖"的宏愿，早已成为现实。特别是随着基因技术和人工智能的发展与运用，人类比历史上任何时候似乎更具有"认识你自己"的外在条件。然而，物质生活的日益富庶与精神修养的相对贫瘠、社会生活的无限扩张与人和自然关系的持续紧张、民族国家利益本位潮流的涌现与人类命运共同体构建的艰辛……都预示着哲学社会科学研究任重道远。实际上，人类社会与人类文明的重大跃迁，都离不开哲学社会科学的重要发展。"学以成人、经世致用"，今天仍然是哲学社会科学工作者的重要使命。

　　"学以成人"，是一个具有鲜明中国特色的命题，按照主流的解释，就是如何在为学的过程中成就人自身。这个问题延展开来，无疑具有普适的意义。人类如何发现自身的价值、定位自身的意义、成就人自身？应该成就为什么样的人？成为"圣人""神人""至人"，抑或君子、绅士、公民？如何界定好一个时代的理想人格？人类如何"知人"？如何"成己""成物"？如何处理"知人"与"成人"的关系？中国传统上强调"为己之学""闻道""得道"，意思是为学的根本在于不断充实自我、提升自我，而不是"为人"，不是为了炫示于人、压服他人。这就需要"知道""成道"与"行道"。那么，"为道"与"为学"又是什么关系？它们各自有不同的进路吗？是"为学日益、为道日损"，还是下学上达、豁然贯通？……无论如何，从追寻人之为人的原初本质到实现人的自由而全面的发展，哲学社会科学有很长的路要走，并且只可能永远在路上。

　　成就人自身与促进社会发展，往往紧密联系在一起。"学以成人"也应与"经世致用"相辅相成。

　　"经世致用"是中国历史上一种重要的思潮，也是一种可贵的学风。它推崇学术的重要功能在于经邦济世、兴国利民。强调"求实""博征"，要求"经世要务，一一讲求"，认为"君子有志当世"，尤应"以天下为己任"，甚至提出"舍天下事更无所为""文章莫尚乎经济"，这些都是"经世致用"的重要表达。当代中国哲学社会科学工作者"经世致用"，就是要以人民为中心，立足当代社会的生动实践，把握好具有良好发展增量性的先进文化资源、弥足珍贵的原生本根性的中华优秀传统文化资源以及有益滋养性的国外哲学社会科学资源，实现古今中外各种资源的相资融通，致思于人民的美好生活，为科学地治国理政服务，为中华民族伟大复兴尽力，为人类共同的美好未来作出贡献。

　　这套《思想文化与社会发展研究》丛书，正是对"学以成人、经世致用"的一种尝试。祈望对构建具有中国特色、中国风格、中国气派的当代中国哲学社会科学，对推动转型时期中国社会发展，作出有益探索和绵薄贡献。

郑文堂

2015 年 11 月

工艺学揭示出人对自然的能动关系，人的生活的直接生产过程，从而人的社会生活关系和由此产生的精神观念的直接生产过程。甚至所有抽掉这个物质基础的宗教史，都是非批判的。事实上，通过分析找出宗教幻象的世俗核心，比反过来从当时的现实生活关系中引出它的天国形式要容易得多。后面这种方法是唯一的唯物主义的方法，因而也是唯一科学的方法。那种排除历史过程的、抽象的自然科学的唯物主义的缺点，每当它的代表越出自己的专业范围时，就在他们的抽象的和意识形态的观念中显露出来。

——卡尔·马克思

目 录

自　序

　　本书研究的是马克思主义哲学中一个非常古老的问题，但同时也是十分重要而没有真正得到解决的问题。新唯物主义的含义，关乎整个马克思主义的理论基础。然而，在作者看来，在过去的一个半世纪里，它实际上并没有得到我们马克思主义者准确而全面的理解。出于年轻人内心的冲动甚至于狂妄，怀着澄明马克思主义理论基础的美好愿望，年少的作者不自量力地选择了这样一个已经为众多伟大马克思主义哲学家和学者论说过的问题加以研究，试图重新理解和阐释马克思新唯物主义的含义，以实际行动加入当代中国马克思主义哲学界重新理解马克思的思想洪流之中，为这一重要理论努力添上自己的一份微薄之力，进而抛砖引玉推动对马克思主义更为广泛、深入和科学的研究。当然，我们都很明确，重新理解马克思并不是最终和最为重要的目的，而只是一个前提和基础——当然是相当重要的前提和基础。

　　在序言中需要说明的是，本书主要考察的是新唯物主义的含义问题。具体地说，在马克思本人看来，什么是唯物主义？换言之，马克思是如何理解和规定新唯物主义含义的？这个问题不同于新唯物主义的总体特征和本质这样对整个马克思主义哲学具有根本意义的问题，尽管它们之间也有着密切的关联。也就是说，本书主要研究的是马克思的唯物主义观，并且只是其中的一个问题，而非马克思的整个唯物主义思想。这个微小的含义问题当然也的确具有很强的理论穿透力和带动力，对于科学理解马克思的新唯物主义乃至整个马克思主义哲学具有相当重要的意义，犹如一块小石子投入水中也能在水面激起波澜一样。

　　这本走向马克思的少年学子浅薄的处子之作，是一件不折不扣的学徒期的"粗陋试验品"，也仅仅作为不懈向前的马克思主义哲学研究的一块铺路石，甚至还可能是绊脚石。他所能得到的最大褒奖就是严肃认真的学术批评。或许可以说，这种批评越多、越激烈、越深入，对他的褒奖就越大。只要认真的读者们阅读后形成这样的感受：这本书不是在胡言乱语，而确实是作了学术研究得到的结果；尽管有错误，甚至是严重的错误，但都是学术探索过程中的错误，和它一样不成熟的作者就十分感激和欣慰了，因为这的确是作者诚实研究的结果。在这之外，如果他能有一些真理的成分和理论的价值，那么，同他日夜相依为伴了两年的作者会十分心满意足。

导　　论

　　思想史注定是理解、误解和重新理解相互缠绕的永恒过程。经常出没的误解幽灵会在思想史中游荡。因为，只要有理解，它就会出现，不管作为研究者的我们对它多么恨之入骨。但比这个幽灵更为执着的是正确理解思想家们思想的渴望，这是我们永不放弃的向往。无论历史的风云如何变幻，正确理解思想家们的思想都是必要而有意义的。思想家们也总是期望我们能够正确理解他们的思想。自己的思想不仅不被理解甚至还被人把恰恰是自己否定和批判的观点加在自己头上，这是思想家们无法忍受的痛苦。我们应该努力为思想家们减轻以至解除这样的痛苦，这既是无可推卸、不可懈怠的责任，也是勇敢无畏、光荣自豪的选择。本书的努力就是期盼为一位伟大思想家解除一个这样的痛苦。并且，我们坚信，这种努力绝非不能实现的奢望和狂妄，因为我们能够做到正确地理解思想，尽管永远无法达到绝对正确的理解，但相对正确的理解完全可以实现。无法绝对正确地理解思想家们的思想绝不是放弃理解和重新理解的理由与借口，相反，恰恰是告诫和激励我们不断加以理解和重新理解进而努力接近思想家们思想的警钟与动力。

　　马克思也没能逃脱被误解的命运，而且由于其独特的境遇更加坎坷多舛。在形成、发展和传播的一个半世纪中，马克思的思想遭到了来自诸多方面各式各样的不解、误解乃至曲解。这些不解、误解与曲解严重地削弱和阻碍了马克思主义的真理光芒、实践意义、生机活力与发展完善。"不能没有马克思，没有马克思，没有对马克思的记忆，没有马克思的遗产，也就没有将来；无论如何得有某个马克思，得有他的才华，至少得有他的某种精神。"① 德里达所言甚是。不过，笔者想特别强调的是，我们不能没有的是真实的马克思，不能没有的是马克思真实的遗产、才华和精神。尽管现在一些学者认为无法认识马克思的本真思想，无须认识马克思的本真思想，甚至根本不存在马克思的本真思想，但笔者认为，揭示和描绘马克思的本真面目将在很长的历史时期都是一项相当重要的工作。和相对正确地理解思想家们的思想是必要的和可能的一样，相对正确地理解马克思的思想也是必要的和可能的。因此，相对正确地理解马克思将是我们永远的任务。正因为如此，重新理解马克思成了这个时代全世界马克思主义者的共同吁求。当代中国的马克思主义者也加入了这一思想洪流之中，甚至可以说由于感到责任与意义重大而更为自觉和努力。在这样一个必须重新理解马克思并且也自觉认识到必须重新理解马克思的时代和国度，真诚的当代中国马克思主义者展开了"重新理解马克思""重读马克思""回到马克思""走进马克思""神会马克思""亲近马克思""为马克思辩护"等的艰辛努力。正是得益于这些努力，使得本是离我们越来越远的马克思的形象不是变得越来越模糊，而是愈加清晰起来了！我们有了更加真实的马克思，有了更加真实的马克思的遗产、才华和精神。我们将继续坚定地在这条路上前行！

一　问题的提出

思想史上经常出现误解的一个重要原因在于：思想史是纷乱的，缺乏规范和统一。哲学史尤其纷乱，缺乏规范和统一。仅以"最小"的概念为例。概念尤其是核心概念，是任何一种思想理论大厦的基石。只有以含义合理明确的概念作为工具，才能准确清晰有力地表达思想。因而，理论必须赋予概念尤其是核心概念合理明确的含义。同样，对于读者来说，正确理解概念尤其是核心概念的含义是准确理解任何一种思想理论的一个基本条件。然而，在哲学史上，哲学家们甚至几乎没有对重要概念的含义达成过一致。同一个概念，不同时代、不同派别、不同哲学家经常赋予其不同的含义，甚至同一哲学家在不同思想发展阶段、同一思想发展阶段的不同著作、同一著作中的不同地方也时常赋予其不同的含义，致使哲学史上的诸多概念的含义相当多样。这正应了那句俗话："同一顶帽子下可能有

---

① ［法］德里达：《马克思的幽灵》，何一译，中国人民大学出版社1999年版，第21页。

不同的脑袋。"并且，更为恼人的是，好像越是重要和常用的概念，越是难以统一和厘清其含义。哲学、形而上学、本体、存在、自然、心灵、理性、物质、实践等，哲学史上的这些重要概念无不如此。"哲学常常在词的定义等等方面纠缠不清"，① 列宁相当精到地指出了哲学这一严重问题。对于这种混乱的局面，哲学家们负有不小的责任。哲学家们时常没有考虑概念的一般含义并说明自己赋予该概念的特殊含义就在自己新的意义上使用概念，造成概念含义的严重混乱。但另一方面，我们读者也有不小的责任。我们很少认真地思考和考察哲学家们所使用的概念的含义，往往自以为是地觉得这个概念的含义应该是怎样的，并就在这种未经考察的含义上理解这一概念以及哲学家们的思想，从而不能正确理解哲学家们那些有着特殊含义的概念，进而不能准确理解和把握哲学家们的思想。其实，哲学史上不少重大却无谓的争论正是源于对重要概念的含义理解和规定的不同。一旦澄清这些概念的含义并对它们达成共识，这样的争论也就自然走到了生命的尽头。不过，从另一个角度想，众多重要哲学概念含义的多样和易变又的确具有一些客观与合理的原因。然而，这并不是给了我们一个可以推托责任的理由，而是增加了正确理解概念含义的重要性，更加要求我们必须明确每一个重要概念的含义。一句话，要正确理解思想，就必须正确理解重要概念的含义。

唯物主义和唯心主义正是上述这个混乱大家族的一员。近代哲学以降，唯物主义和唯心主义成为了哲学王国中两个异常重要的概念。而在以苏联模式的马克思主义哲学为指导思想和理论基础的国度中，它们更具有举足轻重的影响和地位，仿佛具有马克思当年所说的"震撼世界"的力量。然而，事实上，这两个概念及其含义在西方哲学史上一直争论不休、模糊不清。对于唯物主义的含义以及唯物主义和唯心主义旷日持久的争论，罗素曾经风趣而又一针见血地指出："'唯物主义'是一个可以有许多意义的字眼……关于唯物主义究竟对或不对的激烈论争，从来主要是依靠避免下定义才得以持续不衰。"② 在罗素看来，唯物主义这个概念具有多种含义，根据一些含义它是正确的，根据另一些含义它是错误的；然而，人们对唯物主义概念的这些含义的理解是不清楚的，并由此造成了关

---

① ［苏］列宁：《哲学笔记》，林利等译校，中央党校出版社 1990 年版，第 407 页。

② ［美］罗素：《西方哲学史》下卷，马元德译，商务印书馆 1976 年版，第 336 页。

于唯物主义对错与否的无益的激烈争论。这番经验之谈启示我们必须认真研究唯物主义和唯心主义这两个概念的含义。更令人惊讶的是，"百科全书派"的领袖狄德罗竟然斥责在我们看来同样是"百科全书派""战斗的唯物主义者"代表的孔狄亚克是和贝克莱一样的唯心主义者。狄德罗批评孔狄亚克道："他的原则与贝克莱的是一模一样的。按照这一位和那一位的说法……本质、物质、实体、基质等名词，是很难凭着本身在我们的心中引起理解的；此外，《人类知识起源论》的作者也明确地指出……我们知觉到的，只是我们自己的思想；然而，这正是贝克莱的第一篇对话的结论，正是他的整个体系的基础。"① 与此相反又相似，费希特在《知识学引论第一篇》中竟然说公认的唯心主义哲学的典型——贝克莱的体系并不是唯心论的体系，而是独断论的体系。② 而在费希特眼中，独断论对表象的解释原则和唯心论相反，认为彻底的独断论是唯物论。这样怪异难解的事情不能不让笔者产生这样的想法：把握唯物主义概念的含义必须认真研究每一位哲学家对唯物主义概念含义的理解和规定。

　　毋庸讳言，以现代学术规范为标准衡量，马克思著作的规范性也不是很高。同样以"最小"的概念为例。马克思对概念的使用也并非十分规范。除了《政治经济学批判》和《资本论》等少数著作外，他很少对重要概念的含义做明确的界定，从而不少重要概念的含义都不是明确清晰的；并且马克思还经常不作说明就赋予概念新含义以至于出现多种不同的含义。因此，和整个思想史一样，在马克思的论著中，实际上存在诸多看似含义一致却隐含着重大差别和分歧的概念。马克思思想的这种特点无疑给理解增加了难度，增大了误解的可能性，同时加剧了学者们理解上的差异。诚如德里达所言，马克思文本的歧义性可以成为马克思主义生命力的源泉。但是，它又何尝不会成为削弱马克思主义生命力的流毒呢？至少，它向我们提出了系统深入地理解马克思的任务。任何简单的理解无论如何都不可能正确理解马克思。因而，我们应该努力明确和澄清马克思重要概念的含义。系统深入地重新理解马克思重要概念的含义，是系统深入地重新理解马克思的重要一环。

---

① 《西方哲学原著选读》下卷，北京大学哲学系外国哲学史教研室编译，商务印书馆1981年版，第152—153页。
② 同上书，第333页。

在这些亟须重新理解含义的重要概念中，唯物主义是一个特别需要重新理解的概念。和唯物主义的含义在西方哲学史上问题重重一样，在显赫地位的表面光环之下，马克思新唯物主义的含义也隐藏着严重的问题。唯物主义是马克思主义的一个基本立场、原则、观点和方法，在马克思主义中具有十分重要的作用和意义。从诞生之日起，马克思主义就始终是以坚定的唯物主义的面貌站立在历史和思想舞台上的。无论是创始人还是继承者，无论是支持者还是反对者，几乎一致地认为马克思主义是唯物主义的理论。马克思将自己的思想称为新唯物主义，恩格斯又将马克思和他的新世界观称为现代唯物主义。无须多言，正确以至准确地理解马克思的新唯物主义具有十分重要的理论意义和现实意义。然而，什么是唯物主义，唯物主义的含义是什么？在笔者看来，对这个十分重要的前提性问题，我们这些对唯物主义无比推崇的人的认识实际上一直很模糊。一百多年来，我们甚至没有独立地探究过这个概念的含义。对于我们这些马克思主义者来说，更为重要的问题是，在马克思本人看来，什么是唯物主义，唯物主义的含义是什么？亦即，马克思本人赋予了新唯物主义怎样的含义？在笔者看来，同样，一百多年来，我们整个马克思主义阵营实际上一直都没有对之作过准确全面的回答。21 世纪的我们不能让这种状况继续下去了。本书的目标就是要研究清楚这个问题。①

看到这里，一定有不少读者觉得笔者不是夸大其词就是迂腐可笑，不是发疯就是发傻！这个问题还需要考虑吗，这难道不是人尽皆知、耳熟能详的吗？唯物主义（包括新唯物主义）的含义不就是世界的本体是物质，意识是派生的，物质第一性，意识第二性，物质决定意识；外部世界不依赖于人的意识而客观存在；自然界是优先存在的等吗？但是，在笔者看来，这个问题绝非没有丝毫讨论的必要。

首先，尽管人们一般遵从的教科书理解模式的观点在马克思主义阵营中处于正统地位，但对这个问题一百多年来实际上一直存在十分激烈的争

---

① 在这里笔者想特别强调，对唯物主义含义的理解和规定是唯物主义观的主要问题，因此本书主要探究的是马克思的唯物主义观，并且只是马克思唯物主义观中的一个问题，而不是马克思的整个唯物主义思想以及新唯物主义的总体特征和本质。如果是要分析马克思的全部唯物主义思想以及新唯物主义的总体特征和本质，那本书做得也太不够了。当然，对马克思唯物主义观的科学考察和准确把握对于正确理解马克思的全部唯物主义思想也具有重要意义，因为唯物主义观是任何一种唯物主义思想的内在灵魂，正如哲学观是任何一种哲学思想的内在灵魂一样。

论和交锋，诸多其他马克思主义者和派别也有各自不同的见解。这些观点大致可以分成三种：恩格斯晚年的观点、列宁的观点和教科书理解模式的观点。恩格斯晚年认为，新唯物主义的含义是，现实世界（包括自然界和人类历史两方面）是思想观念的原型和基础，思想观念是现实世界的反映和表现，并且他还自觉区分了新唯物主义和近代唯物主义的不同的具体含义。列宁认为，和近代正统唯物主义相同，新唯物主义的含义是可感物质实体第一性，意识第二性。教科书理解模式认为，和以往的全部唯物主义相同，新唯物主义的含义也是世界的本体是物质，意识是派生的，物质第一性，意识第二性，物质决定意识。另外，还隐约地存在一种对新唯物主义含义的历史唯物主义理解。这种理解认为新唯物主义的本质是历史唯物主义，不过他们中的大多数人并没有明确提出自己对于新唯物主义含义的观点，只是不同程度地接触和论及新唯物主义的历史唯物主义的含义。对新唯物主义含义的这种激烈争论从来没有停止过，直至今日。

其次，以往的三种主要理解尽管不同程度地正确把握了马克思新唯物主义含义的某些方面，但是都没有能够准确、全面地理解新唯物主义的含义。从而，在一百多年中，我们整个马克思主义阵营实际上一直没有准确全面地理解和把握新唯物主义的真正含义。毫无疑问，对于这样一个十分重要、有各种不同观点但并不准确、全面的问题，我们必须做的事情就是对它进行系统深入的研究，得出我们所认为的正确观点并以之分析和评价以往的各种观点。

需要在此说明的是，本书把传统教科书的观点作为主要论战对象，打算在分析和批评这种正统观点的过程中揭示和阐发新唯物主义的含义。因为，在马克思主义哲学产生和发展的一百多年中，尽管对新唯物主义及其含义有多种不同的观点，但占据正统地位的始终是教科书理解模式的观点。然而它不仅没有能够正确把握新唯物主义及其含义，而且还严重背离了马克思的原意，造成对新唯物主义含义长期深刻的误解。在当代中国，这种对新唯物主义含义的正统却不合理的理解仍然像一个沉重、坚固却无形的枷锁禁锢着人们的头脑。说它沉重，是因为它的阻碍力和破坏力巨大，严重禁锢着人们的思想，让人们无法动弹；说它坚固，是因为它让人们无法逃脱它的控制，要想破除更是困难；可为什么说它无形呢？这是因为虽然它确确实实地存在着，并且造成了严重的危害，然而人们却并没有明确意识到它的存在和危害。最具代表性的表现是，尽管当代中国马克思主义哲学界对新唯物主义的本质的主流观点发生了重大改变，由传统的"辩证唯物主义"（包括辩证唯物主义和历史唯物主义）转变为"实践唯物主义""历史唯物主义"等，但是，即使这些发生了重要观念转变的学者也没有实现对新唯物主义含义理解的相应转变，仍旧对新唯物主义的含义持正统理解：世界的本体是物质，意识是派生的，物质第一性，意识第二性，物质决定意识；外部世界不依赖于人的意识而客观存在；自然界是优先存在的等。这里仅以几位对马克思主义哲学及其本质有独立的和创新的理解的知名学者为例说明国内马克思主义哲学界对于新唯物主义含义的这种根深蒂固的误解。

徐崇温先生提出，新唯物主义"要求……既从客体的或者直观的形式上，又从主体方面，去理解对象、现实、感性。……既把对象、现实、感性理解为独立存在于人的实践活动之外的客观物质世界，又把它们看作是人的感性的活动的产物……之所以把它称作新唯物主义，是因为其内容的前一个方面，表明它和旧唯物主义一样，是一种哲学唯物主义，而不是唯心主义"。① "为什么仍然要从客体的或者直观的形式去理解对象、现实、感性？根本的原因在于，即使'在这种情况下，外部自然界的优先地位仍然会保持着'。"② "马克思的新唯物主义和费尔巴哈的旧唯物主义都确认外部自然界的优先地位。"③ 显然，在徐先生看来，和全部旧唯物主义一样，确认外部自然界、外部世界的优先地位始终是新唯物主义的一个基本原则。

在以十年艰辛的理论探索写成并提出了诸多重大新见解的《回到马克思——经济学语境中的哲学话语》中，张一兵先生这样写道："马克思主要意在唯物主义地确证对象存在的客观性。"④ 大力提倡广义历史唯物主义的王金福先生主张历史唯物主义"是包括物质本体论、自然观、认

---

① 徐崇温：《关于马克思的新唯物主义——纪念马克思写作〈关于费尔巴哈的提纲〉150周年》，《开放时代》1996年第4期，第38页。

② 同上书，第39页。

③ 同上书，第40页。

④ 张一兵：《回到马克思——经济学语境中的哲学话语》，江苏人民出版社1999年版，第283页。

识论、历史观在内的整个马克思主义哲学"。① 他还特别补充说明，"物质本体论也可以不是直观的唯物主义而是实践唯物主义或历史唯物主义"。② 无须多言，王先生仍然把物质本体论看作广义历史唯物主义的基础和前提。和王金福先生相似，对马克思主义哲学提出了不少独到见解的王东先生在其力作《马克思学新奠基——马克思哲学新解读的方法论导言》中同样把"自然存在前提论"当作包括新唯物主义在内的全部唯物主义的基本前提。

即使在这方面思想最为创新的辛敬良先生也依然保留了外部世界的物质性和客观性在新唯物主义中的前提地位。"不可否认，确认外部世界的物质性和客观性是唯物主义的基本前提，但是将这一前提当作马克思主义唯物主义的基本特征就不恰当了。"③ 辛先生极具创造性地认为确认外部世界的物质性和客观性并不是新唯物主义的基本特征，这将对新唯物主义的理解大大向前推进了。但是，可以看出，辛先生所理解的新唯物主义仍然非常在意确认外部世界的物质性和客观性，仍然将其当作唯物主义包括马克思的新唯物主义的基本前提。

"马克思哲学研究的重点……是在世界中物质和意识的关系问题，即物质和意识的地位问题。……马克思关注的究竟是物质占主导地位还是精神占主导地位……马克思的世界概念中当然包含了物质，物质当然是一切实践的前提；马克思的哲学不否认物质在时间上的先在性。"④ 显然，尽管王晓升先生对马克思哲学和新唯物主义的本质持同正统观点不同的实践唯物主义的理解，但他也仍然以传统观点理解新唯物主义的含义。

以上马克思主义哲学学者对马克思新哲学和新唯物主义的本质都有各自新颖而独到的见解，他们所理解的马克思的新哲学和新唯物主义是实践唯物主义或历史唯物主义，但是，在新唯物主义的含义问题上，他

---

① 王金福：《"广义历史唯物主义"、"狭义历史唯物主义"概念的规定及其与马克思主义哲学的关系——论马克思主义哲学的实质》，兼与张一兵同志商榷，《南京社会科学》2000年第6期，第10页。

② 同上书，第8页。

③ 辛敬良：《立足于人类历史活动的唯物主义——对马克思主义哲学总体特征的再认识》，《哲学研究》1996年第3期，第4页。

④ 王晓升：《形而上学命题的困境和马克思在形而上学领域中的革命》，《哲学研究》2007年第11期，第16页。

们却全部没有走出传统观点的窠臼。这些知名学者对新唯物主义含义的理解代表了当代中国马克思主义哲学界对新唯物主义含义的一般理解。

对新唯物主义含义没有真正理解使得对马克思主义哲学的理解逐渐发生改变的人们，不得不在论述马克思主义哲学强调实践的作用，强调人的主观能动性的作用后面急忙补充道：当然，马克思主义哲学是唯物主义哲学，强调外部世界的客观实在性，主张外部世界不依赖于人、人的意识而客观存在，坚持自然界是优先存在的。然而，事实上，如果把握了新唯物主义的真正含义，大可不必如此慌张，因为根本就没有必要做这样的补充和强调，这些根本就不是新唯物主义的含义，尽管马克思也的确根据当时自然科学的观点和自己的经验与理性认为自然界是先于人和人的意识而存在的，外部世界是客观存在的。

质言之，尽管对新唯物主义本质的理解取得了重大进步甚至可以说实现了质的飞跃，但是当代中国马克思主义哲学界对新唯物主义的含义却仍然被牢牢束缚在传统观点的思想藩篱之中而无法挣脱出来。与此不同，本书将努力把符合新唯物主义乃至整个马克思主义哲学本质的历史唯物主义理解进行到底，让新唯物主义的历史唯物主义含义勇敢而明晰地呈现出来。

最后，不能准确、全面地理解新唯物主义的含义尤其是对新唯物主义含义的辩证唯物主义的理解在当代中国造成了严重的理论乃至实践后果。在理论上，它阻碍了当代中国人对新唯物主义乃至整个马克思主义哲学真正本质和精神的正确理解和把握，同时也阻碍了当代中国人对其他有价值的思想理论的正确理解和把握。在实践上，它助长了陈旧、保守的观念和态度，妨碍了当代中国人的思想解放和实践创新，阻碍了当代中国的改革和发展。

综上所述，在马克思主义及其唯物主义理论诞生一个半世纪之后的今天，重提新唯物主义的含义问题仍然是十分必要的。并且，我们或许还能以对这一问题的真正领会与阐释为基础和契机，更加有力地推进马克思主义的研究和发展。

二　研究的观念

明确了研究的问题并不意味着我们就自然而然地获得了研究的资格。解释学告诫我们，作为理解者的我们必须先行澄明自身。在研究之前，我们必须自觉思考：作为研究主体的我们如何研究这个问题才能得出正确的结论？在这当中，最为重要的是应以怎样的观念和原则进行研究？

作为一部主要进行文本学研究和诠释的学术著作，澄明和确立自己在理解和解释方面的基本观念异常重要。在笔者看来，哲学解释学的基本思想的确具有分析、借鉴、吸收和改造的重要理论价值，不过，以下三点是不容否定的：第一，作者在论著中所阐发的思想具有独立性和客观性，读者理解和解释的主体性和主观性不能否定这种独立性和客观性；第二，正确理解作者在论著中所阐发的思想是必要的和有意义的；第三，相对正确地理解作者在论著中所阐发的思想是可能的。以上三点同样适用于马克思哲学研究。如果这三个前提甚至其中任何一个不能成立，那么本书的研究就走上了严重错误的道路。但是，笔者坚信这三个基本前提可以成立，甚至可能永远都是学术研究必须承认和遵守的解释学前提和底线。

作为一项哲学研究，澄明和确立合理的哲学观也是十分重要的。在笔者看来，必须以现代哲学观理解马克思的新哲学和新唯物主义及其含义。哲学观是人们对哲学本身的总体理解和规定，深层地规约和确定一种哲学的目的、对象、主题、方法、精神乃至主要观点和影响等重要方面，是全部哲学的内在灵魂。套用惯常的话说，有什么样的哲学观就有什么样的哲学。

综观西方传统哲学长河中不同时期、不同派别、不同哲学家的不尽相同的哲学观，笔者认为，在其中占据主流地位的哲学观是认识型哲学观。本书对这种哲学观的界定不是只就其对研究的主题——本体论、认识论、方法论或价值论等问题的看法，而是就其对哲学的目的、对象、主题、方法、观点、本质、精神和功能等诸多主要方面的总体理解。在这种认识型哲学观看来，哲学最主要、最直接的目的是从理论上总体地、根本地理解和说明全部世界（包括人）的面貌与性质，获取系统的理性知识与真理；与此一致，哲学的研究对象和领域是全部世界、整个宇宙及其所包含的万事万物；哲学的主要问题是全部世界（包括人）的总体图景、基本性质、内在本质和运动规律；哲学的主要研究方法和工具是理性思辨和逻辑推理。简言之，哲学是人类运用理性对全部世界的总体图景、基本性质、内在本质和运动规律进行认识以获取系统的理性知识与真理和作出科学说明的活动，是由系统性的理性知识和真理构成的体系。① 这种哲学观在相当程度上规约乃至决定了两千多年的西方传统哲学。

西方哲学从童年开始就被如此理解。② 大多数古希腊哲学家都渴望洞悉自然③和心灵的奥秘，醉心于思考自然和心灵的面貌、性质和原因，对全部世界作出总体的解释和说明。柏拉图著名的对话录鲜明地体现了这种哲学观，它们对世界的诸多重要问题都作了思考和讨论。古代哲学的集大成者亚里士多德更是这种哲学观的典范，他对世界作出了异常广泛的探究，建立起了规模宏伟的哲学理论体系——从《论天》《气象学》《动物史》到《物理学》（即《自然哲学》）、《形而上学》再到《论灵魂》《政治学》《雅典政制》，几乎对世界的各个领域、各个方面都作了思考、研究和解释。在亚里士多德看来，哲学所爱的"智慧"就是"有关某些原理与原因的知识"。④ 如果说智慧在赫拉克利特那里还特指认识最高的道的话，那么，亚里士多德则将全部的知识都纳入智慧的范围之内，只不过有等级的差别而已。从而，亚里士多德的一些我们过去认为是古代科学的著作对于亚里士多德本人和古希腊人来说其实也是哲学著作。事实上，在古希腊，除了医学、史学、法学等少数学科外，大多数古代科学都在哲学的范畴之内，都是哲学。在当时，哲学相当于全部科学、理论的总称。

中世纪的很多哲学家也持这种认识型哲学观。作为中世纪"四大博士"之一的"悲惨博士"罗吉尔·培根，把哲学看作和神学不同的一切世俗学问的总称，将其分为数学、语言学、透视学、实验科学和伦理学五个部分。⑤ 基督教哲学的集大成者托马斯·阿奎那也是这种哲学观的典型代表。在他看来，在神学之下，哲学是全部理论的总和，包括自然哲学、数学和形而上学三大分支，研究的对象从运动的物质到不动的物质再到不动的非物质。同样，哥白尼开创的"天文学的革命"对于从中世纪向近

---

① 当然，传统认识论哲学观对哲学的总体理解不止这些，本书论述的只是其最主要的并且同论题最为相关的观点。

② 中国哲学界一般强调哲学所爱的是智慧而非知识。与此不同，在一些西方学者看来，"哲学"这个词在古希腊可以被理解为"爱智慧、求真知"。也就是说，哲学不仅"爱智慧"，而且也"求真知"。

③ 在古希腊，自然概念的含义之一就是全部物质世界、整个宇宙。

④ ［古希腊］亚里士多德：《形而上学》，吴寿彭译，商务印书馆1959年版，第3页。

⑤ 参见赵敦华《基督教哲学1500年》，商务印书馆1994年版，第340页。

代过渡的人们来说其实是哲学的革命。而牛顿力学和物理学的经典著作《自然哲学中的数学原理》的书名更是直接标明它是哲学。

近代哲学更为显著地体现了这种认识型哲学观。大部分近代哲学家为了理解和说明整个世界的全部图景，以理性思辨和逻辑推理建构了一个个内容广泛乃至无所不包的理论体系。培根渴望以他的"新工具"实现学术、科学、知识的"伟大的复兴"，获得对世界的科学知识以造福人类。霍布斯将哲学定义为关于通过原因推理出结果的知识。这表明，和亚里士多德相似，在霍布斯看来，哲学是一种特定的知识。他还经常把哲学当作通过推理得出这些知识的总和。因此，在霍布斯那里，哲学包括科学。当然，他也经常把哲学和科学互相替换使用。然而，这同样说明他把哲学看作知识的总和。

笛卡儿指出，哲学是研究智慧的，而智慧包括机智和完备的知识。这就意味着，哲学需要去获取完备的知识。而对于哲学分类的著名比喻"全部哲学就如一棵树似的，其中形而上学就是根，物理学就是干，别的一切科学就是干上生出来的枝。这些枝条可以分为主要的三种，就是医学、机械学和伦理学"①，更加清楚地表明，他将哲学理解为包罗万象的学问，理解为全部科学的总和。斯宾诺莎也期望他的哲学能够获得让人的心灵实现幸福的各种知识，获得"人的心灵与整个自然相一致的知识"。② 尽管最高的目标是至善和幸福，但知识同样是哲学的基本内容。能够看出，这些著名的近代哲学家都把哲学当作知识和科学的总和与总称。

沃尔夫和康德同样是这种哲学观的典型代表。在沃尔夫看来，逻辑学是哲学的入门，而哲学可以分为两个部分：一是理论哲学，包括本体论、宇宙学、心理学和神学；二是实践哲学，包括伦理学、政治学和经济学。这样一来，哲学就把当时的主要学科都包括进来了。而康德认为，哲学是除神学、法学和医学外的全部学说的总和，包括历史知识的部门（历史、地理学、学术的语言知识、人文学以及关于经验性知识的博物学所提供的一切）和纯粹的理性知识（纯粹数学和纯粹哲学、自然形而上学和道德形而上学）。柏林大学建校之初有四个学院：神学院、法学院、医学院和

---

① ［法］笛卡儿：《哲学原理》，关文运译，商务印书馆 1958 年版，第 152 页。
② ［荷］斯宾诺莎：《知性改进论》，贺麟译，商务印书馆 1960 年版，第 21—22 页。

哲学院，这同康德对学科的理解和划分是一致的，应是反映了当时德国学界的主流看法。在哲学史上，理性思维的英雄们"凭藉理性的力量深入事物、自然和心灵的本质——深入上帝的本质"，"赢得最高的珍宝，理性知识的珍宝"。① "哲学是关于真理的客观科学……是概念式的认识"。② 哲学如果真正成为科学，"就能不再叫做对知识的爱，而就是真实的知识"。③ 传统哲学之集大成者黑格尔的这些名言，十分简洁凝练地道出了传统认识型哲学观的主要观点。

　　西方人对哲学的这种理解是根深蒂固的。直到 18 世纪中后期乃至 19 世纪早期，在自然科学已经高度发展、社会科学初现端倪的情况下，大多数西方民众还是把哲学理解为全部科学的总和，理解为理性知识、真理的总和。人们将很多学问、学科都称为哲学，将很多学者都称为哲学家。黑格尔曾经严正批评过对哲学的这种流行的"误用"，然而这恰恰反映了西方人对哲学根深蒂固的普遍理解。甚至直到今天，对哲学的这种理解在西方社会中还相当广泛地存在着，英、美等国众多早已从哲学中独立出去的学科的博士学位至今依然统称为 PH. D（哲学博士）就很能说明这一点。对于当代西方人而言，在广义上，只要具有系统性的知识思想理论体系就是哲学，这也是普通西方人经常说处世哲学、表演哲学、经营哲学、理财哲学、足球哲学以及诸如此类哲学的原因。这些具体的哲学或许就是马克思当年所批评的"毛发哲学""脚趾哲学""趾甲哲学"，但是，西方的历史和传统就是如此。

　　总而言之，在西方人的主流理解中，哲学是系统性的理性知识和真理的总和。在笔者看来，这种认识型哲学观形成并在西方哲学史上占据主流地位是很自然的。认识和说明世界是发展起来的人类的一个基本需要。从产生伊始一直到近代，人们主要让哲学完成这一任务，而哲学所做的主要工作也就是认识和说明世界。从而，认识型哲学观必然在这样的哲学活动中形成、发展和确立起来。

　　另外，也应当看到，西方传统认识型哲学的心灵深处实际上隐藏着深

　　① ［德］黑格尔：《哲学史讲演录》第一卷，贺麟、王太庆译，商务印书馆 1959 年版，第 7 页。

　　② 同上书，第 18 页。

　　③ ［德］黑格尔：《精神现象学》上卷，贺麟、王玖兴译，商务印书馆 1979 年版，第 3 页。

沉的生存论关切。传统哲学以理性思辨、逻辑推理求取知识和真理的活动，并不单纯是为了获取系统的理性知识。这个直接目标的背后还有更为高远的目的，那就是人的存在、意义和幸福。在持认识型哲学观的西方传统哲学家们看来，理性知识和真理是人的意义和幸福的最高体现，求知是人最高的存在方式。因此，他们总是不懈地思考和研究，渴望以求知和知识实现人最高的存在、意义和幸福。他们的哲学是这种哲学观的忠实实践。近代思辨哲学的创始人笛卡儿认为，他的哲学原理能够帮助人们"达到最高智慧即人生至善"。哲学王国的"圣徒"斯宾诺莎也十分赤诚而明确地提出，他的哲学的目的是通过获得"人的心灵与整个自然相一致的知识"来获得"至善"，实现人永远的最高的快乐。而"学究哲学家"的典型代表黑格尔也慷慨激昂地宣布了他的哲学理想：人虚心地接受"真的、永恒的和神圣的事物""观察并把握那最高的东西""那最初隐蔽蕴藏着的宇宙本质……必然会向勇毅的求知者揭开它的秘密，而将它的财富和宝藏公开给他让他享受。"① 可见，即使是最思辨、最抽象的黑格尔哲学，它的理想仍然是为了实现人的良好存在。这种哲学精神的确十分高尚，理当得到我们的尊敬。

　　然而，传统认识型哲学观是需要根本改造的，并且事实上已经遭到了大多数现代哲学家的激烈批判。现代哲学家们对哲学的目的、对象、主题、方法、本质、精神和功能作了深刻反思和重新定位。尽管每个人对于哲学究竟应该走向何方而观点不同，但对传统哲学观的批判却相当一致。现代哲学家们普遍认为哲学的目的不应该再是从理论上总体地根本地理解和说明全部世界的面貌与性质，获取系统的理性知识、真理；哲学的研究对象和领域不应必须是全部世界和整个宇宙；哲学的研究主题不应该再是全部世界的总体图景、基本性质、内在本质和运动规律；哲学的主要研究方法和工具也不应只是理性思辨和逻辑推理。

　　在批判传统认识型哲学观的同时，现代哲学家们提出了诸多新哲学观。在这当中，生存论哲学观是得到越来越多哲学家赞同的一种。和传统认识型哲学观不同，现代生存论哲学观把人的存在、意义和幸福确立为直接的最高目的和理想，而不是像认识型哲学观那样将其作为隐藏在求知和

---

　　① ［德］黑格尔：《哲学史讲演录》第一卷，贺麟、王太庆译，商务印书馆 1959 年版，第 3 页。

知识背后的目的和理想。更为重要的是，生存论哲学观指出，理性知识并不是人的意义和幸福的最高体现，求知也不是人最高的存在方式，求知和知识并非实现人的存在、意义和幸福的最佳途径与方式，尽管也是一种重要的途径与方式。不仅如此，求知和知识并不必然地实现人的存在、意义和幸福，甚至可能会破坏和阻碍人的存在、意义和幸福，这种可能性某种程度上在现代社会中已经变成了现实。

实现了伟大思想变革的马克思同样批判了传统哲学及其所主张和蕴含的传统哲学观，并阐发了自己崭新的哲学观。我国马克思主义哲学界几乎一致认为马克思和叔本华、孔德等人一道发起了现代哲学革命，实现了西方哲学从传统（近代）向现代的转变，开创了现代哲学。事实上，马克思的新哲学，不仅哲学思想是崭新的现代哲学思想，而且哲学观也是崭新的现代哲学观，同传统认识型哲学观有着根本的异质与对立。虽然我们这些马克思主义者认为马克思主义有哲学，不过，很多哲学流派并不认为马克思主义有哲学。更为重要的是，马克思和恩格斯也强调他们的学说不是哲学。思想成熟后，马克思激烈地批判哲学，主张"消灭哲学"。恩格斯晚年也明确指出，马克思的学说已经根本不再是哲学，而只是世界观；哲学已经终结，已经被实证科学和马克思主义所扬弃了。这确定无误地告诉我们，马克思和恩格斯是根本反对传统哲学的。如果说马克思主义有哲学的话，那么这种哲学必定是同传统哲学根本异质的。

另外，马克思和恩格斯提出，只有他们的理论才是"真正实证的科学"。也就是说，在马克思、恩格斯看来，实证主义者孔德的理论仍然没有达到真正实证的程度，而只有他们的理论才真正实现了"实证的科学"。在1869年写给小燕妮的信中，马克思再次指出，孔德主义者或实证主义者"除了自高自大以外没有任何实证的东西"。[①] 这再次表明，在马克思的心中，只有他的理论才是真正实证的科学，他的理论不是"哲学"而是"实证的科学"。完全可以说，创立新的哲学观和新的哲学是马克思哲学革命的"一体两面"。没有哲学观的根本变革，马克思就不可能实现思想的根本变革，就无法发动和完成哲学革命。可见，尽管可以以现代哲学观的标准认定马克思主义有哲学，但必须牢记，马克思的哲学

---

① 《马克思恩格斯全集》第三十二卷，中央编译局编译，人民出版社1975年版，第602页。

观同他们所反对的哲学——传统哲学的哲学观有着根本的异质和对立；马克思的哲学观不是以认识型哲学观为主流的传统哲学观，而是现代哲学观。

作为哲学的内在灵魂，哲学观深层地甚至决定性地影响着包括唯物主义思想在内的哲学思想。异质的哲学观深层地造成包括唯物主义思想在内的哲学思想的异质。传统认识型哲学观促成了正统的形而上学的唯物主义，马克思的新哲学观则塑造了新唯物主义。不仅如此，哲学观对于理解包括唯物主义思想在内的哲学思想也有十分重要的影响。哲学观的不同会造成对同一哲学文本和思想的理解的重大差异。面对同样的文本和思想，以不同的哲学观进行理解甚至可能得出截然不同的观点。以不合理的哲学观理解哲学思想只能导致误解，只有合理的哲学观才能正确地理解哲学思想。传统哲学观无论如何不能正确理解现代哲学，只有现代哲学观才能正确理解现代哲学。既然一致认为马克思主义哲学是现代哲学，那么我们就应以现代哲学观理解马克思的新哲学，而不应仍旧以认识型哲学观理解马克思的新哲学。在笔者看来，传统教科书理解模式之所以会对马克思哲学产生诸多严重误解，一个十分重要的深层原因就在于他们是以传统认识型哲学观理解本质上属于现代哲学的马克思哲学的。这也是造成他们长期深刻误解新唯物主义的本质和含义的重要原因之一。第五章第三节将详细论述这个问题。只有以现代哲学观理解才能准确、全面地把握新唯物主义的含义。

三　研究的原则

为了准确、全面地理解和把握新唯物主义的含义，除了学术研究、哲学研究和马克思哲学研究必须遵循的一般原则要求外，还需要做到对于本论题的研究特别重要的五点。尽管这五个原则在对马克思主义哲学其他一些问题的研究上得到了较好的贯彻，但在对新唯物主义含义的研究上却始终没有得到真正的和有效的贯彻。

第一，依据马克思本人的思想。研究思想家对于某一问题的观点当然要依据思想家本人的思想，这是学术研究最基本的要求。同样，研究马克思对唯物主义含义的理解和规定当然也要依据马克思本人的思想。然而，由于种种原因，以往主要根据恩格斯、列宁以及斯大林等经典作家的观点理解马克思新唯物主义的含义。长期以来，传统教科书理解模式经常以其他经典作家对马克思的理解和阐释来认识马克思。对于新唯物主义及其含义，这种做法更加严重。传统教科书理解模式几乎都是以恩格斯、列宁等经典作家的思想观点加以理解和解释的。这种状况至今尚未得到有效的改变，以至于每当说到唯物主义和唯心主义含义的时候，人们就要引述恩格斯在《路德维希·费尔巴哈和德国古典哲学的终结》中对于唯物主义和唯心主义的经典论述作为标准答案。而且人们坚信：恩格斯、列宁等经典作家的观点必定和马克思一致，也必定正确。绝大多数研究者从来没有认真反思、考察过恩格斯对唯物主义和唯心主义在西方哲学和马克思主义哲学中的含义理解和概括的科学性。

　　但是，解释学给我们指出了这样的事实：读者不可能完全准确理解作者思想。因此我们必须树立这样的观念：即使恩格斯、列宁等经典作家对马克思的思想、马克思的新唯物主义及其含义的理解也有可能不符合马克思原意。而且，即使恩格斯等人的理解和概括完全符合马克思思想，我们也不能无批判地完全照搬恩格斯他们的观点，而必须在作了批判性的考察之后才能接受。作为研究者，必须严禁无分析的接受。当然，本书的观点也只是"一家之言"，也很有可能并不准确、全面，同样需要读者们作出自己的批判性考察和判断。总之，我们不能仅仅依据恩格斯和列宁等经典作家对新唯物主义含义的理解和阐释理解和阐释新唯物主义的含义，而必须依据马克思本人的思想理解和阐释新唯物主义的含义，让马克思自己告诉我们新唯物主义的含义。不过，我们可以而且必须参考、借鉴恩格斯和列宁等经典作家的理解和阐释，并对他们的观点作出积极的回应。

　　第二，进行系统深入的研究尤其是文本研究。其实，系统深入的研究是理解思想家们思想的最基本要求，本不应作为一个重要的原则在这里郑重提出。然而，笔者以为，一百多年来整个马克思主义阵营之所以迟迟不能准确、全面地理解新唯物主义含义的一个重要原因就在于以往对新唯物主义含义的研究不系统、不深入。志在准确、全面地理解的研究必须系统深入，否则就不可能在很大程度上超越以往的见解。文本是思想家们表达思想的最主要载体，对文本的解读和研究也是理解和把握思想家们思想所应当进行的最主要也是最基本的工作。考察新唯物主义的含义所应当进行的最主要和最基本的工作也是系统深入的文本解读和研究。只有对文本系统深入的解读和研究才有可能准确、全面把握新唯物主义的含义；没有对文本的系统深入的解读和研究永远都不可能准确、全面地把握新唯物主义的含义。在笔者看来，迄今为止，整个马克思主义阵营还没有对新唯物主义的含义进行过专门的、系统深入的文本学研究。因此，笔者期望本书通过系统深入的文本研究准确、全面地理解新唯物主义的含义。

把上述两点结合起来，显然，本书需要对马克思本人的思想进行系统深入的研究尤其是文本研究。这是本书之所以大段引证马克思论述的主要原因。在当代中国马克思主义哲学研究中涌动着的文本研究的热流一直以来都让笔者激动不已，它为重新理解马克思提供了坚实的研究方法，对正确理解马克思产生了重大的积极作用。值得一提的是，传统教科书理解模式主要根据恩格斯、列宁等经典作家的阐释来认识新唯物主义的含义也并不是没有他们的原因的，最主要的原因就是他们认为马克思本人没有论述过新唯物主义的含义。然而，这个看法是错误的。并且这个错误的看法正是由于缺乏系统深入的文本研究所致。事实上，马克思本人关于唯物主义的思想是很丰富的，对新唯物主义的含义也进行过不少论述，只是由于以往没有进行系统深入的文本研究，才形成了马克思没有论述过新唯物主义含义的印象，这又直接导致了不依据马克思本人的思想研究新唯物主义的含义，进而不能准确、全面地把握新唯物主义的含义。

第三，全面把握唯物主义在西方思想史上的各种含义。马克思主义是在批判地吸收前人思想成果的过程中形成的，同样，马克思的唯物主义思想包括新唯物主义的含义也都是在批判地继承前人思想的基础上形成的。因此，研究新唯物主义的含义需要把握唯物主义在西方思想史①上的各种含义。然而，按照传统教科书理解模式的说法，好像唯物主义在整个西方思想史只有恩格斯所总结概括的那种含义一样，好像其他思想家对唯物主义含义的理解和规定同恩格斯都是一致的一样。由于这种认识，以往很少独立地研究唯物主义在西方思想史上的含义，系统深入的研究就更不可能了。而且，更为严重的是，自觉或不自觉地认为唯物主义在西方思想史上只有恩格斯所规定的一种含义，必然会造成人们认为新唯物主义也只有一种含义，即恩格斯界定的那种含义：世界的本体是物质，意识是派生的；

---

① 需要说明，尽管唯物主义概念主要在哲学中使用，但又不仅限于哲学，自然科学和社会科学也使用唯物主义概念。另外，马克思主义哲学的思想来源也不仅限于西方哲学史，而是整个西方思想史。所以，考察马克思新唯物主义及其含义的思想渊源不能仅限于考察唯物主义在西方哲学史上的含义，而应考察唯物主义在整个西方思想史上的含义。当然，这又需以考察唯物主义在西方哲学史上的含义为主。

物质第一性，意识第二性；物质决定意识。

这样一来，马克思就没有对新唯物主义的含义进行其他规定的可能性了，新唯物主义有且只能有这种含义了。但是，事实上，在西方思想史上存在各种不同的唯物主义形态，而这些不同的唯物主义形态又具有不同的含义。从而，在西方思想史上，唯物主义并非只有一种含义，而是有多种不同的含义，这些不同的含义为马克思赋予新唯物主义以不同于正统含义和其他含义的含义提供了条件。因此，只有对唯物主义在西方思想史上的各种含义进行梳理，全面把握唯物主义在西方思想史上的各种含义，才能比较充分地把握新唯物主义及其含义的思想渊源和参照背景，以准确理解新唯物主义的含义。绝不能在没有正确理解唯物主义在西方思想史上的含义的情况下就谈论新唯物主义的含义，这是严重非法的。

第四，认真梳理马克思对唯物主义含义理解和规定的演进过程。认为唯物主义在西方思想史上只有一种含义，马克思对唯物主义的含义只能有一种理解，必然让传统教科书理解模式合乎逻辑地认为马克思在一生中对唯物主义的含义只有一种理解和规定，对唯物主义含义的理解和规定在一生中都没有发生过改变。因为既然马克思对唯物主义含义只可能有一种理解和规定，那么，马克思在一生中对唯物主义含义的理解当然肯定都是一样的，是不可能改变的。传统教科书理解模式主张，虽然对唯物主义的态度发生了很大的改变，从唯心主义转向了坚定的唯物主义，但是马克思对唯物主义含义的理解和规定却始终不变，一直都是世界的本体是物质，意识是派生的；物质第一性，意识第二性；物质决定意识。

在传统教科书理解模式看来，马克思对唯物主义含义的理解和规定虽然经历了一个从费尔巴哈向马克思主义的转变过程，从"自然物质、自然存在决定意识"转向最普遍最一般的"物质决定意识"，但这始终是在物质和意识的关系范围内发生的改变，并没有越出唯物主义的一般含义的范围。然而，实际上，马克思在一生中不仅对唯物主义的态度发生了根本的转变，而且对唯物主义含义的理解和规定也发生过两次根本的转变。并且马克思对唯物主义含义理解和规定的演进过程还可以为我们指出正确把握新唯物主义含义的方向。所以，应该认真梳理马克思对唯物主义含义理解和规定的演进过程，它非常有助于准确理解思想成熟时期的马克思赋予新唯物主义的含义。

第五，深入分析马克思和其他思想家关于唯物主义的论述。前面已经确定，本书的研究需要全面把握唯物主义在西方思想史上的各种含义和马克思一生各个思想发展时期尤其是思想成熟时期所理解和规定的唯物主义的含义。如果马克思和思想家们对唯物主义和唯心主义概念的含义做过正式明确的界定，哪怕只是简单的说明，研究都会相当轻松。然而，不如愿的是，现代之前的思想家们，还有马克思，几乎都没有这样做，这使得我们这些研究者只能分析他们关于唯物主义的论述，概括他们赋予唯物主义的含义。解读马克思以及其他思想家关于唯物主义的论述是本研究对马克思和其他思想家思想所做的文本研究的主要工作，也是本书研究马克思和其他思想家对唯物主义含义的理解和规定的主要方法。不过，即便如此，我们还是无法知道一些著名哲学家对唯物主义含义的理解和规定，这些哲学家对唯物主义要么只字未提，要么一笔带过，令我们实在无法把握其对唯物主义含义的观点。

　　另外，需要特别强调的是，在笔者看来，只能把马克思和其他思想家们明确的对于唯物主义的论述，即马克思和其他思想家们使用了唯物主义概念的论述作为分析的对象，那些在以往认为表达了马克思和其他思想家们唯物主义观点但思想家们并没有使用唯物主义概念的论述不宜作为分析对象。这是为了避免以旧有的唯物主义观为隐含的标准取舍论据，否则必将旧路重回。因为，既然作为判断标准的是旧有的唯物主义观并以之为标准取舍论据，那么所采纳的论据必然是符合旧有唯物主义观的论述，而分析这些论述之后得出的必然还是旧有的唯物主义观。错误的研究前提导致错误的研究结果，错误的研究结果又反过来印证错误的研究前提。为了避免这种错误的循环，必须严格以马克思和其他思想家们使用了唯物主义概念的论述作为考察马克思和其他思想家们对唯物主义含义的理解和规定的依据。这也是本书研究的一个特点。

　　以上就是笔者所认为的对本书论题进行科学研究所必需的最为基本和重要的原则。它们有的是在研究之前确定的，有的则是在研究之中逐步形成的。它们对本书的研究产生了引导和规范作用，对于将研究的结果以系统理论的形式呈现给读者也具有很强的引导和规范作用。因此，我们将严格按照这些原则对新唯物主义含义进行研究和写作。而这也就大致确定了本书的致思逻辑和基本结构：第一章和第二章考察新唯物主义之前以及同时代的唯物主义的各种含义，尤其是唯物主义的正统含义和费尔巴哈感性唯物主义的含义；第三章梳理马克思对唯物主义含义理解和规定的演进过程；第四章阐释新唯物主义的独特含义；第五章分析和评价以往各种观点尤其是马克思主义阵营内部的三种主要观点，从反面论证本书观点的正确性。

第一章

唯物主义在思想史上的多种含义

对思想史的考察，是准确理解思想家们思想的一项基础性工作。研究马克思新唯物主义的含义也不例外。在研究的原则中，我们已经认识到了把握唯物主义概念在西方思想史上的各种含义之于准确理解新唯物主义含义的重要意义。没有正确理解唯物主义在西方思想史上的含义，就无前提地甚至以错误的前提谈论新唯物主义的含义是不合理的，不可能准确、全面地理解新唯物主义的含义。因此，在考察新唯物主义的含义之前，必须先行考察唯物主义在西方思想史上的含义。

在历史上，事物和事物的概念经常不同时出场。往往是事物先行出现，而事物的概念在一段时间之后才形成，有些甚至还姗姗来迟。唯物主义就是如此。从后人的观点看，众多唯物主义思想在西方哲学肇始之初就已经登上哲学舞台了。然而，令人难以置信的是，唯物主义这一概念直到两千多年后的 17 世纪才形成并被使用。从而，对唯物主义概念在西方思想史上的含义的考察只能从近代开始。中文"唯物主义"一词对译的英文为 Materialism，德文为 Materialismus。英国著名化学家罗伯特·波义耳在《怀疑的化学家》（或译《怀疑派化学家》，出版于 1661 年）一书中最早使用了英文 Materialist（唯物主义者）一词。[①] 1668 年，英国剑桥柏拉图学派的一位哲学家亨利·莫尔在其《神学家的对话》一书中曾提到"一个年轻、机智、很有教养的唯物主义者"；十年之后的 1678 年，剑桥柏拉图学派的另一位哲学家卡德沃思在其《真正理性的宇宙体系》一书

---

① 参见刘立群《马克思和恩格斯为什么没有用过"唯物主义哲学"一词？——也谈马克思和恩格斯对元哲学问题的探索》，《泰山学院学报》2005 年第 2 期，第 3 页。

中使用了"古代无神论的唯物主义者"这样的表述。① 德文 Materialismus 一词最早出现在学者瓦尔希于 1726 年编著的《哲学辞典》中。该辞典首次收录了"唯物主义"辞条并作了如下的解释："人们称那种否定精神实体，只愿承认物质实体的（观点）为一种唯物主义。"② 下文将看到，瓦尔希对唯物主义含义的这种概括是比较准确的。只承认物质实体的存在而否定上帝和精神实体的存在，的确是唯物主义概念首要的含义。唯物主义概念的产生情况表明，进入近代，西方思想界对唯物主义思想有了更为自觉和深入的认识，对其进行了反思和命名。

　　这样，对唯物主义在西方近代思想史中含义的考察，就成为摆在我们面前的第一个课题。但这种考察需要正确的原则与方法。在笔者看来，考察概念在一个较长时间段中的含义，主要应考察人们尤其是思想家们在实际使用过程中对该概念含义的理解和规定，并通过总结归纳，概括出该概念的含义。人们经常使用的对概念含义词源学的考察和查阅辞典的方法虽都是考察概念含义的重要途径，但都不应成为主要途径。前者考察的主要是概念最初的来源和含义。但概念的含义在长期的使用过程中往往会发生改变，从而最初的含义可能并非概念在长期使用过程中的主要含义。因此，这种方法不能成为考察概念含义的主要途径。笔者相信，马克思和恩格斯会同意这个观点。恩格斯曾以"宗教"一词为例指出，概念的意义应该"按照它的实际使用的历史发展的过程来决定"，而不是"按照来源来决定"。恩格斯甚至激烈地认为"这种词源学上的把戏是唯心主义哲学的最后一招"。③ 而各种辞典所示则是其他学者对于该概念含义的观点，至多只能作为参考，学术研究必须进行独立的考察，因而这种方法也不能成为考察概念含义的主要途径。基于上述观点，本书力图通过考察和归纳近代思想家们对唯物主义含义的理解和规定来概括唯物主义在西方近代思想史中的含义。不过，马上又有一个问题出现在了我们面前，这就是导论

---

　　① 韦人：《唯物主义一词是何时出现的——读书札记》，《学习与探索》1985 年第 5 期，第 28 页。就笔者所掌握的材料，韦人先生的这篇论文是改革开放以来关于唯物主义概念之历史和含义最好的研究论文。

　　② 刘立群：《马克思和恩格斯为什么没有用过"唯物主义哲学"一词？——也谈马克思和恩格斯对元哲学问题的探索》，《泰山学院学报》2005 年第 2 期，第 3 页。

　　③ 《马克思恩格斯选集》（第二版）第四卷，中央编译局编译，人民出版社 1995 年版，第 234 页。

指出过的近代思想家们几乎都没有正式明确地界定过唯物主义的含义。因此，我们只能通过分析近代思想家们关于唯物主义的论述尤其是直接、重要的论述把握他们对唯物主义含义的理解和规定。

第一节　唯物主义的正统含义

在西方近代思想史上，唯物主义概念有多种含义。在这当中，有一种含义一直居于主导地位，构成了唯物主义概念的正统含义。从而，它也理所当然地成为我们考察的重点。

莱布尼茨是笔者查阅到的最早直接论述唯物主义的著名哲学家。在同克拉克的著名书信论战中，他写道："唯物主义者以德谟克里特、伊壁鸠鲁和霍布斯为范例……只承认物体，而基督徒数学家们则还承认有非物质的实体。"① 莱布尼茨认为，唯物主义者的错误在于"认识到了事物的本原中的能力，但没有充分认识到其中的智慧（指上帝的智慧——引者注）。"② 显然，在莱布尼茨看来，唯物主义只承认物质性的实体的存在，否认非物质的实体——上帝和心灵的存在，也不承认上帝的智慧；而与之相对的有神论、形而上学认为除了物质性的实体之外，还有非物质性的实体——上帝和心灵存在，并且上帝的智慧对世界起决定作用。

在莱布尼茨的论战对手克拉克看来，"唯物主义者设想自然的结构……单从物质和运动、必然性和定命的机械原理就能产生出来；而哲学的数学原理则表明……事物的状态……不能从任何别的、而只能从一种有心智的和自由的原因产生"。③ 克拉克还提出："认为世界是一架大机器，无须上帝的插手而继续运转……是唯物主义和定命的概念，……上帝的统治实际上排在世界之外。"④ 克拉克继续批评唯物主义，认为一些人否定甚至败坏自然宗教本身"主要地须归之于唯物主义者们的虚妄哲学……使得人的灵魂……甚至使上帝本身都成为有形体的存在"。⑤ 可以看出，克拉克认为，唯物主义主张物质是唯一真实存在的存在，世界是由物质及其运动

---

① 《莱布尼茨与克拉克论战书信集》，陈修斋译，商务印书馆1996年版，第6页。
② 同上书，第9页。
③ 同上书，第12页。
④ 同上书，第5页。
⑤ 同上书，第3页。

形成的，根本不需要上帝的智慧和统治，甚至连上帝和灵魂本身实际上都是物质性的。显然，尽管在一些哲学思想上存在分歧，但克拉克和莱布尼茨对于唯物主义含义的理解却是基本一致的。

唯心主义的典型代表贝克莱提出，他和唯物主义者都承认外界有一种和人不同的存在物影响人，他认为是精神，而唯物主义者"肯定说它是物质"。① 贝克莱更尖锐地提出："纵使坚实的、有形状的、能运动的实体可能存在于心外，并且与我们对物体所具有的观念相应……我们要知道的话，必定或者是通过'感官'，或者是通过'理性'。说到我们的感官，我们通过它们只能知道我们的感觉、观念或者那些为感官直接感知的东西……但是它们并没有告诉我们说：事物存在于心外，或者不被感知，却又与我们所感知的东西相似。……那就必定是靠理性从感官直接感知的东西来推断它们的存在了。但是（我看不出），有什么理由可以使我们根据我们所感知的来相信心外之物的存在呢？"② 可见，在贝克莱看来，唯物主义主张在心灵之外客观地存在着物质，并对心灵（自我）产生决定性作用，是形成观念的根本原因。和唯物主义的这种主张相反，贝克莱的唯心主义认为，物质并不存在，即使心灵之外存在着物质，也无法知道；真实存在的只是精神，精神是形成观念的根本原因。值得注意的是，尽管同为唯心主义者，但贝克莱的唯心主义观点和莱布尼茨、克拉克的唯心主义观点有很大差别。贝克莱的唯心主义否定物质的客观存在，并且认为精神是形成观念的根本原因，而莱布尼茨和克拉克的唯心主义在于主张上帝存在，并且上帝的智慧对世界起决定性作用，他们并不否定物质的真实存在，而认为物质是真实存在的。

著名理神论者伏尔泰的唯心主义观点同莱布尼茨以及克拉克非常一致，其对唯物主义含义的理解也和莱布尼茨、克拉克十分接近。伏尔泰认为，被引入唯物论的人"相信宇宙是无限的而且充满物质。而物质又永恒不灭。……我所见过的牛顿派，个个都承认真空和物质有限，从而合情合理地承认有一位上帝"。③ 在伏尔泰看来，伊壁鸠鲁及其门徒卢克莱修

---

① 转引自［苏］列宁《唯物主义和经验批判主义》，中央编译局译，人民出版社 1998 年版，第 24 页。

② 《西方哲学原著选读》上卷，北京大学哲学系外国哲学史教研室编译，商务印书馆 1981 年版，第 510 页。

③ ［法］伏尔泰：《哲学辞典》上卷，王燕生译，商务印书馆 1991 年版，第 167 页。

"既然隐约表示承认有真空、承认物质的有限性，就必然要得出结论说物质并不是必然存在的东西，也不是凭借它自身而存在，因为它并不是无限的。所以他们在他们自己的哲学里不由自主地证明有一位必然的、无限的、并且创造了宇宙的最高的主宰。牛顿哲学，承认并且证明物质有限性和真空，也明确地证明了有一位上帝"。① 伏尔泰还提到，早期几位神甫错误地认为灵魂是物质性的，而 "唯物主义哲学家们徒然援引了教会的几位神甫词意含糊的话。……整个基督教会决定说灵魂是非物质的"。② 从以上三段论述可以看出，在伏尔泰看来，唯物主义认为物质是宇宙中唯一真实的存在，并且是自在自为、普遍必然、永恒无限的；世界是由物质及其运动自我形成的；上帝并不存在，宇宙并非由上帝的智慧和能力创造和统治；灵魂也是物质性的，是具有形体的。与此相反，伏尔泰的唯心主义主张，上帝真实存在，并且是宇宙中最高的存在；灵魂是非物质性的。

休谟关于唯物主义和唯心主义的论述较少，他曾经提过："把一切思想都结合于广袤的唯物主义者。"③ 由此话推测，休谟可能认为唯物主义主张物质是产生思想的根本原因。这是从思想形成的原因的角度理解唯物主义和唯心主义的。

前面都是唯心主义哲学家对唯物主义和唯心主义含义的理解和规定，从现在起唯物主义哲学家对唯物主义和唯心主义含义的理解和规定就进入我们的视野了。拉·梅特里把哲学家们论述人类心灵的体系归结为两类，"第一类……是唯物论的体系；第二类是唯灵论的体系。"④ 拉·梅特里强调，唯物论是正确的："整个宇宙里只存在着一个实体（物质实体——引者注），只是它的形式有各种变化。"⑤ 基于此，拉·梅特里讽刺了唯灵论（和唯心主义一致）："硬说有两个不断地互相接触、互相影响的实体绝对不相容地对立着。"⑥ 显而易见，拉·梅特里的唯物主义认为物质是唯一真实存在的实体，宇宙中只存在物质实体及其各种变化的形式；所谓的心灵实体及其同物质实体的对立并不存在，上帝更不存在。并且，值得注意

---

① ［法］伏尔泰：《哲学辞典》上卷，王燕生译，商务印书馆1991年版，第167页。
② 同上书，第37页。
③ ［英］休谟：《人性论》上卷，关文运译，商务印书馆1980年版，第268页。
④ ［法］拉·梅特里：《人是机器》，顾寿观译，商务印书馆1959年版，第13页。
⑤ 同上书，第73页。
⑥ 同上书，第74页。

的是，在拉·梅特里看来，唯灵论主张心灵实体是真实存在的，并且和物质实体相互对立、相互作用。这就是说，在拉·梅特里眼中，唯灵论也承认物质实体的存在，而并不像贝克莱的唯心主义那样否定物质的客观存在。这让我们再次感受到近代哲学家们对唯心主义含义的理解和规定的差异，并提醒我们，即使在唯物主义者那里，也并不都认为唯心主义必然否认物质的客观存在。

卢梭认为唯心论者和唯物论者"所说的物体的表象和实际之间的区别完全是想象的"。① 可以看出，卢梭认为唯心论主张物体的表象而唯物论主张物体的实际。也就是说，在卢梭看来，唯心论主张人们以为是物体的东西其实只是表象；而和唯心论相反，唯物论认为人们所认为的物质实体是真实存在的。值得一说的是，卢梭所说的唯心主义应该是就贝克莱的唯心主义而言的，因为直至此时重要的近代哲学家中只有贝克莱一人的唯心主义主张人们所以为的真实存在的外物只是表象，其实并不存在。因此，卢梭理解的唯心主义是贝克莱意义上的，而不是莱布尼茨、克拉克和伏尔泰意义上的，也不是休谟意义上的。显然，对于他所理解的这种唯心论和唯物论，卢梭都不赞成。

当然，他对唯物主义批评尤甚："我愈是对思想和人的心灵的性质进行思考，我便愈是认为唯物主义者的那番理论和这个聋子的理论是相像的。……他们是听不到内在的声音的……'机器是根本不会思想的，也没有哪一种运动或外貌能够产生思想……你的感情，你的欲望，你的焦虑，甚至你的骄傲，都另外有一个本原，这个本原是独立于你觉得把你束缚在其中的狭小的身躯的。'"② "我不知道我们的唯物主义者是怎样理解它的，但是，我觉得，有些难题既然使他们否定了思想，那么，这些难题也将使他们否定感觉。"③ 可以看出，在卢梭看来，心灵真实存在，并且是思想和情感的源泉，可是唯物主义者却在不理解心灵和思想的情况下否定心灵和思想的存在，这当然引起卢梭的激烈反对。可是，他不该怒斥唯物主义者否定思想的存在。近代唯物主义否定的只是作为独立实体的心灵和上帝的存在，而并不否定思想和精神的存在。

---

① ［法］卢梭：《爱弥儿》下卷，李平沤译，商务印书馆1978年版，第384页。
② 同上书，第399—400页。
③ 同上书，第399页。

　　总体来说，对于唯心论和唯物论所争论的问题，卢梭的观点是，心灵实体和物质实体都是真实存在的，不过相比之下，心灵实体无疑更为重要。不过，无论如何，卢梭本人是承认物质真实存在的，尽管他所理解的唯心主义是贝克莱意义上的唯心主义——否定物质的真实存在。这也再次表明了在各种唯心主义所主张的观点之间存在着不能忽视的重大差别。

　　狄德罗是对唯心主义的含义做出界定的极少数近代思想家之一，但也只是对唯心主义的含义进行了说明而已。狄德罗说："我们称之为唯心主义者的，是这些哲学家：他们只意识到自己的存在，以及那些他们自己内部相继出现的感觉，而不承认别的东西。"① 显然，在狄德罗看来，唯心主义只承认心灵和感觉的存在，否定物质的东西的存在。那么，狄德罗本人的唯物主义观点是怎样的呢？在对话体著作《达朗贝和狄德罗的谈话》中，他写道："达朗贝：你想避免区分两种实体。狄德罗：我并不掩饰这一点。"② 狄德罗强调，感受性是物质的一般特性或机体组织的产物。③ 可见，狄德罗主张，在人自身和意识之外客观存在着物质，并且，物质是唯一的实体，并不存在所谓的心灵实体，感觉是物质的性质和功能。

　　狄德罗对唯心主义的批判和对唯物主义观点的阐述是公开的，而百科全书派的另一位重要代表人物霍尔巴赫迫于教会的压力在《袖珍神学》中只能隐晦地表达他对于唯物主义学说的理解。出于基督教教义，霍尔巴赫说唯物主义学说和神学背道而驰，"渎神的人坚持这种学说，他们不懂什么是精神，或什么是不具有任何为人所共知的性质的实体。教会的第一批教师曾有点唯物主义者的味道，因为这些爱诙谐的人认为鬼和神是物质的"。④ 霍尔巴赫还在解释"非物质的"这一条目时说："这就是精神的。……上帝是非物质的，你们的灵魂是非物质的。如果你们的过于唯物的理性发现他（指教士——引者注）的论据含糊不清，那末，你们就……等到产生信仰为止，——否则你们要大难临头：你们的不善领会的

---

　　① 《西方哲学原著选读》下卷，北京大学哲学系外国哲学史教研室编译，商务印书馆 1981 年版，第 52 页。

　　② ［法］狄德罗：《狄德罗哲学选集》，江天骥、陈修斋、王太庆译，商务印书馆 1983 年版，第 128 页。

　　③ 同上书，第 131 页。

　　④ ［法］霍尔巴赫：《袖珍神学》，单志澄译，商务印书馆 1981 年版，第 94 页。

脑子将有一天会被从物质上或精神上烧毁，以惩罚那过大的物质性。"①
透过霍尔巴赫宗教的和诙谐幽默的语言，可以看出，在霍尔巴赫看来，宗教神学强调上帝和灵魂是非物质的独立实体，而唯物论主张只有物质实体真实存在，上帝和灵魂都是物质性的，都不独立存在。

对于唯物主义，康德认为"唯物论者仅仅把物质纳入他的体系"。②康德还认为，"为了针对唯物论的危险来保障我们能思维的自我……不会还剩下一些惧怕，即如果人们除去物质，一切思维乃至能思维的存在者的实存就会由此被取消"。③ 显然，在康德看来，唯物论主张只有物质真实存在，心灵并不真实存在；物质是思维的实体和基础，思维是物质的性质和功能。康德严格区分了两种唯心主义：他的先验唯心主义和人们通常理解的唯心主义（质料唯心主义）。康德认为，质料唯心主义的唯心之所在是否定、怀疑物质的存在。"唯心主义在于主张除了能思的存在体之外没有别的东西，我们以为是在直观里所感知的其他东西都不过是能思的存在体之内的表象，实际上在外界没有任何对象同它相对应。"④ "按照通常的意义，唯心主义就在于怀疑事物的存在。"⑤

在康德看来，贝克莱和笛卡儿的学说是这种质料唯心主义的典型。前者否定物质的存在，后者怀疑物质的存在。对于这种唯心主义，康德并不将其视为理论盟友，而是明确与之划清界限。康德强调，他的先验唯心主义和质料唯心主义是异质的，必须把先验唯心主义同这种否定、怀疑物质的存在的唯心主义区别开来。"为了避免一切误解起见，我本来希望给我的这种见解起另外一个名称；不过完全改变它又不行。因此请允许我将来把它叫做形式的唯心主义，或者更好一点，把它叫做批判的唯心主义，以便使它同贝克莱的教条主义的唯心主义和笛卡儿的怀疑论的唯心主义有所区别。"⑥ 为了强调先验唯心主义和这种人们通常理解的唯心主义的异质，在《纯粹理性批判》第一版中将自己的学说命名为先验唯心主义的康德，

---

① ［法］霍尔巴赫：《袖珍神学》，单志澄译，商务印书馆1981年版，第37页。
② ［德］康德：《纯粹理性批判》，李秋零译，中国人民大学出版社2004年版，第338页。
③ 同上书，第339页。
④ ［德］康德：《任何一种能够作为科学出现的未来形而上学导论》，庞景仁译，商务印书馆1978年版，第50页。
⑤ 同上书，第56页。
⑥ 同上书，第174—175页。

甚至在四年后为让人们正确理解《纯粹理性批判》的思想而作的《任何一种能够作为科学出现的未来形而上学导论》中多次郑重强调自己的学说不是唯心主义。

康德指出，他的先验唯心主义的唯心之所在是认为人不能认识物自体本身而只能认识物自体提供的表象。"在空间或者时间中被直观到的一切，从而对我们来说可能的经验的一切对象，都无非是显象，也就是说，是纯然的表象，它们就被表象而言作为有广延的存在者或者变化的序列，在我们的思想之外没有任何自身有根据的实存。我把这种学说称为先验唯心论。"① 明显地，先验唯心主义的主要观点是，在时空中被直观到的对象只是显象。也就说，人所认识到的只是物自体刺激感官而形成的显象，而不是物自体本身。在《任何一种能够作为科学出现的未来形而上学导论》中，康德再次清楚地表述了他的先验唯心主义的主要观点："对于通过感官而表象出来的事物，我保留了实在性，我仅仅是限制我们对这些事物的感性直观，让它只表象事物的现象，永远不表象事物的本身……我自己把我的这种学说命名为先验的唯心主义。"② 同样很清楚，先验唯心主义是指，人对事物的感性直观只能表象事物的现象③而不是事物本身。

可见，康德本人的唯心主义的主要观点是认为人不能认识物自体本身，而只能认识物自体提供的表象；人所认识到的只是物自体提供的表象，而不是物自体本身。康德强调，他承认物质的真实存在。"我承认在我们之外有物体存在，也就是说，有这样的一些物存在，这些物本身可能是什么样子我们固然完全不知道，但是由于它们的影响作用于我们的感性而得到的表象使我们知道它们，我们把这些东西称之为'物体'，这个名称所指的虽然仅仅是我们所不知道的东西的现象，然而无论如何，它意味着实在的对象的存在。"④ 可见，毫无疑问，康德的唯心主义肯定物质实体的存在。

费希特指出，在唯心论看来："表象是理智的产物，在解释这些表象时，必须以理智为前提。"而在唯物论看来："表象是作为它们的前提的

---

① ［德］康德：《纯粹理性批判》，李秋零译，中国人民大学出版社2004年版，第406页。

② ［德］康德：《任何一种能够作为科学出现的未来形而上学导论》，庞景仁译，商务印书馆1978年版，第56页。

③ 按照李秋零先生的译法，此处的现象应为显象，即尚未经知性范畴综合的杂多表象。

④ ［德］康德：《任何一种能够作为科学出现的未来形而上学导论》，庞景仁译，商务印书馆1978年版，第50—51页。

物自身的产物。"① 在费希特眼中，独断论和唯物论有着千丝万缕的关系，贯彻到底的独断论就是唯物论。"独断论者完全否定唯心论者立足的自我有独立性，而只把它说成是物的产物，世界的偶性。彻底的独断论者必然也是唯物论者。"② 按照唯物论的原理，灵魂"只是物与物之间相互作用的结果。……在唯物论那里只有物与物之间的相互作用，思想应当从这种相互作用中产生出来"。③

费希特认为，唯物论对意识、表象的解释是严重错误的，"认为纯粹自我就是非我的一种产物，这是不真实的。……认为纯粹自我就是非我的一种产物这个命题可能表现一种完全同理性矛盾的先验唯物论"。④ 可以看出，在费希特看来，唯物主义主张非我（物质）是独立存在的，自我（灵魂）表象和思想并不独立存在，而只是非我相互作用的产物；和唯物主义相反，唯心主义主张，不是非我而是自我才是独立存在的，才是表象和思想的主体。此外，在《全部知识学的基础》中，费希特也像康德那样区分了自己的唯心主义和一般的唯心主义。他也把自己的唯心主义称为批判的唯心主义（实践的唯心主义），并以之对抗独断的唯心主义和独断的实在主义。

对于唯物主义，谢林说："只有在能够表明连表象本身也是一种存在时，一种原始的存在何以会变为知识才是可以理解的；当然，这是唯物论的说明。"⑤ 可以看出，在谢林看来，唯物论主张表象是物质（存在）作用于自我的结果，物质是思想的根本原因。谢林当然不赞同唯物主义的这种观点。和两位前辈一样，谢林也严格区分了两种不同的唯心论：独断的超验的唯心论和自己的唯心论——先验唯心论。同样，谢林也强调，一般的唯心论是独断的、超验的，是错误的，而只有他自己的先验唯心论才是科学的。

独断的唯心论"断言感觉不能以来自外部的印象作用来解释，断言

---

① 《西方哲学原著选读》下卷，北京大学哲学系外国哲学史教研室编译，商务印书馆1981年版，第322页。

② 同上书，第326—327页。

③ 同上书，第333页。

④ ［德］费希特：《论学者的使命人的使命》，梁志学、沈真译，商务印书馆1984年版，第6页。

⑤ ［德］谢林：《先验唯心论体系》，梁志学、石泉译，商务印书馆1976年版，第71页。

表象中根本没有什么属于自在之物的东西，甚至连偶性的东西也没有，断言在对自我的这样一种印象作用上永远不能设想有什么合理的东西"。①谢林指出，与此不同，他的"先验唯心论只是断言自我根本感觉不到物自身（因为这样的东西在这个阶段尚不存在），也感觉不到从事物向自我过渡的某种东西，而只是直接感觉到自我本身"。② 可见，谢林的先验唯心论主张心灵（自我）感觉到的只是自我，而不是物自体。

在黑格尔看来，法国唯物主义"把感觉和物质看成唯一真实的东西，把一切思维、一切道德方面的东西全都归结为感觉和物质，认为只是感觉的变相"。③"哲学就过渡到了唯物论……一切思想，一切观念，都只有在被理解为物质性的时候，才有意义；只有物质存在。"④ 显然，黑格尔认为，唯物主义主张物质是唯一真实的实体（存在），只有物质真实存在，上帝和心灵实体并不存在；思想观念是物质的产物，是物质性的。对于唯心主义，黑格尔也和他的同胞们一样严格区分了两种，不过他们对于唯心论的划分和定性各不相同。黑格尔将唯心论划分为了主观唯心论和他自己的绝对唯心论，二者的观点和含义截然不同。

在黑格尔看来，主观唯心论错误地认为意识由心灵主观设定，一切观念都从主体中产生出来。"决不要把柏拉图的唯心论当作主观唯心论，当作近代所想象的那种坏的唯心论那样，好像人什么东西也不能学习，完全不受外界的决定，而认为一切观念都从主体产生出来。常常有人说，唯心论是这样的一种学说，即认为个人从他自身创型出他的一切观念……并从自身里面建立一切。这乃是一种反历史的、完全错误的想法。如果对于唯心论作这样粗糙的了解，那么，事实上在所有的哲学家中，将没有一个人是唯心论者了。"⑤

黑格尔还明确将康德的先验唯心论指认为主观唯心论，并在批判康德主观唯心论的同时阐述了自己的绝对唯心论。"我们直接认识的事物……

---

①　[德] 谢林：《先验唯心论体系》，梁志学、石泉译，商务印书馆 1976 年版，第 73 页。

②　同上。

③　[德] 黑格尔：《哲学史讲演录》第四卷，贺麟、王太庆译，商务印书馆 1978 年版，第 230 页。

④　同上。

⑤　[德] 黑格尔：《哲学史讲演录》第二卷，贺麟、王太庆译，商务印书馆 1960 年版，第 193 页。

存在的根据不是在它们自己本身内，而是在一个普遍神圣的理念里。这种对于事物的看法，同样也是唯心论，但有别于批判哲学那种的主观唯心论，而应称为绝对唯心论。"① 可见，在黑格尔看来，和康德的主观唯心论不同，绝对唯心论正确地主张理念是事物的根据，事物是理念的现象。黑格尔继续阐述他的绝对唯心论道："后来人们把认为唯有理念具有一切实在性的哲学叫做唯心论，因为唯心论者认为事物像它们表现在个别性中那样是不真实的。"② "哲学的思考就是这种唯心论：真理的基础〔不是自然，不是物质，不是人的特殊主观性，而〕是自为的思想。"③

再来考察马克思之前的叔本华对唯物主义和唯心主义含义的理解。之所以要考察叔本华，是因为身为现代哲学家的他对唯物主义和唯心主义含义的理解毋庸置疑地代表了马克思之前的哲学界对唯物主义和唯心主义含义的认识，并且，叔本华对唯物主义含义的理解也和大多数近代哲学家一致。在他看来，"从客体出发的体系中，以作为地道的唯物论而出现的一种最能前后一贯，也最能说得过去。唯物论肯定物质，与物质一起的时间和空间，都是无条件而如此存在着的……于是，唯物论就想找到物质最初的、最简单的状态，又从而演绎出其他一切状态；从单纯的机械性上升到化学作用，到磁性的两极化作用，到植物性，到动物性等等……还有这条链带最后的一环——动物的感性，认识作用；于是这认识作用也只好作为物质状态的一种规定，作为由因果性产生的物质状态而出现"。④ "唯物论基本的荒唐之处就在于从客体事物出发，在于以一种客体事物为说明的最后根据。……如此之类的东西，唯物论都看作是自在地、绝对地存在着的，以便从此产生有机的自然，最后还产生那有认识作用的主体；并以此来充分说明自然和主体。……凡是客体的、广延的、起作用的事物，唯物论即认为是它作说明的基础；以为是如此巩固的基础，一切说明只要还原到它，便万事已足，无待他求了。……现在唯物论竟要从这样一种给予来

① 〔德〕黑格尔：《小逻辑》，贺麟译，商务印书馆1980年版，第127页。

② 〔德〕黑格尔：《哲学史讲演录》第三卷，贺麟、王太庆译，商务印书馆1959年版，第307页。

③ 〔德〕黑格尔：《哲学史讲演录》第一卷，贺麟、王太庆译，商务印书馆1959年版，第151页。

④ 〔德〕叔本华：《作为意志和表象的世界》，石冲白译，商务印书馆1982年版，第57—58页。

说明直接的给予，说明表象，最后还要说明意志。"① 在这两大长段的论述中，叔本华概述了他所理解的唯物主义的基本观点。在他看来，唯物主义主张物质是最后的根据，将世界理解为物质及其运动变化形成的，并且以物质说明思想观念，以客体说明主体。这表明叔本华对唯物主义含义的理解是同近代哲学家们一致的。

对于唯心主义，叔本华认为唯心论主张主体是客体的原因，客体是主体的结果。"实在论立客体为原因而又置该原因的效果于主体中。费希特的唯心论则［反过来］以客体作为主体的后果。"② 在全部唯心论体系中，叔本华本人最为赞同康德的先验唯心论，对马勒伯朗士和贝克莱的唯心论也有较高评价。他这样高度赞扬康德先验唯心论的伟大贡献道："随着现代哲学的兴起，唯心论即与实在论相对立，并且一直在逐步发展。马勒伯朗士和贝克莱就是这种对立的最初代表，康德创立了先验唯心论，强有力地推动了唯心论的发展。"③ 然而，叔本华的观点实际上要比康德极端、"唯心"得多。

在他看来，一切实在事物、客体都是现象，都依赖于意识、主体而存在，如果取消主体意识，取消实在事物和客体同主体意识的关系，那么实在事物、客体就无法存在。"所谓的实在事物存在不过是指它们被彻底表象化，或者甚至仅仅是作为表象的东西而被表象的可能性。实在论者忘记了如果客体切除了与主体的关系就不成其为客体，而且如果我们抽掉了这种关系或者认为它不存在，我们就等于同时消除了一切客观存在。"④ 反思叔本华哲学的性质，笔者认为，如果从强调非理性因素的意义的角度看，叔本华哲学的确是现代哲学，开辟了现代哲学的一条重要的发展道路。但如果从他对于唯心主义和唯物主义的观点看，叔本华又没有脱离近代哲学的框架。

同样来看一看青年黑格尔派的主将、马克思的主要论战对手之一布鲁诺·鲍威尔对唯物主义含义的理解。鲍威尔认为，"唯物主义者只承认当

---

① ［德］叔本华：《作为意志和表象的世界》，石冲白译，商务印书馆1982年版，第58—59页。

② 同上书，第39页。

③ ［德］叔本华：《充足根据律的四重根》，陈晓希译，商务印书馆1996年版，第33—34页。

④ 同上书，第33页。

前现实的东西，即物质，承认它是积极地展示自己并实现自己的多样性的
东西，是自然"①。很显然，在他看来，唯物主义主张只有物质真实存在，
上帝和心灵实体都不真实存在。

　　综观上述哲学家关于唯心主义和唯物主义的论述，近代哲学家们所理
解和规定的唯心主义和唯物主义的含义是"家族相似"的，不同时期、
不同派别、不同哲学家对唯心主义和唯物主义含义的理解和规定存在不同
程度的差别。即使近代哲学家们对唯心主义和唯物主义的观点和含义有一
些相同的认识，但他们关注和强调的重点也不同。从而，本书也只能在
"家族相似"的意义上概括近代哲学家们赋予唯心主义和唯物主义的含
义，所得出的近代唯心主义和唯物主义的含义只能是近代哲学家们对于唯
心主义和唯物主义的含义的最为一致的观点。

　　不过，尽管也存在差别，近代哲学家们对唯物主义含义的理解和规定
还是具有相当大的一致性的。另外，出于将近代哲学家们赋予唯物主义概
念的含义作为总体与马克思赋予新唯物主义的含义进行比较的需要，本书
暂不对这些差别进行梳理，而只是寻找这些理解和规定的共同点，概括近
代哲学家们赋予唯物主义概念的一般含义。根据上文的引证和分析，笔者
以为，可以把近代哲学家们赋予唯物主义的一般含义概括如下：物质是唯
一真实存在的实体，上帝和心灵实体并不存在②；世界由物质及其运动构
成，物质世界及其运动是自为的并具有客观规律，上帝、心灵实体和思想
观念不能对物质世界起决定作用；物质而非上帝和心灵实体是思想观念的
根本原因。这样概括可以在相当大的程度上涵盖近代哲学家们赋予唯物主
义的含义，近代哲学家们基本上都如此理解和规定唯物主义的含义。这种
含义是唯物主义概念正统的、主要的含义，并且至今仍然如此。

　　近代哲学家们对唯心主义含义的理解和规定的差别显然要比对唯物主
义含义的理解与规定大得多。唯心主义的这些不尽相同的含义大致可以概
括为以下三种：

　　1. 否定物质的存在。如上所见，在一些近代哲学家看来，唯心主义

①　转引自《马克思恩格斯全集》第三卷，中央编译局编译，人民出版社1960年版，第101
页。

②　在这一含义上，唯物主义就是认为唯有物质真实存在的主义。这或许就是中文"唯物主
义"这一译法的由来。

的基本含义就是否定物质的客观存在，主张心灵之外的物质并不真实存在。卢梭、狄德罗和康德对于唯心主义的含义都是如此理解的，尽管卢梭和康德本人的唯心主义思想承认物质的存在。贝克莱不仅如此理解唯心主义的含义，而且他本人的唯心主义就是如此激烈主张的，从而贝克莱毋庸置疑地是这种唯心主义的最典型的代表。所以，否定物质的存在的确是近代唯心主义的十分重要的含义之一。不过，必须高度注意的是，并非所有唯心主义者都否定物质的存在。事实上，在近代哲学家中，只有少数唯心主义哲学家否定物质的存在，最典型的是贝克莱，而大多数唯心主义哲学家都承认物质的真实存在，莱布尼茨、克拉克、伏尔泰、卢梭、康德①、费希特和黑格尔等无不如此。所以，尽管狄德罗对唯心主义的含义进行了界定，但他的界定却并不符合唯心主义思想的总体实际，而只是适用于贝克莱；并且，和卢梭一样，狄德罗界定的这种唯心主义的含义实际上就是针对贝克莱做出的。

2. 上帝、理念和精神等起决定作用。这也是唯心主义的一种重要含义。主张这种唯心主义的典型代表无疑就是黑格尔了。黑格尔的绝对唯心论主张绝对精神产生、决定和统治全部世界。另外，莱布尼茨、克拉克和伏尔泰等人认为，上帝不仅存在而且对世界产生决定性作用。虽然他们并没有将自己的理论自我定性为唯心主义，因为对于他们来说他们的这些观点其实是基督教的教义和形而上学的一般观点，不过他们的观点无疑同这种唯心主义非常接近。我们过去通常划分的客观唯心主义和主观唯心主义在主张非物质的、非现实世界的事物决定现实世界这一点上是一致的。

3. 心灵是思想观念的根本原因。这种唯心主义观点认为，思想观念不是物质的产物，也不是对物质、现实的反映，而是心灵的产物，是由心灵产生出来的。这无疑也是唯心主义最为重要的含义之一，以卢梭、费希特和谢林为代表的不少近代哲学家都这样规定唯心主义的含义。并且，很

---

① 在这里，笔者想再次提及康德的唯心主义及其同贝克莱的唯心主义的区别。康德的先验唯心论主张，人们只能认识物自体刺激感官形成的显象，而不能认识物自体。但是，康德特别强调物自体是真实存在的，并试图以此同他所理解的唯心主义——否定、怀疑物质的存在划清界限。因此，康德的唯心主义和贝克莱的唯心主义有很大不同。叔本华高度赞同康德的先验唯心论，然而他把康德的先验唯心论引向了更加极端和"唯心"的方向。叔本华并不强调物自体的存在，他着重强调的是外部世界的物只是表象，离开主体和思维，客体和物根本不能存在。因此，他的唯心主义倒是和贝克莱的唯心主义相当接近。

多对唯心主义的含义持前两种理解的哲学家也认为这是唯心主义的内在含义之一。显然，第三种含义和前两种含义内在一致、相辅相成。

近代哲学家们赋予唯心主义的含义主要就是以上三种。绝大多数近代哲学家都在这三种含义上理解和规定唯心主义的含义。有不少哲学家所理解和规定的唯心主义的含义不只是上述三种含义中的一种，经常是其中的两种甚至三种。除此之外，近代哲学家们还有一些特殊的理解和规定，本书不再考察。

通过分析近代哲学家们关于唯心主义和唯物主义的这些重要论述，还可以初步把握近代唯心主义和唯物主义的总体特征。前已说明，从肇始之初，西方哲学就是以认识整个世界为己任的。进入近代，由于社会发展和人自身发展的重大需要，哲学以及从哲学中逐渐独立出来的各门科学更加热切地渴望把握自然、社会以及人自身的真理，建构完整的知识体系。由于这种悠久的历史传统和特定的时代背景，近代哲学渴望从理论上总体地、根本地把握全部世界的总体图景、基本性质、内在本质和运动规律，建构并提供一套系统的世界观。而这也就是近代唯心主义和唯物主义同哲学家们的哲学观相一致的目的和任务。近代哲学区分了心灵和物质：心灵是人的理智、思维、思想和精神等观念性的东西，主要是认识方面；而物质则是心灵之外真实存在的并可以通过感官感知的物质性实体。在世界之上还有创造全部世界的上帝。这样就构成了近代哲学的三大实体：上帝、心灵和物质。近代哲学家们普遍认为通过解决上帝和心灵同物质的关系问题就能够总体地、根本地把握全部世界的总体图景、基本性质、内在本质和运动规律。

于是，上帝和心灵同物质的关系问题就成了近代哲学的基本问题，成了近代唯心主义和唯物主义争论的焦点。具体包括以下三个问题：在上帝、心灵与物质三者中，何者是真实存在的实体？何者起决定性作用？何者是思想观念的根本原因？对于上述问题的不同回答，形成了唯心主义和唯物主义这两大基本派别。唯心主义强调上帝和心灵实体的存在和作用并否定物质的作用，[①] 而唯物主义则强调物质的存在和作用并否定上帝和实

---

① 可以看出，近代唯心主义哲学家的主要唯心主义思想实际上主要来源于基督教教义，并同基督教教义保持一致，甚至以其作为判定思想观点正确与否的标准。从中世纪开始，西方主流的形而上学思想一直和基督教教义保持着千丝万缕的联系。至今依然如此，尽管减弱了。

体意义上的心灵的存在和作用。近代唯心主义和唯物主义就这样形成于近代哲学家们对于上述最重要的形而上学问题的思考和争论之中。可见，这种至今依然保持正统地位的唯心主义和唯物主义形态是形而上学①意义上的，尽管多数哲学家并不认为物质是形而上学的研究对象。

至此，我们也能够看出，唯物主义正统含义的三个要点之间存在着有机的联系。并且，近代哲学家们赋予唯物主义概念的这些含义，同他们赋予唯心主义概念的三种主要含义相对应。这是由近代唯物主义回答并同唯心主义争论的上述三个问题的密切相关造成的。在三个问题中，第一个问题关涉上帝、心灵实体和物质的存在——是否真实、客观地存在，后两个问题则关涉它们在本体论和认识论方面的作用。当然，物质是唯一真实存在的实体而上帝和心灵实体并不存在，这是唯物主义概念首要的含义。这个含义之所以会成为首要的含义，是因为它所回答的第一个问题在三个问题中最具前提性。

经过独立的考察，可以回过头来分析和评价恩格斯在《路德维希·费尔巴哈和德国古典哲学的终结》中对唯物主义和唯心主义含义几乎已经成为标准的概括了。显然，恩格斯概括的是上述正统的形而上学意义上的唯物主义形态的含义。比较恩格斯的概括和本书的考察及结果，笔者以为，恩格斯晚年对正统唯物主义和唯心主义及其含义的概括并没有完全准确、全面地把握近代哲学家们对形而上学意义上的唯物主义和唯心主义含义的理解和规定，存在着三个不足。

首先，恩格斯遗漏了上帝②和物质的关系问题，而这却是近代形而上学的唯物主义和唯心主义争论的一个十分重要的问题，甚至超过了心灵和物质的关系问题。尤其在唯物主义概念产生之初的两个世纪，近代哲学家们关注和思考的主要是上帝和物质的关系问题。虽然恩格斯也顺带提到唯

---

①　除了个别地方，本书形容正统唯物主义的"形而上学"均是第一哲学意义上的，而非同辩证法相对立的思维方式和方法论意义上的。

②　在笔者看来，尽管理性主义哲学是近代哲学绝对的主流形态，近代哲学力求以理性为准绳审判一切，但是，中世纪哲学中统治一切的上帝并没有在近代哲学中消失，而是仍然存在并且实际地发挥着重要的作用和影响。近代的哲学理性和理性哲学同上帝的关系是"暧昧"的，上帝甚至仍然是众多近代哲学无条件和不自觉的本体。之所以近代哲学对本体的讨论不如古代哲学热烈，一个十分重要的原因就在于它已经有了上帝这个绝对的本体。另外，也需要注意，在近代"认识论哲学"中实际上依然存在着较为热烈的本体论探讨，对本体的研究在近代哲学中并没有偃旗息鼓。

心主义主张上帝存在，但并没有将其同物质的关系当作一个主要问题。其次，当说唯心主义和唯物主义的根本区别在于对哲学基本问题的第一方面——精神和自然界何者为本原、何者为派生，即谁产生谁的时候，恩格斯实际上已经肯定了物质和精神的存在，认为唯心主义和唯物主义的分歧只在于谁产生谁而不在于它们是否存在。然而，在大多数的近代哲学家看来，唯物主义和唯心主义各自分别只承认物质和上帝、心灵实体的存在，否定对方所主张的实体的存在。这就是说，在近代哲学中，物质和上帝、心灵实体的存在本身就是一个激烈争论的问题。有的近代哲学家甚至认为唯物主义连思想和精神的存在都否定。最后，恩格斯对近代唯物主义和唯心主义含义的概括的一个更大的问题在于，他认为近代哲学家们赋予唯物主义和唯心主义的含义都是相同的，具有"家族相似性"，没有充分意识到近代哲学家们对唯物主义尤其是唯心主义含义的理解和规定的重大差别。这三个问题影响了后人对唯物主义和唯心主义含义的认识。

揣摩恩格斯晚年的这一概括，笔者推测，恩格斯对唯物主义和唯心主义的理解很可能主要来源于黑格尔。黑格尔认为近代哲学所面对的基本问题和主要矛盾是思维和存在、精神和自然的关系问题。譬如，黑格尔在《哲学史讲演录》中曾经这样写道："近代哲学的原则并不是淳朴空疏的思维，而是面对着思维和自然的对立。精神与自然，思维与存在，乃是理念的两个无限的方面。"[①] 显然，后来恩格斯对于哲学基本问题的观点同黑格尔的这种理解一致甚至可以说非常接近。以对世界的本原问题的回答来区分唯物主义和唯心主义，并且对世界的本原问题进行这样的理解，在德国古典哲学中只有黑格尔一人。而且黑格尔还是恩格斯和马克思最为熟悉的近代哲学家和"老师"。所以笔者冒昧以为，恩格斯很可能主要根据黑格尔对唯物主义和唯心主义的理解和阐释来面对唯物主义和唯心主义及其争论，对唯物主义和唯心主义的研究还不很系统深入。由于对唯物主义和唯心主义含义的理解和阐释主要依据的是恩格斯晚年的观点，传统教科书理解模式也出现了同样的问题。

事实上，恩格斯并不是对唯物主义和唯心主义进行这种分析的唯一一人。唯物主义和唯心主义的含义与划分标准并不是没有其他思想家总结概

[①]　［德］黑格尔：《哲学史讲演录》第四卷，贺麟、王太庆译，商务印书馆1978年版，第7页。

括过，不少西方思想家其实都做过这方面的工作，比如我们非常熟悉的费尔巴哈和朗格。并且，也早已有人提出过同恩格斯相似的观点，例如费尔巴哈就提出："神是否创造世界，即神对世界的关系如何，这个问题其实就是精神对感性、一般或抽象对实在、类对个体的关系如何的问题……这个问题是属于人类认识和哲学上最重要又最困难的问题之一，整个哲学史其实只在这个问题周围绕圈子，古代哲学中斯多葛派和伊壁鸠鲁派间、柏拉图派和亚里士多德派间、怀疑派和独断派间的争论，中古哲学中唯名论者和实在论者间的争论，以及近代哲学中唯心主义者和实在论者或经验主义者间的争论，归根结底都是关于这个问题。"① 显然，这段话完全可以看作费尔巴哈对"哲学基本问题"的概括和论述。在费尔巴哈看来，近代唯心主义和实在论或经验主义（下文将看到，在费尔巴哈眼中，实在论、经验主义和唯物主义是一致的）的分野就是对这个问题的不同回答。

所以，我们不能仅仅知道和提及马克思主义经典作家们对这个问题的概括和论述，而不知道和提及其他哲学家们对这个问题的概括和论述。当然，费尔巴哈更为侧重的是普遍、一般（由思维、精神抽象出来的）和特殊、个别（感性的具体的现实的东西）的关系，这同恩格斯的概括和论述有些差别。另外，费尔巴哈把"神对世界的关系问题"作为"哲学基本问题"首要的表述方式，在这一点上他准确地理解了近代哲学。当然，同样也应该看到，恩格斯的概括较之其他思想家而言的确更为系统。总之，应当实事求是地评价马克思主义经典作家的贡献，而不应该无原则、无考察、无批判地赞同经典作家的思想。

还有一点需要指出的是，在近代哲学家们对唯物主义的含义比较一致的理解和规定的表面下实际上也存在着不同的具体理解和规定。这主要是由于对"物质""存在"含义的不同理解和规定造成的。物质、存在是唯物主义概念的核心组成部分。对物质、存在的含义的理解和规定不同，对唯物主义含义的理解和规定势必也会不同。近代哲学家们对物质和存在的含义的理解和规定大致有两种，大多数哲学家把物质和存在理解为心灵之外真实存在的物质性实体，而少数哲学家理解成传统本体论的思辨的抽象的物质，比如贝克莱、梅利叶和费希特等人所说的"物质本身"。诚如叔

---

① ［德］费尔巴哈：《费尔巴哈哲学著作选集》下卷，荣震华、王太庆、刘磊译，商务印书馆 1984 年版，第 621 页。

本华所说，唯物论作为说明的最后根据的"客体事物可以是只被思维而在抽象中的物质，也可以是已进入认识的形式而为经验所给与的物质或元素，如化学的基本元素以及初级的化合物等"①。

非常有趣的是，有时同一位哲学家对物质的含义持这两种相互对立的理解，最大的近代哲学家黑格尔就是如此。黑格尔有时把物质理解成感性的东西、有形体的东西，他说唯物论"认为只有有形体的东西才是实体，除了人们的手可以摸得着的东西如石头、橡树外，没有实在"②。显然，在这段话中，黑格尔把"物质"理解为"感性的东西""有形体的东西"。然而，就是这同一个黑格尔有时又认为唯物主义的物质是思辨的抽象的物质。他批评唯物主义道："唯物论认为物质的本身是真实的客观的东西。但物质本身已经是一个抽象的东西，物质之为物质是无法知觉的。所以我们可以说，没有物质这个东西，因为就存在着的物质来说，它永远是一种特定的具体的事物。然而，抽象的物质观念却被认作一切感官事物的基础……个体事物的基础。"③ 显然，在这段话中，黑格尔又把唯物主义的物质理解成一种思辨的抽象的物质。在他看来，唯物论的"物质的本身"也是一种概念性的存在，也是思维的创造物，只是一种"抽象的物质观念"，并不现实存在，更不可能是现实存在的具体的感性的事物的基础，从而唯物主义的观点不能成立。显然，黑格尔对物质的理解是严重不一致的，而对物质的这种不一致的理解又造成了他对唯物主义含义的不同理解。可见，对于物质和存在含义理解和规定的不同造成了近代哲学家们对唯物主义具体含义理解和规定的不同。这一点是需要注意的。

第二节　唯物主义的其他含义

除了正统的形而上学意义上的含义之外，唯物主义概念在西方近代思想史上还有另外三种含义，它们也对理论和现实造成了重要影响。

唯物主义概念在西方近代思想史上被赋予了道德方面的含义。现代哲

---

① ［德］叔本华：《作为意志和表象的世界》，石冲白译，商务印书馆1982年版，第58页。

② ［德］黑格尔：《哲学史讲演录》第二卷，贺麟、王太庆译，商务印书馆1960年版，第208页。

③ ［德］黑格尔：《小逻辑》，贺麟译，商务印书馆1980年版，第115页。

学家、科学家马里奥·本格指出："唯物主义这个词有两种意义，它可以指一种道德学说，也可以用来表示一种哲学……道德意义上的唯物主义等同于享乐主义，即人类应当专意追求自身享乐的主张。哲学上的唯物主义则是指这样一种观点：真实世界是唯一地由物质性事物构成的。"本格特别强调要把这两种唯物主义区分开来，"这两种学说在逻辑上是彼此独立的：享乐主义是与非物质论一致的，而唯物主义则与品格高尚的道德原则一致"①。

　　然而，历史却和本格先生美好的愿望相背。事实上，不仅普通民众，就是思想家们也经常把唯物主义的含义理解为纯粹追求物质利益和物质享受。伏尔泰就是这样的典型。他写下过这样的话："我们以为作者是一位唯物主义者，既耽于声色犬马之乐，又对一切感到厌恶。"② 显然，这是把唯物主义理解为毫无理想而耽于物质享乐的物质主义、享乐主义。另一位著名的法国思想家托克维尔也把唯物主义理解为这种物质主义。他说，有一种人"以进步的名义竭力把人唯物化，拼命追求不顾正义的利益……和不讲道德的幸福"③。物质享受"如果过分，则会很快使人相信一切只是物而已；而唯物主义便使人疯狂地追求这种享受"④。可见，在不少思想家眼中，唯物主义在道德方面的含义是纯粹追求物质利益、物质享受，等同于物质主义、享乐主义和实利主义这些必须被立即清除的低俗思想，而与之相对的唯心主义则追求理想、真理和精神。

　　对于这种唯物主义，恩格斯晚年也非常形象地进行过刻画："庸人把唯物主义理解为贪吃、酗酒、娱目、肉欲、虚荣、爱财、吝啬、贪婪、牟利、投机，简言之，即他本人暗中迷恋着的一切龌龊行为；而把唯心主义理解为对美德、普遍的人类爱的信仰，总之，是对'美好世界'的信仰。"⑤不过，在恩格斯看来，这是被误解了的唯物主义的形象，唯物主义的这种含义实际上是"由于教士的多年诽谤而流传下来的对唯物主义这个名称的庸人偏见"。然而，如上所见，实际上不少思想家都是如此理解和规定

---

① ［加］本格：《科学的唯物主义》，张相轮、郑毓信译，上海译文出版社1989年版，序言第1页。
② ［法］伏尔泰：《哲学辞典》下卷，王燕生译，商务印书馆1991年版，第701页。
③ ［法］托克维尔：《论美国的民主》上卷，董果良译，商务印书馆1988年版，第16页。
④ 同上书，第178页。
⑤ 《马克思恩格斯选集》第四卷，中央编译局编译，人民出版社1995年版，第232页。

唯物主义的含义的，唯物主义概念从产生伊始就被赋予了这种含义，并伴随唯物主义概念始终。这就是说，唯物主义的这种含义并不完全是由教士和庸人有意歪曲强加造成的，同时也是由于唯物主义的观点异于西方正统观点从而在学术界和普通民众长期的传播过程中自然形成的。直到今天它仍然是唯物主义概念的一种含义。在现代英语、德语和法语等重要语种中，唯物主义一词都含有物质主义、实利主义、享乐主义这几种含义。

西方近代思想史上还产生了自然科学的唯物主义，其基本观点实际上也就是近代科学在那个时代已形成的基本观点，如，物质世界是运动的且运动是有规律的；整个物质世界是一个像庞大机器的有机系统；等等。显然，自然科学的唯物主义这样的观点是同近代形而上学意义上的唯物主义相关和相近的。不过，它们也有一些不小的差异。其中一个最为重大的差异就是近代自然科学的唯物主义一般都不否定至少不明确否定上帝和心灵实体的存在；相反，大多数近代自然科学家都真诚地认为上帝存在，而正统唯物主义明确否定上帝和心灵实体的存在。因此，作为无神论的近代正统唯物主义的出现要比近代自然科学晚得多。近代前期的思想家、科学家很少有否定上帝存在意义上的唯物主义者和无神论者。直到 18 世纪，"百科全书派"才第一批公开举起无神论的大旗，他们无愧于"战斗的唯物主义者"称号。也就是说，形而上学意义上的唯物主义直到这个时候才正式大规模地出现了。

除了自然科学的唯物主义，在近代西方社会和社会科学中自发地产生了一些素朴的注重物质利益和物质因素作用的唯物主义思想，例如马克思在《德意志意识形态》中所说的英法两国历史编纂学的唯物主义。不过，这种社会科学的唯物主义非常素朴而零散，比自然科学的唯物主义逊色很多。和道德意义上的唯物主义一样，这两种唯物主义形态及其含义也传承了下来。

本章的考察具有以下三个理论意义：首先，这是我们研究者对唯物主义在西方思想史上的含义所做的独立的系统的考察，改变了以往过分依赖恩格斯晚年的概括而不进行独立系统研究的不合理状况。我们不能躺在创始人留下的财富上睡大觉。毋庸置疑的是，不管考察的结果正确与否及程度如何，考察本身就是有意义的。其次，对唯物主义和唯心主义在西方近代思想史中的不同含义，对作为正统唯物主义形态的形而上学的唯物主义及其含义作比较准确、全面的把握，一定程度地厘清了唯物主义和唯心主义的真实面貌，有助于破除对唯物主义的各种不解、误解乃至曲解。特别是破除了在我国学术界长期流行的唯物主义在西方思想史上只有一种含义的传统观念，并发现了恩格斯晚年对唯物主义含义的概括的不足。最后，为重新理解新唯物主义的含义及其独特性提供了条件。把握了唯物主义概念在西方思想史上的各种含义，可以把它们作为理论参照加以比较分析，发现新唯物主义的真正含义和独特性。

第二章

费尔巴哈感性唯物主义的
特殊含义

全面把握马克思新唯物主义含义的理论渊源和理论背景的任务，并没有因为考察了唯物主义概念在西方思想史上的正统含义和其他各种含义而完成，还有一种十分重要的含义需要考察那就是费尔巴哈的唯物主义及其含义。然而，看到这里，或许很多读者都会提出这样的问题：费尔巴哈的唯物主义不也是正统唯物主义吗？它的含义不也是唯物主义的正统含义吗？为什么考察唯物主义正统含义时，不一起考察费尔巴哈唯物主义的含义而在这里单列出来呢？

正如需要重新理解马克思一样，同样需要重新理解费尔巴哈。几乎所有马克思主义者都同意，费尔巴哈哲学是通向马克思哲学的一座桥，不准确理解、批判和超越费尔巴哈哲学就无法正确地把握马克思哲学。同样，几乎所有马克思主义者也都认为自己已经掌握了费尔巴哈哲学，因为马克思、恩格斯和其他经典作家们的著作中充满了对费尔巴哈哲学的理解和评价，从而研究马克思主义的我们对费尔巴哈实在太过熟悉了。然而，在笔者看来，我们对费尔巴哈哲学的理解实际上存在诸多严重的根本性问题乃至错误。费尔巴哈尤其是给予了马克思重要启发和影响时期的费尔巴哈的真实形象长期以来都模糊不清甚至虚幻。黑格尔的"熟知并非真知"很适用于以往我们对费尔巴哈哲学的理解。

可喜的是，国内已经有不少学者做了努力，近年来提出了越来越多的关于费尔巴哈哲学的新见解。比如，一些学者通过对费尔巴哈著作的研读发现费尔巴哈哲学其实并非传统理解所认为的那样是形而上学的、机械的；恰恰相反，在费尔巴哈的哲学中实际上蕴含着丰富的辩证法思想。与此一致，费尔巴哈的唯物主义也不是形而上学的、机械的唯物主义，而是辩证的唯物主义。①

　　然而，这种可以极大冲击对费尔巴哈哲学的传统理解的思想藩篱的新见解至今依然相当弱小，没有能够根本改变对费尔巴哈的这一久远而根深蒂固的严重误解。直到现在，国内马克思主义哲学界对费尔巴哈哲学和唯物主义的主要思想、本质及含义的主流看法仍然是错误的。即使上面提到的对费尔巴哈哲学提出了新观点的那些学者也是如此。在他们看来，"费尔巴哈的唯物主义的根本性质在于，它是一种自然唯物主义，即从自然存在出发来解释观念的东西"。"直观性，从单纯的自然存在出发来解释问题，是'从前的一切唯物主义'的共同缺陷。"② 这种观点代表了国内马克思主义哲学界对费尔巴哈的哲学和唯物主义的一般看法。

　　对马克思主义哲学及其发展历程进行过艰辛研究并提出了许多新见解的张一兵先生同样如此理解费尔巴哈的哲学和唯物主义："费尔巴哈那种自然唯物主义，即直接的物质（自然）与意识的主宾颠倒。"③ "费尔巴哈哲学中存在着两条思路：一条是自然决定论的唯物主义直观描述逻辑。"④ 可以说，在国内马克思主义哲学界，几乎所有学者——无论对马克思哲学的本质持何种理解——都认为，费尔巴哈哲学和唯物主义是同传统唯物主义完全一致的自然唯物主义，主张自然、物质、存在是世界的本原，精神、意识、思维是派生的；自然、物质、存在第一性，精神、意识、思维第二性；自然、物质、存在决定精神、意识、思维。而费尔巴哈自然唯物主义的这些基本观点也就是它的含义。从而，费尔巴哈唯物主义的含义和一般（正统）唯物主义的含义完全相同。

　　然而，中国马克思主义哲学界这个难得高度一致的观点却严重误解了费尔巴哈。事实上，费尔巴哈唯物主义的本质并不是这种自然唯物主义，而是感性唯物主义；费尔巴哈唯物主义的含义也并不是唯物主义的正统含

---

　　① 这些年来国内学者探究这个问题的论著颇丰，可参见王金福《实践的唯物主义》，苏州大学出版社 1996 年版；王永山：《"回到马克思"的解释学思考——兼论重新理解马克思与费尔巴哈理论关系的意义》，《苏州大学学报（哲社版）》2006 年第 3 期，第 19—24 页。

　　② 孙荣：《费尔巴哈的唯物主义在何种意义上属于旧唯物主义》，《苏州大学学报（哲社版）》2002 年第 3 期，第 33 页。

　　③ 张一兵：《回到马克思——经济学语境中的哲学话语》，江苏人民出版社 1999 年版，第 150 页。

　　④ 同上书，第 153 页。

义，而是和正统含义不同的感性唯物主义的含义。并且，费尔巴哈这种具有特殊本质和含义的唯物主义对马克思的新唯物主义及其含义产生了十分重要的影响。这也就是本书考察唯物主义在近代哲学中的含义时不讨论费尔巴哈赋予唯物主义的含义而在这里单独讨论的原因。

第一节 《纲要》和《原理》中的感性唯物主义含义

费尔巴哈在《关于哲学改造的临时纲要》和《未来哲学原理》中阐发的感性唯物主义及其含义，对马克思的新唯物主义及其含义产生了十分重要而特殊的启发和影响。并非费尔巴哈所有时期的全部著作都对马克思产生了重大启发和影响，在费尔巴哈的著作中，对马克思尤其是1843年至1844年间的青年马克思形成重大而深远的启发和影响的著作是他发表于1842年和1843年并对那个时代产生了振聋发聩的作用的《关于哲学改造的临时纲要》和《未来哲学原理》。这两部著作十分有力地帮助马克思从传统哲学思想的牢笼中挣脱出来，改变了青年马克思的思想发展轨道，因而备受青年马克思的称赞和推崇，誉为"继黑格尔的《现象学》和《逻辑学》之后包含着真正理论革命的惟一著作"。①

特别重要的是，在这两部最具革命性和影响力的著作中，费尔巴哈阐发了一种崭新的唯物主义思想——人本的感性唯物主义，并且恰好赋予了唯物主义（以及唯心主义）一种新的特殊的含义——感性唯物主义的含义。之所以说恰好是因为正如下文将看到的那样，即使在思想成熟之后，费尔巴哈也并非总是这样理解和规定唯物主义的含义。这种具有特殊本质和含义的唯物主义对马克思产生思想变革进而走向新唯物主义起到了重要作用。认真研读费尔巴哈的这两部重要著作是澄清问题、化解矛盾的前提

---

① 《马克思恩格斯全集》（第二版）第三卷，中央编译局编译，人民出版社2002年版，第220页。在《1844年经济学哲学手稿》的序言中，马克思曾经这样写道："一些人出于狭隘的忌妒，另一些人出于真正的愤怒，对费尔巴哈的《未来哲学原理》和《轶文集》中的《哲学改革纲要》——尽管这两部著作被悄悄地利用着——可以说策划了一个旨在埋没这两部著作的真正阴谋。"这段话以及马克思的其他很多说法都表明，对1843年至1844年间的青年马克思启发和影响最大的费尔巴哈的著作是《关于哲学改造的临时纲要》和《未来哲学原理》。而绝大多数人们心目中费尔巴哈最主要的代表作并以为对马克思影响最大的著作《基督教的本质》对马克思的启发和影响并不是很大，马克思很少提到它。顺便提及，费尔巴哈本人后来也将《基督教的本质》称为自己的早期著作，认为它存在重大的空缺和不足。

和基础工作。

　　和绝大多数近代哲学家一样，费尔巴哈也没有对唯物主义的含义进行过明确的界定，因此也需要深入研读费尔巴哈在这两部著作中对于唯物主义的重要论述，分析其对唯物主义含义的理解和规定。在《关于哲学改造的临时纲要》这部有着和《关于费尔巴哈的提纲》之于马克思思想相同意义的临时纲要中，费尔巴哈指出："哲学的主要工具和器官是头脑——这是活动、自由、形而上学无限性、唯心主义的来源。同时是心情——这是痛苦、有限性、需要、感觉主义的来源。……哲学的工具和器官就是思维和直观，因为思维是头脑所需要的，直观感觉是心情所需要的。思维是学派和体系的原则，直观是生活的原则。……只有存在与本质结合、直观与思维结合、被动与主动结合、法国感觉主义和唯物主义的反经院派的热情原则和德国形而上学的经院派的冷淡态度结合起来的地方，才有生活和真理。"①

　　显然，费尔巴哈主张，哲学应该把两种主要工具和器官——头脑和心情、思维和直观（感觉）结合起来，亦即把理论和生活、唯心主义和唯物主义（感觉主义）这两个方面结合起来。在这段话中，唯心主义同头脑、理性、思维、理论、形而上学无限性、自由和冷淡等相一致，而唯物主义则同心情、感性、直观、生活、有限性、需要和热情等相一致。在西方思想史上，如此理解唯物主义是颇为怪异而新颖的。更为怪异而新颖的是，在费尔巴哈看来，唯物主义和唯心主义不仅不相互对立，而且应该并可以相互结合。下文将看到，这段话实际上表达了费尔巴哈在这两部著作中的主要思想。也就是说，这些看起来稀奇古怪的想法是费尔巴哈在这两部著作中一以贯之的思想。

　　费尔巴哈继续写道："真正的、与生活、与人同一的哲学家，必须有法国人和德国人的混合血统。……心情，是女性的原则，是对于有限事物的官能，是唯物主义的所在地——这是法国式的想法；头脑，是男性的原则，是唯心主义的所在地——这是德国式的想法。……只有莱布尼茨……热情的唯物同时又唯心的哲学原则，才第一次将德国人从他们的哲学上的

---

　　① ［德］费尔巴哈：《费尔巴哈哲学著作选集》上卷，荣震华、李金山等译，商务印书馆1984年版，第111页。

学究习气和经院习气中拯救出来。"① 很显然，费尔巴哈再次强调了头脑和心情、理性和感性、唯心主义和唯物主义的结合。在这段论述中，唯心主义代表的也是头脑、理性的方面，而唯物主义代表的也是心情、感性的方面。

另外，值得注意的是，在费尔巴哈看来，莱布尼茨的哲学原则是既唯物又唯心的，而且只有这种既唯物又唯心的哲学原则才是正确的。这再次清晰表明，在费尔巴哈那里，唯物主义和唯心主义并不像通常认为的那样绝对对立，而是可以并且应该共存共处、相互结合的。按照传统理解，这种说法是不可想象的。唯物主义和唯心主义是绝对对立的，一种世界观不是唯物主义就是唯心主义，哪有既唯物同时又唯心的啊。可是费尔巴哈竟然这样说了。虽然比较怪异，不过也不费解。这是因为费尔巴哈改变了唯物主义和唯心主义的含义。他所理解的唯物主义和唯心主义是对感性、直观与理性、思维关系的回答。在费尔巴哈看来，分别代表这两个方面的唯物主义和唯心主义并不相互对立，可以并且应该相互结合。这也说明，费尔巴哈所理解的唯物主义和唯心主义并不是那种本体论问题上"谁产生谁""谁决定谁"意义上的绝对对立的唯物主义和唯心主义；因此，费尔巴哈的唯物主义不可能是自然唯物主义。

在对谢林和黑格尔的分析与评价中，费尔巴哈再次进行了他对唯物主义和唯心主义含义的这种特殊规定。"谢林与黑格尔是对立的。黑格尔代表独立性、自我活动的男性原则，简言之，他代表唯心主义的原则。谢林则代表承受性和感受性的女性原则……简言之，他代表唯物主义的原则。黑格尔缺少直观，谢林缺少思想力和决断力。"② 显然，这段话中的唯物主义的原则同承受性和感受性的女性原则一致，同样指感性、直观的方面，而唯心主义还是指理性、思维的方面。可见，在这段论述中，费尔巴哈依然在强调他的观点：哲学应该把理性、精神、思维和思想同感性、物质、直观和感觉结合起来，亦即把唯心主义和唯物主义结合起来。

由上可见，在《关于哲学改造的临时纲要》中，费尔巴哈各赋予了

① ［德］费尔巴哈：《费尔巴哈哲学著作选集》上卷，荣震华、李金山等译，商务印书馆1984年版，第112页。

② 同上书，第113页。

唯心主义和唯物主义一种特殊的含义：唯心主义的含义是重视头脑、理性、思维和思想，而唯物主义的含义则是重视心情、感性、直观和感觉。

费尔巴哈对唯物主义和唯心主义含义的这种理解和规定延续进了《未来哲学原理》。费尔巴哈写道："笛卡儿与莱布尼茨只是一般说来，是唯心主义者，而在特殊的方面则是唯物主义者。只有上帝才是彻底的，完全的，真正的唯心主义者；因为……只有上帝是不用感觉和想象力思想一切事物的。上帝是纯粹的理智，即离开一切感性和物质的理智；……在莱布尼茨哲学中，人已经具有一部分的唯心主义……因为人除了感觉和想象力之外，还有理智，而且理智是一种非物质的，纯粹的实体，因为它是能够思想的。……人的理智的限制，就在于理智被唯物主义束缚住了，也就是说，被暧昧的观念（亦即感性的观念——引者注）束缚住了……理智是自在的，亦即在理念中，非物质的，亦即为自己存在的，独立的实体。而这个理念，这个不带任何唯物主义色彩的理智，正是上帝的理智。……绝对唯心主义不是别的东西，就是莱布尼茨有神论中那个上帝理智的现实化，就是不带一切事物的感觉性质的那个纯粹理智的有系统的发展。"①可以看出，这段话中的唯心主义尤其是彻底的绝对的唯心主义强调非感性、非物质的理智和思想，而唯物主义则重视感性、物质、感觉和想象力等。

在一直强调结合理性和感性、思维和直观、唯心主义和唯物主义的费尔巴哈看来，近代思辨哲学的唯心主义过分地关注理智、精神和思想的方面；它们的最高的实体"上帝"亦即"纯粹的彻底的完全的真正的唯心主义者"是纯粹的自在的理智实体、纯粹的自在的思想，这种纯粹的理智和思想是非感性、非物质的，远离感觉和想象，完全抛弃了感性、物质、直观、感觉和想象等唯物主义的方面。由此可知，在这里费尔巴哈还是把唯心主义理解和规定为对理智、精神、理性、思维、思想方面的重视，把唯物主义理解和规定为对实际物质的事物、物质、感性、直观、感觉和想象方面的重视。此外，还值得一提的是，费尔巴哈再次提出了令传统理解模式很不适应的说法。费尔巴哈说笛卡儿和莱布尼茨在一般意义上

---

①　［德］费尔巴哈：《费尔巴哈哲学著作选集》上卷，荣震华、李金山等译，商务印书馆1984年版，第130—131页。

是唯心主义，而在特殊方面则是唯物主义。这再次说明费尔巴哈提出这种怪异的观点并非一时的冲动或失误，而是深思熟虑过的。

另外，在这部著作中，费尔巴哈还指出实在论和经验论"将上帝的否定，或者至少将非上帝的事物，当作他的生活的主要任务，当作他的活动的主要对象。但是，谁将精神和感情仅仅集中于物质事物上，感性事物上，谁就是事实上否认了超感觉事物的实在性"。① 实在论和经验论这种将精神和感情仅仅集中于物质事物、感性事物上的做法是同唯物主义的做法一致的。因为在《未来哲学原理》中，费尔巴哈指出唯物主义、经验论、实在论和人文主义这四个概念的含义是基本相同的，"在这本书里，唯物主义，经验论，实在论，人文主义之间的区别，当然是无关紧要的"②。可能在费尔巴哈看来，这四者都反对思辨哲学和神学的做法而强调感性、现实、对象和物质，所以认为它们的含义一致。

由上可见，和《关于哲学改造的临时纲要》一样，在《未来哲学原理》中，费尔巴哈也赋予了唯物主义一种特殊的含义：重视感性、物质、直观和感觉。

另外，在这两部著作中，费尔巴哈对于一些显著体现唯物主义含义和本质的重要概念的理解和规定也清楚地表明了他的唯物主义的感性唯物主义的含义和本质。对物质的感性唯物主义理解就是这样一个典型。物质概念是唯物主义概念的核心组成部分，对物质的不同理解会深度影响对唯物主义的理解。近代哲学将物质的主要性质理解为具有广延，传统教科书理解模式则理解为客观实在性。然而，在费尔巴哈那里，"物质"的主要特性既不是具有广延，也不是客观实在性，而是感性。在费尔巴哈看来，近代思辨哲学单纯强调非物质的、纯粹的理智实体，忽视了物质实体、感性实体。费尔巴哈特别批评斯宾诺莎的物质也是"一种形而上学的事物，一种纯粹的实体；因为物质赖以异于理智和思维活动的主要特性，即赖以成为一种能感受的实体的那种特性，已经从物质之中除去了"。③ 显然，在费尔巴哈看来，尽管斯宾诺莎强调物质，但他所强调的物质是形而上学

----

① ［德］费尔巴哈：《费尔巴哈哲学著作选集》上卷，荣震华、李金山等译，商务印书馆1984年版，第139页。

② 同上书，第140页。

③ 同上书，第148页。

意义上的抽象的物质，因为斯宾诺莎的物质不能感受、不能直观，已经失去了物质区别于理智和思维的主要特性——感受性、感性，从而并不是真正的物质。可见，费尔巴哈所理解的物质的主要特性是感受性、感性；对于物质，费尔巴哈看重和强调的就是这种属人的，能够为人所感觉的、为人所需要的感性。

费尔巴哈还指出，"斯宾诺莎虽然将物质当作实体的一种属性，却没有将物质当作感受痛苦的原则，这正是因为物质并不感受痛苦……和与它相对立的思维属性具有相同的特质，简言之，因为物质是一种抽象的物质，是一种无物质的物质"。① 在这里，费尔巴哈明确指出了斯宾诺莎的物质只是"抽象的物质"，这种物质并不能感受痛苦，甚至具有和思维相同的性质。与之相反，费尔巴哈强调物质是感受痛苦的原则。在费尔巴哈看来，只有这种具有感受性、能够感受痛苦的物质才是真正的物质。可见，费尔巴哈强调的是感性的物质、物质的感性，而不是抽象的物质、物质的抽象。所以，在费尔巴哈那里，物质决不是传统形而上学意义上的物质，而是感性的现实的具体的属人的物质。

对于费尔巴哈来说，物质不仅是物质性实体，不仅是"客观实在"，最为重要的是，物质直接体现他的哲学强调的根本之点——感性。显然，费尔巴哈对物质的感性理解可以让我们更加坚定地认为：费尔巴哈唯物主义的本质决不是主张自然、物质本体论的自然唯物主义，而是重视和强调感性的感性唯物主义。传统理解看到费尔巴哈使用物质概念并强调物质的重要性而没有深入思考费尔巴哈物质概念的深层内涵，就轻率地以为费尔巴哈唯物主义的主要观点与基本含义和正统唯物主义完全一样，强调世界的本体是物质，意识是派生的；物质第一性，意识第二性；物质决定意识。从而，只是抓住了费尔巴哈的概念和表皮，未能把握其思想和实质。

费尔巴哈对存在的理解和物质一致，同样表明了他的感性唯物主义思想。费尔巴哈强调，存在不只是思维的实体，而且"是感性的存在，直观的存在，感觉的存在，爱的存在。因此存在是一个直观的秘密，感觉的

---

① ［德］费尔巴哈：《费尔巴哈哲学著作选集》上卷，荣震华、李金山等译，商务印书馆1984年版，第110页。

秘密，爱的秘密"。① 很显然，和物质一样，对于存在，费尔巴哈强调的也是其感性的性质。可见，费尔巴哈对于存在的理解也是感性的理解。在费尔巴哈这里，存在是感性、现实、具体、属人的事物的总称，是感性的、现实的、具体的、属人的存在。从而，"物质"和"存在"在费尔巴哈哲学中都是感性的、现实的、具体的、属人的存在。的确，如马克思后来批评的那样，费尔巴哈没有把对象、现实和感性当作感性的人的感性活动——实践去理解，但费尔巴哈是把物质和存在（亦即对象、现实和感性）当作感性理解的：从感性的角度理解物质和存在，强调对物质和存在的直观和感受。依传统观念，费尔巴哈把物质和存在理解为感性的东西似乎有些奇特。其实，如第一章所见，在西方哲学史上，对物质和存在的感性理解源远流长，近代哲学家们一般都把物质和存在理解为可感的感性实体。这为费尔巴哈对物质、存在和唯物主义的感性理解提供了理论渊源。

费尔巴哈自然概念的含义也表明了费尔巴哈唯物主义的感性唯物主义本质。在笔者看来，费尔巴哈的自然概念亟须重新理解，传统教科书理解模式对费尔巴哈自然概念的理解很不到位。这种理解模式认为费尔巴哈的唯物主义是自然唯物主义，并且费尔巴哈的自然是与人无关的自然。于是，在教科书理解模式那里，费尔巴哈的唯物主义就成了一边是人本唯物主义，一边又是与人无关的自然唯物主义。也就是说，费尔巴哈的自然唯物主义和人本唯物主义是彼此隔离的。同一个费尔巴哈的唯物主义竟然被理解为如此自相矛盾的东西！的确，费尔巴哈非常强调自然的优先地位。在他看来，自然是第一性的。但是，费尔巴哈所说的自然和传统教科书理解模式所说的自然并不相同，它指的是全部感性事物的总和，等同于感性世界。近代哲学家们一般也是在这种含义上理解、使用自然概念的。更为重要的是，费尔巴哈之所以强调自然优先地位，是因为在他看来，感性的自然是感性的现实的人的现实基础。因此，在费尔巴哈那里，自然和人、"自然唯物主义"和人本唯物主义并不彼此隔离，而是内在相通的。费尔巴哈的真正问题实际上在于，和近代唯物主义一样，未能认识到感性的人的基础并不是这种笼统的自然，而是人化自然尤其是高度人化的自然，是

① ［德］费尔巴哈：《费尔巴哈哲学著作选集》上卷，荣震华、李金山等译，商务印书馆1984年版，第167页。

人的感性活动。① 可见，从费尔巴哈对自然概念的理解和使用看，费尔巴哈的唯物主义也是感性唯物主义。

另外，费尔巴哈对感性、现实和经验的理解也是感性唯物主义的理解。在费尔巴哈的术语系统中，感性、物质、存在、自然、现实和经验这些概念基本同义，都是感性事物的总和。

在费尔巴哈哲学中还有一个非常重要的概念需要认真思考，这就是"直观"。在笔者看来，我们过去实际上并没有理解费尔巴哈的直观概念的含义，甚至可以说都没有能够提出自己的独立见解。过去往往从马克思对费尔巴哈的评论："从前的一切唯物主义（包括费尔巴哈的唯物主义）的主要缺点是：对对象、现实、感性，只是从客体的或者直观的形式去理解，而不是把它们当作感性的人的活动，当作实践去理解"，尤其是从"费尔巴哈不满意抽象的思维而喜欢直观；但是他把感性不是看作实践的、人的感性的活动"和"直观的唯物主义，即不是把感性理解为实践活动的唯物主义"推论费尔巴哈的"直观"是同马克思的实践相对的"非实践"，是同马克思从社会历史存在出发解释意识相对的从自然存在出发解释意识。其实，费尔巴哈"直观"概念的含义是感觉、感受。对感性事物进行直观就是对感性事物进行感觉、感受。直观的这种含义同样在西方哲学史上具有长久渊源，其最初的意思就是直接地看、感觉，康德和黑格尔都在这种意义上使用直观概念。

显然，以往之所以不能正确理解费尔巴哈直观概念含义的主要原因还是在于人们主要是通过马克思在《关于费尔巴哈的提纲》和《德意志意识形态》中有关费尔巴哈直观的论述来理解费尔巴哈直观概念的，而不是依据费尔巴哈本人的著作。并且，在这两篇论著中，马克思对费尔巴哈的直观概念并没有进行正面阐释而只作了侧面说明。可是，不少论者却只是依靠马克思这些少量的侧面说明估计、猜测费尔巴哈直观概念的含义，

---

① 毋庸讳言，马克思对其他思想家思想的理解和评价并不都是正确的。例如，马克思在《德意志意识形态》中说费尔巴哈的"自然"是远离人的自然就十分准确。实际上，费尔巴哈是特别强调自然要和人结合在一起的。当然，费尔巴哈的确没能真正做到这一点，费尔巴哈所强调的和人相结合的自然并不是真正的人的自然。可是，如果由此就说费尔巴哈的自然远离人则未免有些不够严谨了。至少，应该是说费尔巴哈的自然实际上远离人。没有加以具体说明就这样批评费尔巴哈的自然确实有些委屈费尔巴哈。另外，还值得一提的是，马克思的这个批评一定程度地误导了人们认为费尔巴哈哲学和唯物主义的本质是自然唯物主义。

而不去阅读费尔巴哈的原著，研究费尔巴哈本人对直观概念的使用。无须多言，只从马克思对费尔巴哈的评论来理解费尔巴哈的直观概念是很不充分的。

误解费尔巴哈的直观概念，是把费尔巴哈的唯物主义理解为自然唯物主义的一个重要原因。显然，一旦把"直观"的含义认作从自然存在而非社会历史存在和实践解释意识，那么必然会把费尔巴哈唯物主义的本质认作自然唯物主义。相反，如果正确理解了直观的含义是相对于纯理性思维的感觉和感受，直观感性事物是指感觉、感受感性事物的话，那么就很容易理解费尔巴哈唯物主义的本质是感性唯物主义。

费尔巴哈对这些重要概念极其明确的感性理解说明，他的唯物主义的本质不是自然唯物主义，而是感性唯物主义；他的唯物主义的含义不是世界的本体是物质，意识是派生的；物质第一性，意识第二性；物质决定意识，而是重视感性、物质、直观和感觉的方面。

还可以从费尔巴哈在这两部著作中阐述的总体思想出发把握费尔巴哈的唯物主义思想。在这两部著作中，费尔巴哈始终强调的一个主要思想就是主张哲学应该把理性、精神、思维和思想的方面即唯心主义的方面同感性、物质、直观和感觉的方面即唯物主义的方面结合起来，上文引证的费尔巴哈关于唯物主义的论述都十分清晰地表达了费尔巴哈的这一思想。

按照西方哲学的传统，费尔巴哈区分了理性、精神、思维和思想与感性、物质（存在）、直观和感觉两个方面。在费尔巴哈看来，以往的哲学总是过分强调其中一方面而否定另一方面，割裂了这两个方面本应该具有的密切联系，导致其不能在人身上有机地统一起来。尤其是肇始于笛卡儿和斯宾诺莎并以黑格尔哲学为典型代表的近代思辨哲学，极度夸大抽象的理智方面的作用和意义，并使之占据了绝对的统治地位，严重忽视甚至否定感性、物质、直观、感觉、心情、生活等唯物主义方面。费尔巴哈严厉地批判了近代思辨哲学这种完全抛弃感性方面的抽象性。他指出，近代思辨哲学的上帝是纯粹的精神，没有欲望、没有感觉、没有物质。而近代思辨哲学就是"这个纯粹精神，这个纯粹活动现实化为思维活动，就是绝对实体现实化成为绝对思维"。① 在费尔巴哈看来，近代思辨哲学的抽象

---

① ［德］费尔巴哈：《费尔巴哈哲学著作选集》上卷，荣震华、李金山等译，商务印书馆1984年版，第129页。

性甚至比神学还有过之而无不及："神学抽象的对象虽然是通过抽象而来，但是同时仍然被设想成为一种感性实体，所以这种抽象本身仍然是一种感性的抽象；至于思辨哲学的抽象，则是一种精神的，思想的抽象，只有一种科学的或理论的意义，而无任何实践的意义。"①

和近代思辨哲学不同，费尔巴哈主张，应该把头脑和心情、理智和生活、理性和感性、思想和物质（存在）、思维和直观结合起来，也就是把唯心主义和唯物主义结合起来。针对近代思辨哲学过分强调理性、思想、头脑、理智和思维的方面，导致唯心主义过分膨胀和泛滥的错误，费尔巴哈特别强调和阐发了感性、物质、心情、生活、直观、感觉等唯物主义方面，特别强调自己的哲学是感性哲学，渴望以此对抗近代思辨哲学过度泛滥的唯心主义，唤起人们对唯物主义方面的重视，将哲学引向正确的方向。"旧哲学为了防止感性观念玷染抽象概念，是在与感觉处于不断矛盾、敌对状态中进行思想的；新哲学则正相反，是在与感觉和睦、协调的状态中进行思想的。……新哲学……是愉快地，自觉地承认感性的真理性的：新哲学是光明正大的感性哲学。"② 我们听到，费尔巴哈早就明确无误地大声疾呼，和旧哲学不同，他的新哲学是感性哲学！

费尔巴哈甚至还把近代理性主义和思辨哲学之父笛卡儿的著名命题做了感性哲学的改造："人的最内秘的本质不表现在'我思故我在'的命题中，而表现在'我欲故我在'的命题中。"③ 在反抗和力图超越传统思辨哲学这一点上，这个"我欲故我在"和后来马克思的"我实践故我在"完全一致。可见，一个铁证如山的事实是，费尔巴哈的哲学并不是近代思辨哲学，既不是近代思辨的唯心主义，也不是近代思辨的唯物主义；而是人本主义的感性哲学。

费尔巴哈的唯物主义思想同其总的哲学思想高度一致，就是其总的哲学思想中的对感性方面的强调。同总的哲学思想一样，费尔巴哈唯物主义的主要目的也是强调哲学应该重视感性、物质、直观和感受的方面。这种唯物主义的主要对手是包括近代思辨唯物主义在内的全部近代思辨哲学。

---

① ［德］费尔巴哈：《费尔巴哈哲学著作选集》上卷，荣震华、李金山等译，商务印书馆1984年版，第129页。

② 同上书，第169页。

③ 同上书，第591页。

对于费尔巴哈而言，唯心主义和唯物主义争论的主要问题是理性、精神、思维和思想同感性、物质、直观和感受的关系问题。和唯心主义强调理性、精神、思维和思想的方面不同，费尔巴哈的唯物主义重视感性、物质、直观和感受的方面。简言之，在目的、对手、主要问题和主要观点等重要方面，费尔巴哈的唯物主义都和近代正统的形而上学意义上的唯物主义不同。这些不同，造成了费尔巴哈唯物主义的特殊本质和含义。费尔巴哈的唯物主义是同其人本主义的感性哲学相一致的人本主义的感性唯物主义。

另外，过去人们认为费尔巴哈的唯物主义是自然唯物主义的一个主要论据是出于误解，并不能成立。费尔巴哈写下过这样两段话："思维和存在的真正关系只是这样的：存在是主体，思维是宾词。思维是从存在而来的，然而存在并不来自思维。存在是从自身，通过自身而来的——存在只能为存在所产生。"① "只有将实在事物，感性事物当成它自身的主体，只有给实在事物和感性事物以绝对独立的，神圣的，第一性的，不是从理念中派生出来的意义。"② 人们往往根据这两段话认定费尔巴哈的哲学和唯物主义主张自然、物质、存在第一性，精神、意识、思维第二性；其本质是自然唯物主义。

然而，需要注意的是，这两段话的观点并不是费尔巴哈唯物主义的含义。的确，费尔巴哈也根据当时的自然科学认为存在、自然先于思维，思维来自存在。但是，费尔巴哈并没有说这就是他的唯物主义的主要观点和含义，就是他唯物主义区别于唯心主义之处；相反，如前所见，费尔巴哈反复论述了他的唯物主义的主要观点和含义是重视感性、物质、直观和感觉的方面。事实上，"存在是主体，思维是宾词"的思想在费尔巴哈哲学中并没有多高的地位，而强调感性、物质、直观和感觉方面的重要性却是费尔巴哈哲学的主要思想。

更为重要的是，和他在《关于哲学改造的临时纲要》和《未来哲学原理》这两部著作中经常做的一样，在这两段话中，费尔巴哈也是把物质和存在理解为感性的。这就是说，在这两段话中，费尔巴哈真正想说的是：自然是人存在、生活的现实基础，感性的自然是感性的人的存在、生

---

① ［德］费尔巴哈：《费尔巴哈哲学著作选集》上卷，荣震华、李金山等译，商务印书馆1984年版，第115页。

② 同上书，第165页。

活的现实基础，而并非近代唯物主义所主张的存在是思维的基础，存在决定思维。

其实，费尔巴哈只是在确立人本的感性唯物主义的早期沿用这种近代哲学的表述方式，后来他就不再使用这种表述方式了。不仅如此，下文将看到，费尔巴哈后来还明确否定了这种近代唯物主义的观点和提法。因此，这两段话并不能证明费尔巴哈唯物主义的本质是自然唯物主义。

综上所述，在《关于哲学改造的临时纲要》和《未来哲学原理》中，作为马克思新唯物主义及其含义的最主要理论来源之一的费尔巴哈感性唯物主义的含义并不是自然、物质、存在是世界的本原，精神、意识、思维是派生的；自然、物质、存在第一性，精神、意识、思维第二性的；自然、物质、存在决定精神、意识、思维等，而是重视感性、物质、直观和感觉的方面。由于物质和感性、感觉和直观是同义的，因此将其可以精简为重视感性和直观的方面。显然，费尔巴哈赋予唯物主义的这种含义和唯物主义的正统含义显著不同。可以说，在《关于哲学改造的临时纲要》和《未来哲学原理》中，费尔巴哈赋予了唯物主义一种特殊的含义，甚至可以说费尔巴哈一定程度地转变了唯物主义概念的含义。和唯物主义的含义是特殊的感性唯物主义的含义相一致，在这两部著作中，费尔巴哈所赞同的唯物主义的本质也并非自然唯物主义，而是感性的、直观的唯物主义。另外，费尔巴哈赋予唯心主义的含义也是和唯心主义的正统含义不同的，尤其是对理性、思维、思想和精神方面的强调。并且，费尔巴哈的这种具有特殊含义的唯物主义和唯心主义也并不是绝对对立的，而是可以并且应该共存共处、相互结合的。

第二节　对唯物主义含义理解和规定的演变过程

不少学者都发现了这样一个"奇怪"的现象：费尔巴哈并不像传统教科书理解模式所认为的那样是一个坚定的唯物主义者，而是有时肯定唯物主义，有时却否定唯物主义，宣称自己不是唯物主义者。① 的确如此，当说"费尔巴哈（的）唯物主义"的时候，我们其实是危险的，站在

----

① 可参见俞吾金《马克思的实践唯物主义及其当代发展趋向》，《江苏社会科学》2000 年第 6 期，第 42—46 页。

了错误的边缘，而说费尔巴哈赞同的唯物主义则要正确和安全得多。因为，事实上，费尔巴哈从来没有完全认为自己是一个唯物主义者，也从来不认为自己是一个完全的唯物主义者；费尔巴哈也的确从来没有完全是一个唯物主义者，也从来不是一个完全的唯物主义者。费尔巴哈经常改变自己对于唯物主义的态度。即使在思想成熟之后，费尔巴哈对唯物主义的态度也发生过三次重大的改变。费尔巴哈甚至一度坚决地否定唯物主义，坚称自己不是唯物主义者。同样，即使在思想成熟时期，费尔巴哈对唯物主义含义的理解和规定也有过三次重大的转变和四个不同的时期。

显然，梳理费尔巴哈对唯物主义含义理解与规定的演变过程和对唯物主义态度的演变过程，对于重新理解费尔巴哈的哲学和唯物主义以至马克思的哲学和唯物主义都有不小的意义。由于本书的主题是重新理解马克思新唯物主义的含义而不是重新理解费尔巴哈，因此笔者没有像一般的做法那样按照时间顺序逐一论述费尔巴哈对唯物主义含义理解和规定的这三次转变和四个时期，而是着重先在第一节考察费尔巴哈对新唯物主义及其含义具有重大启发和影响的时期，这是费尔巴哈对唯物主义含义理解和规定的第二个时期。考察完费尔巴哈在《关于哲学改造的临时纲要》和《未来哲学原理》中赋予唯物主义的特殊的感性唯物主义含义之后，本节简要考察思想成熟时期的费尔巴哈对唯物主义含义理解和规定的演变过程。

按照是否赋予唯物主义感性唯物主义含义的标准，大致可以将思想成熟时期的费尔巴哈对唯物主义含义的理解和规定分为以下四个时期：（一）从《黑格尔哲学批判》中经《基督教的本质》到《论哲学的开端》是对唯物主义含义的正统理解时期；（二）从《关于哲学改造的临时纲要》到《未来哲学原理》是赋予唯物主义感性唯物主义含义时期；（三）从《因〈唯一者及其所有物〉而论〈基督教的本质〉》到《反对身体和灵魂、肉体和精神的二元论》是回复对唯物主义含义的正统理解时期；（四）从《宗教本质讲演录》到《论唯灵主义和唯物主义，特别是从意志自由方面着眼》是再次赋予唯物主义感性唯物主义含义时期。

一　对唯物主义含义的正统理解和规定时期

19 世纪 30 年代末，费尔巴哈的感性哲学和感性唯物主义思想逐渐形成、发展和成熟起来，同以黑格尔、笛卡儿和斯宾诺莎等人为主要代表的近代思辨哲学相对立。但是，在新思想成熟的初期，费尔巴哈对唯物主义概念含义的理解和规定并没有同时转变过来，尚未明确赋予唯物主义概念是他后来所赋予的感性唯物主义含义。不过，在这一时期，也有一些向后来的感性唯物主义含义转变的因素和表现。可以说，感性唯物主义的含义处于零星的萌发状态。这一时期的三部主要著作《黑格尔哲学批判》《基督教的本质》和《论"哲学的开端"》反映了费尔巴哈此时期对唯物主义含义的这种理解状态。

总体上看，这一时期的费尔巴哈对唯物主义和唯心主义含义的理解仍然是正统的。在发表于 1839 年的《黑格尔哲学批判》一文中，费尔巴哈区别了两种不同的理论："一种是唯心主义的真理，它否定自然哲学的真理；另一种是自然哲学的真理，它又否定唯心主义的真理。对于自然哲学来说，只有自然存在；对于唯心主义来说，只有精神存在。对于唯心主义来说，自然只是对象，只是偶性；对于自然哲学来说，自然乃是实体，乃是主体兼对象。"[①] 很显然，在此时的费尔巴哈看来，唯心主义含义是"只有精神存在""自然只是对象，只是偶性"。而此时的费尔巴哈所理解的唯物主义的含义应该是和他在这里所说的同唯心主义相对立的自然哲学的主要观点一致的，即"只有自然存在""自然乃是实体，乃是主体兼对象"。显然，这种含义是和唯物主义的正统含义一致的。还值得一提的是，在这篇论文中，费尔巴哈已经提出了需要结合、超越唯心主义和自然哲学的思想。这是《关于哲学改造的临时纲要》和《未来哲学原理》结合、超越唯心主义和唯物主义的思想的萌芽。

《黑格尔哲学批判》没有明确论述唯物主义，出版于 1841 年的《基督教的本质》就多次对唯物主义进行了明确的论述。费尔巴哈写道："对属人的局限性与虚无性的意识……是怀疑论者、唯物主义者、泛神论者所特有的。对上帝……只有当像在怀疑论、泛神论、唯物主义中那样丧失了对人——至少是宗教意义上的人——的信仰时，才会消失。……否定人，就意味着否定宗教。"[②] 可以看出，费尔巴哈认为唯物主义者、泛神论者、

---

① ［德］费尔巴哈：《费尔巴哈哲学著作选集》上卷，荣震华、李金山等译，商务印书馆 1984 年版，第 72 页。

② ［德］费尔巴哈：《基督教的本质》，荣震华译，商务印书馆 1984 年版，第 80 页。

怀疑论者特有的"对属人的局限性与虚无性的意识""丧失了对人的信仰"，甚至"否定人"。

显然，在否定宗教意义上的人这一点上，费尔巴哈这里所说的唯物主义的做法和近代正统唯物主义一致。费尔巴哈还写下了这样一句话："他（指机械家——引者注）在他自己的属自然的或唯物主义的直观跟关于上帝直接作用的思想之间，插入了好几千年。"① 在费尔巴哈看来，唯物主义的直观和属自然的直观是一致的。这表明，在此时的费尔巴哈心中，唯物主义的主张和做法与"属自然"的主张和做法一致。这也是与正统唯物主义的主张一致的。"若要问上帝如何创造，那间接就等于怀疑上帝之创世。谁提出这样的问题，谁就是走向无神论、唯物主义、自然主义了。"② 在这段话中，无神论、唯物主义和自然主义的主要观点更加明显，就是怀疑上帝的创世，怀疑上帝的存在。这当然更是正统的否定上帝存在的唯物主义了。

在《论"哲学的开端"》一文中，费尔巴哈写道："如果一切都被归结为客体的印象，像冷酷的唯物主义和经验主义所假定的那样，那么畜类也可以成为物理学家，甚至必须成为物理学家了"。③ 显然，此时的费尔巴哈认为唯物主义和经验主义主张思想观念意识是客体的印象。这个观点也确实是近代正统唯物主义的基本观点之一。可见，费尔巴哈在这里所理解的唯物主义的含义和唯物主义的正统含义是一致的。并且，很显然，费尔巴哈很不赞同唯物主义和经验主义的这种主张。

以上引证的论述表明，这一时期的费尔巴哈对唯物主义含义的理解，和近代哲学家们对唯物主义含义的正统理解的一致性。不过，即使在这一时期，费尔巴哈对唯物主义含义的理解和规定也出现了感性唯物主义的萌芽。他在个别地方赋予了唯物主义概念感性唯物主义的含义，具有转向后来的感性唯物主义的理解和规定的因素。最明显的例子是《基督教的本质》中的两段话。"爱就是上帝本身，除了爱以外，就没有上帝……将物质理念化和将精神物质化。爱，是上帝与人、精神与自然之真正的统

---

① ［德］费尔巴哈：《基督教的本质》，荣震华译，商务印书馆1984年版，第256页。
② 同上书，第288页。
③ ［德］费尔巴哈：《费尔巴哈哲学著作选集》上卷，荣震华、李金山等译，商务印书馆1984年版，第89页。

一。……爱是唯物主义；非物质的爱是无聊的。抽象的唯心主义者在对最遥远的对象产生爱的渴望时，就违背自己的意志而确证感性之真理性。……爱又是自然之唯心主义；爱是精神。"① 可以看出，在这段话中，费尔巴哈心目中的唯物主义是对感性物质的爱，看重物质、感性。而唯心主义看重的当然是精神，抽象的唯心主义甚至只是以抽象的思辨的理性为最高原则。

还值得注意的是，费尔巴哈认为基督教的爱将上帝与人、精神与自然统一了起来，实际上也就是说爱将唯心主义和唯物主义统一起来了。正因为如此，费尔巴哈说爱既是唯物主义，又是唯心主义。可见，在这段话中，费尔巴哈一方面出现了赋予唯物主义新的特殊含义的意向和趋势；另一方面也出现了结合、超越唯心主义和唯物主义的想法。在《基督教的本质》的附录中，费尔巴哈还写道："只要像在基督教里那样把一个超自然主义的、唯灵主义的肉体设定为真正的、永恒的肉体，换句话说，把一个被剥夺了一切客观的感性意向、一切肉、一切本性的肉体设定为真正的、永恒的肉体，那么，实在的、也即感性的、属肉体的物质，就遭到否定，被设为虚无的了。"② 显然，和基督教、唯灵主义崇拜超自然、非感性的肉体相反，费尔巴哈强调的是人的真实的、有着感性肉体的各种本性的肉体。从这段话也能体会出费尔巴哈对于同唯灵主义相对的唯物主义观点的理解。

此外，费尔巴哈还提出了必须结合、超越唯物主义和唯心主义的观点。"正像人属于自然之本质——庸俗唯物主义就是这样认为——一样，自然也属于人之本质——主观唯心主义就是这样认为。"③ 费尔巴哈主张应该"把人与自然结合起来"④。显然，把人与自然结合起来也就是把"主观唯心主义"和"庸俗唯物主义"结合起来。另外，将认为人属于自然之本质的观点称为庸俗唯物主义，显然表明此时的费尔巴哈并不完全赞同这种自然唯物主义的观点。也就是说，在这个时候，费尔巴哈就已经和自然唯物主义不是一回事了。可以看出，以上这些都是此时的费尔巴哈已

---

① ［德］费尔巴哈：《基督教的本质》，荣震华译，商务印书馆1984年版，第85页。
② 同上书，第400页。
③ 同上书，第349页。
④ 同上。

经蕴含的对于唯物主义和唯心主义与正统观点相异的观点。

在这一时期的著作中，费尔巴哈还新创了各种对于唯物主义的称谓，如"幻想的宗教唯物主义""最愚钝的宗教唯物主义""神秘唯物主义""庸俗唯物主义"。这样的称谓和表述在思想界是新鲜的，并且还给人们理解唯物主义增加了困难和混乱。

综上可见，在总体上和根本上，《黑格尔哲学批判》到《论"哲学的开端"》这一时期的费尔巴哈对唯物主义以及唯心主义概念含义的理解和规定是同正统观点一致的。此时的费尔巴哈尚未根本改变对唯物主义含义的理解，没有总体地明确赋予唯物主义概念以感性唯物主义的含义。不过，费尔巴哈对唯物主义概念又有不少自己特殊的用法，并具有向后来的感性唯物主义的理解和规定转变的因素。并且，费尔巴哈在这一时期已经提出了接近于后来提出的结合、超越唯心主义和唯物主义的观点。

二　赋予唯物主义特殊含义时期

进入 1842 年，费尔巴哈改变了他之前对唯物主义含义的正统理解和规定，赋予了唯物主义概念以同其感性哲学和感性唯物主义相一致的特殊的感性唯物主义的含义——重视感性和直观。这是费尔巴哈对唯物主义含义理解和规定的第一次转变，开始了从《关于哲学改造的临时纲要》到《未来哲学原理》赋予唯物主义特殊含义的时期。在笔者看来，费尔巴哈的这个转变并不是突然的，而是有原因和过程的。正如上一目所见，费尔巴哈在《基督教的本质》中就在个别地方赋予唯物主义概念以感性唯物主义的含义，出现了后来这个重大转变的"苗头"。这就是说，在其对唯物主义含义的理解和规定的正式转变之前，费尔巴哈就已经非正式和不完全地开始转变他对于唯物主义含义的理解和规定了。由于服从和服务其总的思想——感性哲学和感性唯物主义的需要，费尔巴哈不得不进行这样的转变。

除此之外，在这一目中笔者还想简单提及这一时期的费尔巴哈对唯物主义含义理解和规定的复杂性。事实上，在这一时期，费尔巴哈所理解和规定的唯物主义含义并不只有感性唯物主义一种，他也时常在唯物主义的正统含义上使用唯物主义概念。比如，费尔巴哈这样写道："物质乃是理性的一个主要对象。如果没有物质，那么理性就不能刺激思维，就不给思维以材料，就没有内容。……唯物主义者乃是理性论者。"① 可以看出，在这里的费尔巴哈看来，唯物主义以理性对物质进行思维，物质是唯物主义的主要研究对象。显然，这是近代正统唯物主义的一般做法。并且，费尔巴哈所说的这种唯物主义显然和他自己的感性唯物主义不同。费尔巴哈的感性唯物主义是对物质（更准确地说是感性的、现实的物质或物质的感性）进行感性直观（感觉和感受），而不是以理性做理性思维的把握。由此可知，费尔巴哈这句话中的唯物主义是正统意义上的唯物主义。费尔巴哈还写道："没有上帝……等于取消神学，承认唯物主义的真理性。"② 很显然，费尔巴哈这里所说的这种唯物主义的主要观点是否定上帝的存在。这当然是正统唯物主义的观点和含义了。

在这一时期，费尔巴哈也在正统意义上使用唯心主义概念。在费尔巴哈看来，唯心主义主张："'自我'以外，是一无所有，一切只有作为'自我'的对象而存在。"③ "这种东西只有作为意识的对象之后，才成为一种实际的东西，一种实际的对象——因此意识是绝对的实在或绝对的实际，是全部存在的尺度。一切存在的事物，只是作为对意识存在而存在，只是作为被意识到的事物而存在；因为只有意识才是存在。……这些话在唯心主义的意义之下就是说：一切只是作为意识的对象而存在，不管这些事物是实在的还是可能的；存在的意思就是成为对象，所以要以意识为前提。"④ 费尔巴哈的这段话堪称对唯心主义核心思想的经典分析。很显然，他在此分析的这种唯心主义是"经典"的唯心主义——正统唯心主义。

综上可见，在这一时期，费尔巴哈对唯物主义和唯心主义及其含义的理解和规定是这样的：一方面，费尔巴哈赋予了这两个概念一种不同于其正统含义的新的特殊含义。另一方面，费尔巴哈也在正统的含义上使用这两个概念。并且，在两种唯物主义之间，还有一定的联系和转化的可能性。当费尔巴哈将正统意义上的唯物主义往积极的、肯定的方向，亦即往他的感性唯物主义的方向理解的时候，可以很自然地将其转化为感性唯物主义。这个转化之所以能够实现很大程度上缘于正统唯物主义所肯定的物

---

① ［德］费尔巴哈：《费尔巴哈哲学著作选集》上卷，荣震华、李金山等译，商务印书馆1984年版，第142页。
② 同上书，第149页。
③ 同上书，第143页。
④ 同上书，第143—144页。

质可以向费尔巴哈所强调的感性和直观的方向理解。上文分析过，大多数近代哲学家把物质理解为心灵之外真实存在的并可以通过感官感知的物质性实体。这种意义上的物质所表示的具体物质无疑也具有感性、现实、可以被直观被感觉的特点。这样的物质当然很容易被感性唯物主义者费尔巴哈朝感性唯物主义的方向理解，从而把正统唯物主义朝感性唯物主义的方向理解。同样，把正统唯心主义朝积极的、肯定的方向理解也可以转变为费尔巴哈赞同的可以同感性唯物主义相结合的"理性唯心主义"。

最后简单提及这一阶段的费尔巴哈对于唯物主义的态度。费尔巴哈对他赋予了新含义的唯物主义和唯心主义尤其唯物主义无疑持肯定态度。对于正统意义上的唯心主义，费尔巴哈是否定的。而对于正统的近代形而上学的唯物主义，费尔巴哈的态度则复杂一些。可以这样说，费尔巴哈不同程度地同意正统唯物主义的一些观点。但是，在主导思想和总体上，费尔巴哈坚决反对这种正统唯物主义。他所肯定和赞同的唯物主义只是他的人本的感性唯物主义。而且，如刚才所述，费尔巴哈是把他所同意的正统唯物主义的观点朝着他的感性唯物主义的方向理解和改造的。另外，费尔巴哈的一些看起来似乎同正统唯物主义非常一致的论述的要义也在于阐发其感性唯物主义思想。

三　回复对唯物主义含义的正统理解和规定时期

说来相当有趣，赋予唯物主义概念特殊含义两三年后，费尔巴哈对唯物主义含义的理解和规定竟然发生了一百八十度的改变：不再赋予唯物主义以感性唯物主义的含义，而是回复到他以前的正统理解和规定。同时，费尔巴哈对唯物主义的态度也发生了根本改变：在字面上不再肯定任何唯物主义，而是对唯物主义一概否定，强调自己不是唯物主义者。

这个怪异的改变从写作于1845年的《因〈唯一者及其所有物〉而论〈基督教的本质〉》一文开始。在这篇论文中，费尔巴哈写下了这样一段令众多对费尔巴哈哲学和唯物主义持传统理解的人们十分头疼的话："费尔巴哈既不是唯心主义者，也不是唯物主义者！在费尔巴哈看来，上帝、精神、灵魂、'我'是虚空的抽象，但是……物体、物质、物性也同样是虚空的抽象。……真理、本质、实在仅仅在感性之中。难道你曾经在某个时候知觉到、看到过物体、物质吗？你曾经在某个时候知觉到、看到过物体、物质吗？你只看到和知觉到这是水，这是火，这是星辰，这是石头，这是树，这是动物，这是人——永远只是完全确定的、感性的、个别的事物与实体"。① 奇怪！费尔巴哈不是绝对坚定的唯物主义者吗？他竟然如此坚决地强调自己不是唯物主义者。

这里问题的关键在于费尔巴哈对唯物主义以及物质含义的理解的改变。可以看出，在这段话中，费尔巴哈认为唯心主义看重和追求抽象的上帝、精神、灵魂和自我，而唯物主义看重和追求物质、物体。在这段话中，费尔巴哈并没有提到感性、感性对象这些他在前一时期无数次提到的概念。更为严重的是，费尔巴哈对物质含义的理解发生了重大改变。在此时的费尔巴哈看来，和唯心主义所强调的上帝、精神、灵魂和自我是虚空的抽象一样，唯物主义所强调的物质、物体、物性也是虚空的抽象，并不现实存在；现实存在的只能是感性的具体的物质性的事物，即"完全确定的、感性的、个别的事物与实体"。可见，费尔巴哈在这里把物质理解为思辨的抽象的物质，把唯物主义理解为强调思辨的抽象的物质实体的理论。这种抽象的物质、思辨抽象的唯物主义和费尔巴哈所强调的感性的物质、物质的感性，所强调的重视感性、物质、直观和感觉方面的思想格格不入、南辕北辙，恰恰和费尔巴哈感性哲学的对立面——近代思辨哲学相一致。费尔巴哈势所必然地反对这种唯物主义和物质。

在指出自己既不是唯心主义者也不是唯物主义者以及原因之后，费尔巴哈就强调了他自己的理论："真理、本质、实在仅仅在感性之中。"这是费尔巴哈哲学的真正要义。这也再次有力地论证了本书的观点：在《关于哲学改造的临时纲要》和《未来哲学原理》中，费尔巴哈唯物主义的本质并不是正统的近代形而上学意义上的唯物主义，并不是人们普遍认为的自然唯物主义，而是人本的感性唯物主义。综上，和《关于哲学改造的临时纲要》与《未来哲学原理》相比，费尔巴哈在《因〈唯一者及其所有物〉而论〈基督教的本质〉》中对唯物主义和物质含义的理解发生了重大改变，因而也改变了对唯物主义的态度。

在1846年的《反对身体和灵魂、肉体和精神的二元论》中，费尔巴哈延续了其《因〈唯一者及其所有物〉而论〈基督教的本质〉》一文的思想。费尔巴哈再次写下了这样一段令对费尔巴哈的哲学和唯物主义持传

---

① ［德］费尔巴哈：《费尔巴哈哲学著作选集》下卷，荣震华、王太庆、刘磊译，商务印书馆1984年版，第434—435页。

统理解的人们头疼的话："唯物主义、唯心主义、生理学、心理学都不是真理；只有人本学是真理，只有感性、直观的观点是真理。"① 很显然，费尔巴哈此处对唯物主义的态度和对唯物主义含义的理解同《因〈唯一者及其所有物〉而论〈基督教的本质〉》一文完全一致。只有人本学是真理，只有感性、直观的观点是真理，而包括唯物主义在内的各种理论都不是真理，这也同样充分表明了费尔巴哈哲学的人本主义感性哲学的本质及其同近代思辨哲学的异质。

　　费尔巴哈在这篇论文中对唯物主义含义的正统理解在以下三段论述中清晰地表现了出来。"人……只在死后，才落入名副其实的唯物主义范畴……才成为一种外在的可以触觉、视觉、嗅觉、味觉得到的客体"。② "假如把有机的身体像在这里它被归结为复合的、可分割的物体的范畴那样，归结为一些抽象的唯物主义的规定"。③ 显然，费尔巴哈在这两段话中所说的唯物主义都是人们一般认为的唯物主义。并且，费尔巴哈明确将唯物主义认定为抽象的唯物主义。而这种抽象的唯物主义当然为费尔巴哈所反对。

　　下面这段话更加明确地道出了费尔巴哈感性唯物主义和正统唯物主义以及唯心主义的不同。"只有感觉得到的、看得见的本质才是完成了的本质。感性是完全性。所以，当你越出感性、生命直观的观点时，你便把完全的本质，转变成不完全的；你在使它残废、破碎，使它分解为它的个别成分……但本质的诸成分……如果你是一个唯物主义者，你可以把它们叫做原子，如果你是一个唯心主义者，你可以把它们叫做单子……还都不是本质自身。悟性，至少抽象的悟性是事物的死，感官才是事物的生"。④ 费尔巴哈认为，他自己的理论肯定了感性、人的生命直观，肯定了人的完全的本质，而唯物主义和唯心主义都把感性、人的完全的本质给肢解了。很显然，费尔巴哈这里所说的唯物主义和唯心主义也是正统意义上的。这种唯物主义和费尔巴哈的感性唯物主义是异质的，也是费尔巴哈不能同意的。

---

　　① ［德］费尔巴哈：《费尔巴哈哲学著作选集》上卷，荣震华、李金山等译，商务印书馆1984年版，第205页。

　　② 同上书，第196页。

　　③ 同上书，第201页。

　　④ 同上书，第209页。

综上可见，在这一时期，费尔巴哈放弃了自己在《关于哲学改造的临时纲要》和《未来哲学原理》中确立的唯物主义者的形象，不再提他先前赋予唯物主义的特殊含义，而是对唯物主义的含义做正统的理解和规定。

尽管有些令人诧异，不过费尔巴哈的这个"倒退"也不是毫无原因的。如上所述，即使在《关于哲学改造的临时纲要》和《未来哲学原理》中，除了感性唯物主义和理性唯心主义之外，费尔巴哈有时也在正统意义上使用唯物主义和唯心主义概念。当然，在《关于哲学改造的临时纲要》和《未来哲学原理》中，费尔巴哈所赞同的唯物主义只是他自己的感性唯物主义。然而，当遭到施蒂纳在《唯一者及其所有物》的诘难和批评之后，费尔巴哈就取消了自己先前对唯物主义和唯心主义含义的特殊理解和规定，把自己对唯物主义和唯心主义的理解和当时人们的一般理解一致起来，将唯物主义和唯心主义理解为正统意义上的唯物主义和唯心主义。

四　再次赋予唯物主义特殊含义时期

如果说之前对唯物主义含义理解的第一次转变是学术思想上十分常见的思想转变的话，那么第二次一百八十度的倒转就让人大跌眼镜了。可是，没想到几年之后，费尔巴哈对唯物主义含义的理解和规定竟然再一次回复到对唯物主义含义的感性唯物主义的理解和规定上。这次的改变还是因为那热烈的人本主义的感性唯物主义思想，使费尔巴哈不得不向着感性唯物主义的方向使用唯物主义概念。这让他很自然地再次赋予唯物主义概念以感性唯物主义的含义。经历几次反复之后，费尔巴哈对唯物主义含义的感性唯物主义理解和规定终于坚定了。在这一时期，在《宗教本质讲演录》和《论唯灵主义和唯物主义，特别是从意志自由方面着眼》这两部著作中，费尔巴哈比他初次赋予唯物主义特殊含义的那一时期更为频繁地赋予唯物主义概念感性唯物主义的含义。也就是说，直到此时，费尔巴哈感性唯物主义的含义才最终被确定下来。

费尔巴哈的第三次转变和第四个时期是从创作于1848年底至1851年初的《宗教本质讲演录》开始的。在这部著作中，费尔巴哈多次在感性唯物主义的意义上使用唯物主义概念，以这种具有感性唯物主义含义的唯物主义概念来表述他的思想。例如，费尔巴哈分析当时人们的政治心理道："现时我们的最主要的兴趣并不在于理论的政治，而是在于实践的政治；我们愿意用行动来直接参与政治……我们从事于并满足于谈论和书写已经够久了；现在我们要求语言终能变成血肉，精神终能变成物质；我们既厌倦了哲学的唯心主义，也厌倦了政治的唯心主义；我们现在想要成为政治的唯物主义者。"① 可以看出，此处这个唯物主义并不是正统的形而上学意义上的唯物主义，而是针对唯心主义只停留于纯思想、纯精神范围内的做法，强调将思想和精神变为现实。这个唯物主义的观点是与《关于哲学改造的临时纲要》和《未来哲学原理》中的感性唯物主义一致的。

　　费尔巴哈继续论说道："我们大家都是先做唯物主义者，然后才做唯心主义者，我们大家都是先照应肉体，照应低级的需要和感官，然后才提高到精神的需要和感官。"② 尽管这并不是一个正式的定义，但还是可以从中清晰地看出这个唯物主义概念的感性唯物主义含义。显然，这个唯物主义指的是满足人感性方面的需要，而唯心主义指的是满足精神方面的需要。费尔巴哈还尖锐地批评这种只强调精神需要、精神生活的唯心主义道："二元论的利己主义……为自己发明出唯物主义，为别人却发明出唯心主义……为自己发明出享受，为别人却发明出制欲……要求别人……单靠空气来过活，要求他们像天使一般地完善和非物质。"③ 很明显，这段话中的唯心主义是指纯精神的生活，而唯物主义还是指的感性的生活。可见，在这部讲演录中，费尔巴哈再次赋予了唯物主义概念特殊的感性唯物主义的含义。

　　自从在《宗教本质讲演录》中再次赋予唯物主义概念以感性唯物主义的含义之后，费尔巴哈就一直坚定地赋予唯物主义概念这种特殊的含义。写作于 1863 年至 1866 年的《论唯灵主义和唯物主义，特别是从意志自由方面着眼》一书更加清晰地表明了费尔巴哈感性唯物主义的立场。在这部关于唯物主义和唯灵主义的专门论著中，费尔巴哈更为频繁地赋予唯物主义概念以感性唯物主义的含义。"感觉主义或者唯物主义……不是那个毁灭此岸的人以便以此而在虚幻的彼岸世界中受到天国的酬赏的残忍的唯物主义……而是那个肯定此岸的人，即现实的、感性的、个体的人的

---

① ［德］费尔巴哈：《费尔巴哈哲学著作选集》下卷，荣震华、王太庆、刘磊译，商务印书馆 1984 年版，第 503 页。
② 同上书，第 658 页。
③ 同上书，第 806 页。

唯物主义……它肯定人是出于纯粹的感觉主义的爱的欲望和对生活的眷恋。"① 很明显，费尔巴哈清楚地道出了他的唯物主义的真义：肯定现实的、感性的人，亦即肯定人的现实的、感性的方面。这种肯定现实的、感性的人的唯物主义不是人本的感性唯物主义还能是什么？

费尔巴哈还为他的唯物主义所看重和强调的感性辩护道："诚然，感性是'邪恶的根源，是罪孽和罪行的根源'；然而，感性不仅给与我们犯罪的器官，而且也给与我们反对罪行的药物……唯物主义是道德的唯一坚固的基础。"② 十分明显，这句话中的唯物主义也是感性唯物主义。费尔巴哈继续为他的感性唯物主义辩护道："尽管某些学派的哲学把唯物主义看作近代的畸形儿，并且幻想他们已经'杀死了'唯物主义，但是，自从有病人和医生那个时候起，唯物主义已经存在，当病人和医生继续存在的时候，唯物主义也将存在下去。因此，那些看见人类的痛苦并深切地关怀着人类的人们必然是唯物主义者。"③ 显然，费尔巴哈所赞同的这种唯物主义还是人本的感性唯物主义。可见，在这部可以说是晚年对唯物主义和唯灵主义的盖棺定论之作中，费尔巴哈坚定地站在感性唯物主义立场上理解和规定唯物主义概念的含义。

综上可见，在《宗教本质讲演录》和《论唯灵主义和唯物主义，特别是从意志自由方面着眼》中，费尔巴哈不再像前一时期那样放弃自己对唯物主义概念含义的特殊规定，而是明确而一贯地赋予了唯物主义概念以感性唯物主义的含义。

另外，与《关于哲学改造的临时纲要》和《未来哲学原理》一样，在《宗教本质讲演录》和《论唯灵主义和唯物主义，特别是从意志自由方面着眼》中，费尔巴哈也时常在正统意义上使用唯物主义和唯心主义概念。例如，费尔巴哈写道："物理学家或者医生都可能是唯物主义者，因为'他们两者都把自己的对象及其物质联系起来加以考察……他们认为灵魂的特征也是如此，因为灵魂也沉没于物质中。"④ 可以看出，这段话中的唯物主义更接近于正统唯物主义。费尔巴哈还更明确地说道：亚里

---

① ［德］费尔巴哈：《费尔巴哈哲学著作选集》上卷，荣震华、李金山等译，商务印书馆1984年版，第458页。
② 同上书，第466页。
③ 同上书，第473页。
④ 同上书，第476页。

士多德给灵魂"下了一个唯物主义的定义，因为这个灵魂中包含着肉体，并且肉体是它的前提"。①肉体是灵魂的前提，这是正统唯物主义的一种重要含义。可见，这个唯物主义也是正统意义上的。不仅在正统含义上使用唯物主义概念，费尔巴哈也时常在正统含义上使用唯心主义概念。"旧的目的论的自然观、即关于自然界具有意向和目的的学说，是基督教唯心主义的必然结论，因为这种唯心主义硬说自然界来自一个按照一定的意向有意识地进行活动的实体。"②这个实体显然是基督教的上帝。可见，在费尔巴哈看来，这种唯心主义主张自然界来自于上帝。

费尔巴哈继续论说基督教唯心主义道："基督教本身就漠视自然界，因为基督教就是唯心主义，它把一个没有自然本性的神奉为主宰，相信一个只靠自己的思维和意志的力量就能创造世界的神或精神，相信没有这个神的思维和意志或者在这个神的思维和意志之外，世界都是不存在的。"③在费尔巴哈看来，不仅这种基督教唯心主义如此，而且全部"自称为唯心主义的现代哲学唯灵主义"都主张"世界只是精神的产物"。④"认为人的精神活动、思维和意志……还有感觉，是以某种与人的肉体根本不同并不以人的肉体为转移的本质作为自己的基础；而因为肉体是有广延性的和可见的，简言之，因为肉体是感性的和物质的，因此，本质便是非感性的和非物质的，因此便被称为精神或灵魂。""精神，或灵魂不仅与肉体不同，而且是不以肉体为转移的独立的本质，也就是说，它没有肉体也能存在和活动。"⑤很显然，上述几个唯心主义和唯灵主义概念都是正统意义上的。

可见，在这两部著作中，人本的感性唯物主义思想已经完全成熟的费尔巴哈也经常在正统的含义上使用唯物主义和唯心主义这两个概念。无须多言，在感性唯物主义和正统唯物主义这两种唯物主义中，费尔巴哈赞同

① ［德］费尔巴哈：《费尔巴哈哲学著作选集》上卷，荣震华、李金山等译，商务印书馆1984年版，第481页。

② ［德］费尔巴哈：《费尔巴哈哲学著作选集》下卷，荣震华、王太庆、刘磊译，商务印书馆1984年版，第508页。

③ 同上书，第521页。

④ ［德］费尔巴哈：《费尔巴哈哲学著作选集》上卷，荣震华、李金山等译，商务印书馆1984年版，第522—523页。

⑤ 同上书，第480页。

和坚持的始终是同他的感性哲学相一致的感性唯物主义。当然，费尔巴哈也有保留地同意以近代自然科学的认识成果为基础的正统的近代形而上学的唯物主义的一些观点。但是，费尔巴哈同意的这些近代唯物主义的观点并不是费尔巴哈哲学和唯物主义的主要思想。并且，这种同意是以人本的感性唯物主义为最高原则的有保留的同意。不仅如此，费尔巴哈同意物质、身体等对心灵、灵魂起基础作用等这些观点也是为他的感性唯物主义思想服务的。

　　至此，我们就可以明白费尔巴哈对于唯物主义的诸多矛盾的论述了。这种矛盾的根本原因在于：费尔巴哈从来都不是一个完全的唯物主义者！在此，简要梳理费尔巴哈对唯物主义的态度及其变化过程是有意义的。感性唯物主义思想形成和成熟时期的费尔巴哈对唯物主义的态度发生了三次重大的改变，经历了四个不同的阶段。在第一阶段，虽然已经初步形成感性唯物主义思想并在思想深处坚持自己的感性唯物主义思想，不过此时的费尔巴哈对唯物主义的含义还是持正统的理解，在字面上也并没有明确地赞同唯物主义。另外，费尔巴哈萌生了结合、超越唯物主义和唯心主义的想法。进入第二阶段，费尔巴哈公开地阐发和宣扬自己的感性唯物主义思想。不过即便如此，费尔巴哈也只是说唯物主义具有非常重要的积极因素，并没有说唯物主义就是全部的真理。他认为合理的理性唯心主义同样具有非常重要的积极因素，也有真理的成分。因而，费尔巴哈反复强调应该把唯心主义和唯物主义结合起来，吸收它们各自的积极因素，进而超越唯心主义和唯物主义，实现完整的真理。也因为如此，对于近代正统的唯物主义，费尔巴哈在总体上持否定态度。到了第三阶段，费尔巴哈不再赋予唯物主义概念感性唯物主义的含义。与此同时，费尔巴哈改变了第二阶段中对唯物主义的肯定态度，不再赞同唯物主义，而是批评全部的唯物主义，强调自己不是唯物主义者。不过，费尔巴哈当然还坚持自己的感性唯物主义，并且正是为了强调他的感性唯物主义的真理性，而否定近代正统唯物主义以致在字面上不再肯定唯物主义。进入第四阶段，费尔巴哈再次赋予唯物主义概念以感性唯物主义的含义，也再次高度肯定唯物主义，但他也仍然并不认为唯物主义就是完全的真理，还是像第二阶段那样认为理性唯心主义同样具有真理的成分，需要把二者结合起来才能实现完整的最高真理。

　　综上所述，即使在感性唯物主义思想形成和成熟之后，费尔巴哈对唯物主义含义的理解和规定以及对唯物主义的态度也是不断改变的。因此，费尔巴哈并不像传统观点所认为的那样，是一个从头到尾完全而坚定的唯物主义者。而费尔巴哈对唯物主义含义的理解和规定以及对唯物主义的态度乃至其全部唯物主义思想反复变化的过程也令我们更加确定：费尔巴哈赋予了唯物主义一种和以往的正统含义不同的感性唯物主义含义；费尔巴哈哲学和唯物主义的本质并不是自然唯物主义，而是人本的感性唯物主义。

第三节　费尔巴哈哲学的感性唯物主义本质

无论是横切面——《关于哲学改造的临时纲要》和《未来哲学原理》中的感性唯物主义思想，还是纵剖面——费尔巴哈感性唯物主义思想的演变过程，都表明了费尔巴哈哲学和唯物主义的人本的感性唯物主义本质。因而，对费尔巴哈哲学和唯物主义根深蒂固的传统理解是不能成立的。这可能会让对费尔巴哈哲学和唯物主义持传统理解的人们吃上一惊。还有一个事实可能会令他们更加惊诧：费尔巴哈本人早在一个半世纪前就严正否定了对其哲学的这种正统唯物主义理解。然而，一百多年来，人们似乎一直没看到费尔巴哈的这个严正抗议。

费尔巴哈驳斥了人们把包括他的唯物主义在内的德国唯物主义的思想来源认定为正统的近代形而上学意义上的唯物主义的看法，明确指出了整个德国唯物主义的感性渊源。费尔巴哈指出："有人认为德国唯物主义是从《自然的体系》中引申出来的，甚至是从拉·梅特里的麦草馅饼中引申出来的。再也没有比这种看法更错误的了。德国唯物主义具有宗教的根源；它起源于宗教改革；它是上帝爱人的结果。"① 费尔巴哈强调，宗教改革家所看重的这种爱不是精神的或者唯灵主义的词句，不是经院哲学家的纯思维活动，而是现实的、真正的人类爱。"这个不仅惦念着我们精神的解脱，而且关怀我们肉体的幸福和我们的生活的上帝……就是唯物主义

---

① ［德］费尔巴哈：《费尔巴哈哲学著作选集》上卷，荣震华、李金山等译，商务印书馆1984年版，第469—470页。

之父。"① 可见，早在包括费尔巴哈的感性唯物主义在内的德国唯物主义产生之初，人们就按照通常的观念以为德国唯物主义也来源于正统的唯物主义——近代形而上学的唯物主义并同其一致。

费尔巴哈坚决地否定了这种流行的看法，指出德国唯物主义实际上来源于感性的现实的人类的爱，是真正的爱的结果。既然是这种感性的现实的人类的爱的结果，那么费尔巴哈的唯物主义当然也是感性的现实的人类的唯物主义了。费尔巴哈甚至把这种爱比喻为基督教教义所说的爱人的上帝，并且将这个"上帝"——感性的现实的人类的爱认定为唯物主义之父。这就直接确定了作为"父之子"的德国唯物主义的感性血统。既然作为"唯物主义之父"的"上帝"是"现实的、真正的人类爱"，那么，作为"父之子"的德国唯物主义当然也是"现实的、真正的人类爱"。这确定无疑地表明：源于爱而生的费尔巴哈的唯物主义是人本的感性唯物主义，而不可能是被费尔巴哈认定为远离、否定爱的抽象的近代思辨哲学的唯物主义；费尔巴哈的唯物主义并不是同正统唯物主义一脉相承的唯物主义，而是一种有着不同现实基础和理论渊源的唯物主义形态。

不仅廓清理论渊源，费尔巴哈还坚决驳斥了对其哲学的错误的近代正统哲学的理解："从他把我的著作之内容归结为存在与思维的抽象概念这一点，就已可看出他的批评是完全谬误的。……我公开地用自然来代替存在，用人来代替思维。"② 传统理解一直把费尔巴哈哲学和唯物主义的基本问题归结为思维和存在的关系问题。但是，很显然，把作为传统哲学基本问题的思维和存在的关系问题仍旧定为费尔巴哈哲学和现代哲学基本问题的做法恰恰是费尔巴哈所反对的。并且，如上文所见，费尔巴哈哲学的主要努力就是试图破除传统哲学尤其近代哲学的这种做法，把哲学的对象和问题转变为人和自然，"将人连同作为人的基础的自然当作哲学唯一的、普遍的、最高的对象"。③ 然而，传统理解不仅没有理解费尔巴哈这个艰

---

① ［德］费尔巴哈：《费尔巴哈哲学著作选集》上卷，荣震华、李金山等译，商务印书馆1984年版，第471页。

② ［德］费尔巴哈：《费尔巴哈哲学著作选集》下卷，荣震华、王太庆、刘磊译，商务印书馆1984年版，第858页。

③ ［德］费尔巴哈：《费尔巴哈哲学著作选集》上卷，荣震华、李金山等译，商务印书馆1984年版，第184页。

辛的理论努力及其重要意义，反而将费尔巴哈哲学和唯物主义归结为他所激烈否定的那种正统的哲学和唯物主义。这不能不让费尔巴哈痛心疾首，并遭到费尔巴哈最强烈的抗议。

可见，传统理解是和费尔巴哈本人的思想大相径庭的；费尔巴哈哲学和唯物主义的本质并不是自然唯物主义，而是感性的、直观的唯物主义。

除了费尔巴哈本人的自我说明外，同时代思想家们的理解也可以为我们正确理解费尔巴哈哲学和唯物主义的本质提供借鉴和佐证。第三章第二节和第四章第三节的考察将表明，1843 年至 1844 年间的青年马克思和思想成熟后的马克思都是把费尔巴哈的哲学和唯物主义理解为感性唯物主义，而不是自然唯物主义。恩格斯也曾在《路德维希·费尔巴哈和德国古典哲学的终结》中准确而深刻地剖析过费尔巴哈的感性哲学和感性唯物主义："费尔巴哈在每一页上都宣扬感性，宣扬专心研究具体的东西、研究现实，可是这同一个费尔巴哈，一谈到人们之间纯粹的性关系以外的某种关系，就变成完全抽象的了。"[1] "费尔巴哈不能找到从他自己所极端憎恶的抽象王国通向活生生的现实世界的道路。他紧紧地抓住自然界和人；但是，在他那里，自然界和人都只是空话。"[2] 这才是对费尔巴哈哲学的正确理解，也才是以马克思主义的基本观点和精神对费尔巴哈哲学的真正科学的批判和超越。恩格斯的这个总结和批评是十分到位的，然而我们过去却没有深入理解恩格斯的这一论述，影响了对费尔巴哈感性哲学和感性唯物主义的正确理解。当然这也和恩格斯在该书中的其他观点使我们的视线和理解发生偏移有关。

布鲁诺·鲍威尔也正确认识到费尔巴哈的唯物主义是感性唯物主义。鲍威尔提出：费尔巴哈"把感觉说成是绝对物的器官，并承认感觉、直观、触摸的对象，一言以蔽之，即感性事物，是绝对的、毋庸置疑的、完全确实的东西"。[3] 显然，鲍威尔相当准确地把握了费尔巴哈感性唯物主义的两大关键：感性和直观。对于布鲁诺·鲍威尔对费尔巴哈的这个理解和评价，马克思写道："圣布鲁诺自己就他敌视感性的原因，作了一个虽

---

① 《马克思恩格斯选集》（第二版）第四卷，中央编译局编译，人民出版社 1995 年版，第 236 页。

② 同上书，第 240 页。

③ 转引自《马克思恩格斯全集》第三卷，中央编译局编译，人民出版社 1960 年版，第 99 页。

然神秘但却是断然的解说。"① 可见，马克思也认为，布鲁诺·鲍威尔认为费尔巴哈思想的核心是感性，把费尔巴哈的唯物主义理解为感性唯物主义。

鲍威尔还评论道："费尔巴哈是被人道主义既鼓舞又败坏了的唯物主义者，也就是忍受不住尘世以及尘世的存在但想化为精神而升天的唯物主义者。"② 可以看出，在一心只顾思考和建立精神世界、追求精神生活的布鲁诺·鲍威尔看来，费尔巴哈的唯物主义只顾尘世的存在亦即世俗的生活，也就是费尔巴哈所说的感性的生活，而抛弃了精神的生活。这再次表明了鲍威尔对于费尔巴哈感性唯物主义的正确理解，尽管是错误的否定。所以，就连作为反面典型的布鲁诺·鲍威尔都正确地理解了费尔巴哈感性唯物主义的基本主张和含义，我们却还长期把费尔巴哈这么明确清晰的感性唯物主义理解成自然唯物主义，这多么值得我们警醒啊！

行文至此，我们应该可以意识到以往对费尔巴哈的理解出了多么大的差错。或许，在漫长的一百多年中，可怜的费尔巴哈一直在独自伤悲，埋怨我们为什么如此之久都没有正确理解他那充满创见而又激情洋溢的思想和艰辛的理论努力。对费尔巴哈哲学和唯物主义的这种根深蒂固的误解造成了相当严重的后果：不仅严重误解了费尔巴哈，而且还在很大程度上造成了对马克思的哲学和唯物主义及其含义的严重误解。

费尔巴哈在一个半世纪前斩钉截铁地宣告了他的哲学是感性哲学，我们今天可以替费尔巴哈继续斩钉截铁地宣告：费尔巴哈的唯物主义是人本的、感性的、直观的唯物主义！费尔巴哈哲学和唯物主义的本质是人本主义的感性哲学和感性唯物主义。按照对现代哲学性质以及现代哲学同传统哲学尤其近代哲学的分野的一般理解，完全可以说费尔巴哈哲学不是近代哲学而是现代哲学，甚至可以认为费尔巴哈和叔本华、孔德、马克思等一起发动了现代哲学的革命，开辟了现代哲学前进的道路。经过重新理解的费尔巴哈感性哲学和感性唯物主义代表了人类哲学及其发展过程的一个重要方面和阶段，其蕴含的光芒也当会逐渐彰显出来。

发现了错误，还需要分析造成错误的原因。在笔者看来，以往对费尔

---

① 《马克思恩格斯全集》第三卷，中央编译局编译，人民出版社1960年版，第99页。

② 转引自《马克思恩格斯全集》第三卷，中央编译局编译，人民出版社1960年版，第100页。

巴哈哲学产生诸多重大误解的最重要原因在于，人们往往只是通过马克思、恩格斯和列宁等经典作家的著作了解费尔巴哈的哲学，甚至只是从经典作家们的著作中摘出原话代替自己独立的研读和思考，而不是通过认真研究费尔巴哈的著作把握费尔巴哈的哲学。笔者以为，不能无批判、无考察地接受经典作家对费尔巴哈的理解和评价，这不仅因为即使经典作家对费尔巴哈的理解和评价也不可能是绝对正确的，也因为那样会让我们丧失独立思考的品格和能力，而必须对费尔巴哈本人的著作进行独立的系统深入的研究以正确把握费尔巴哈的思想。其实，费尔巴哈的思想是非常明确而清晰的，人本的感性唯物主义在他的著作中随处可见。只要认真地深入到费尔巴哈的著作中去，一个崭新的费尔巴哈的形象就会呈现给人们。另一个重要原因则是传统教科书理解模式对于人们的影响太大、太深，以至于即使是反对它的人们也在思想深处自觉不自觉地在某种程度上接受和吸收了它的某些方面的影响。传统教科书理解模式以为找到了费尔巴哈这个全部旧唯物主义（自然唯物主义和形而上学的、机械的唯物主义）的最重要代表，就找到了作为辩证唯物主义的马克思主义哲学的一个主要理论来源，并为马克思主义哲学提供了对全部旧唯物主义进行革命变革和伟大超越的最重要的对象。而反对传统教科书理解模式的人们也无批判、无考察地接受了传统教科书理解模式的观点。

澄清作为马克思新唯物主义及其含义重要思想来源的费尔巴哈唯物主义及其含义无疑具有相当重要的理论意义。首先，破除了对费尔巴哈哲学和唯物主义长期的深刻误解，相当程度地还费尔巴哈哲学和唯物主义以本来面目。其次，为正确把握新唯物主义的形成和发展过程提供了条件。费尔巴哈尤其是《关于哲学改造的临时纲要》和《未来哲学原理》的人本的感性唯物主义思想极大地启发和影响了马克思，马克思借鉴和批判地继承的唯物主义正是这种感性唯物主义。尽管费尔巴哈对感性的理解有根本局限，但正是费尔巴哈对感性的强调启发了马克思。最后，最为重要的是，为正确理解新唯物主义的本质和含义扫清了思想藩篱。传统教科书理解模式的一个十分重要的立论根据，就是认为作为马克思主义哲学主要思想来源之一的费尔巴哈唯物主义的本质是自然唯物主义，马克思和恩格斯继承发展了费尔巴哈的这种自然唯物主义，从而创立了"辩证唯物主义"的科学世界观。现在，澄清了费尔巴哈唯物主义的本质是感性唯物主义，就否定了教科书理解模式核心观点的这个赖以成立的重要依据，切断了把新唯物主义的本质理解成"辩证唯物主义"的道路，而且还可以将对新唯物主义的本质和含义的理解引向历史唯物主义。

第三章

马克思对唯物主义含义理解的演进

考察完近代哲学家们和费尔巴哈对唯物主义含义的理解和规定，就应该考察马克思对唯物主义含义的理解和规定了。不过，需要先行思考这样一个重要问题：经历过激烈思想变化的马克思一生中对唯物主义含义的理解和规定是相同的，还是不同的；是不变的，还是变化的？显然，对这个问题的不同回答对于把握新唯物主义含义有重要影响。传统观点认为，马克思在一生中对唯物主义含义的理解和规定从来没有发生过改变，一直都是同样的理解和规定，因此他们认为马克思赋予新唯物主义的含义和他一生中所理解的唯物主义含义是一样的。与此不同，本书认为，马克思对唯物主义含义的理解和规定并不是固定不变、始终如一的，而是变化发展的，经历了两次重大转变和三个不同时期：从开始于 1840 年下半年的博士论文到 1843 年底的《论犹太人问题》是对唯物主义含义的物质主义理解和规定时期；1844 年间的《1844 年经济学哲学手稿》和《神圣家族》是对唯物主义含义的感性唯物主义理解和规定时期；从 1845 年春的《关于费尔巴哈的提纲》起直至晚年是对唯物主义含义的历史唯物主义理解和规定时期。① 马克思赋予新唯物主义的含义并不同于他在前两个时期所理解和规定的唯物主义含义。

思想家们的思想，无论是总体思想，还是某一方面的思想，都有产

---

① 在此需要说明，本章主要考察的是马克思在每一时期所主要理解和规定的唯物主义含义。事实上，在每一时期，马克思都认为有不同的唯物主义形态存在，它们的含义是不同的。这一点是传统理解模式没有、也难以认识到的，因为在他们看来，唯物主义只有一种含义，马克思所理解的唯物主义当然也只能有一种含义。不过，马克思在每一时期所主要理解和规定的唯物主义含义都只有一种。本章梳理的马克思对唯物主义含义的理解和规定的演变过程就是由马克思在三个时期所主要理解和规定的唯物主义含义构成的。

生、变化和发展的过程。思想家们的成熟思想正是在这个发展过程中孕育而成的。如果说成熟思想是在大海中升起的明珠的话，那么思想的演进过程就是那孕育无数明珠的奔腾不息的大海。然而，遗憾的是，以往我们的思想史研究更为重视的是作为结果的思想家们的成熟思想，而较为忽视作为过程的思想家们的思想发展过程。在我们马克思主义哲学界，这种状况尤为严重。除了对马克思主义经典作家的研究外，对其他思想家的研究几乎都有这个问题，我们非常强调的历史主义原则并没有被彻底地贯彻。甚至本书的研究也或多或少地存在这个问题。的确，研究成熟思想是掌握思想家们思想最准确、简便、快捷的途径，也更具理论价值。不过，也不应忽视甚至完全丢弃对思想发展过程的研究。因为，把握思想发展过程是准确、全面、深刻理解成熟思想的一个重要条件，不把握思想发展过程就无以准确、全面、深刻地理解成熟思想。取走明珠，不能忘记那孕育明珠的大海。

　　同样，马克思思想成熟时期的唯物主义思想及其对唯物主义含义的理解和规定也有孕育它的大海——马克思的总的思想和唯物主义思想的发展过程。伴随着总的思想和唯物主义思想的发展，马克思对唯物主义含义的理解和规定经历了一个演进过程。把握这一演进过程对于准确理解马克思思想成熟时期赋予新唯物主义的含义意义重大。在笔者看来，对这一过程的梳理在一百多年的马克思主义哲学史中并没有被系统深入地做过。当然，过去也并不是没有对马克思唯物主义思想的发展过程进行过研究，甚至在一定范围内也达成了高度的一致。比如，正统的辩证唯物主义理解模式认为马克思的思想发展是一个逐步从唯心主义走向唯物主义的过程，马克思对唯物主义的态度从否定逐步转向肯定。这些无疑是正确的。但是非常可惜的是，他们错误地认为马克思（还有恩格斯）对唯物主义含义的理解和规定从来没有发生过变化。

第一节　物质主义的理解和规定时期

　　第一章论及，唯物主义这一概念在使用过程中被赋予多种不同的含义，其中一个在学术界和民间都广为流行的含义是纯粹追求物质利益、物质享受，等同于物质主义、享乐主义、实利主义。我们马克思主义者很厌恶对唯物主义含义的这种理解，然而十分有趣的是，在人们心目中一向以科学的唯物主义者形象出现的马克思在早年对唯物主义含义的理解就十分接近于这种为恩格斯晚年激烈批判的庸人对唯物主义含义的理解。从第一部正式的著作——开始于 1840 年下半年的博士论文到 1843 年底的《论犹太人问题》，马克思一直把唯物主义的含义理解和规定为纯粹追求物质利益、物质享受的物质主义。

大学时代的马克思是一位典型的唯心主义者。在博士论文的献词中，马克思热情洋溢地歌颂了唯心主义："令人坚信不疑的、光明灿烂的唯心主义，唯有唯心主义才知道那能唤起世界上一切英才的真理……唯心主义不是幻想，而是真理。"① 显然，此时作为青年黑格尔派重要成员、深受黑格尔和青年黑格尔派影响的马克思高度赞同唯心主义，从而必然反对"真理"的对立面——唯物主义。

黑格尔和青年黑格尔派的唯心主义延续进《莱茵报》时期。虽然社会现实在一定程度上挑战和动摇了唯心主义在青年马克思心中的权威地位，但还没有能够从根本上改变马克思的思想，而且在一定程度上反而加剧了马克思对社会现实的不满与批判态度和对唯心主义理想的追求，使得马克思更加痛恨纯粹追求物质利益、物质享受的唯物主义。在博士论文中没顾得上批判唯物主义，可是对唯物主义早已满腔怒火的马克思进入"《莱茵报》时期"就对唯物主义展开了口诛笔伐。

在著名的《关于林木盗窃法的辩论》一文中，马克思写道："这种下流的唯物主义，这种违反各族人民和人类的神圣精神的罪恶……认为，在讨论林木法的时候应该考虑的只是树木和森林，而且不应该从政治上……不应该同整个国家理性和国家伦理联系起来解决每一个涉及物质的课题。"② 我们看到，马克思把那些同意将贫民拾捡枯枝的行为认定为犯罪行为的人轻蔑地称为"下流的唯物主义"者，认为这些"下流的唯物主义"者根本不考虑国家理性和国家伦理，不考虑人类的神圣精神，而只追求一己私利。可见，马克思在这里把唯物主义理解为纯粹追求物质利益的物质主义。

在《本地省议会议员选举》一文中，马克思还这样描写过唯物主义：

---

① 《马克思恩格斯全集》（第二版）第一卷，中央编译局编译，人民出版社 1995 年版，第 9 页。

② 同上书，第 289—290 页。

"那样一些唯物主义者：他们不提出人民的精神利益和真正利益，却提出一些与此迥然不同的、格调低下得多的理由。"① 这段话虽然是马克思模仿对手的观点和语气替对手做出的回答，但也可以看出此时的他对唯物主义的看法。明显地，马克思把唯物主义理解和规定为物质主义、实利主义，并且对唯物主义持强烈的否定和批判态度。马克思还讽刺道："来了这么一些古怪的唯物主义者，每一艘汽船、每一条铁路都清楚地证明他们极端愚昧无知；他们虚伪地侈谈什么'精神状态'和'历史记忆'。"② 这再次表明此阶段的马克思对唯物主义相当反感。

在《黑格尔法哲学批判》这一孕育了马克思主义最初的"思想基因"、可以视为马克思主义"胎儿期"的重要手稿中，马克思对唯物主义含义的物质主义理解和规定以及对唯物主义的否定和批判态度依然没有发生改变。在这部手稿中，马克思不仅首次阐发了后来成为历史唯物主义基石的重要观点——不是国家决定市民社会，而是市民社会决定国家，而且在费尔巴哈的影响下首次分析和批判了黑格尔的思辨唯心主义，在主观上同自己以往信奉的唯心主义划清了界限。然而，即使思想发生如此重大的转变，马克思对唯物主义含义的理解和规定以及对唯物主义的态度还是没有丝毫的改变。

马克思批判了官僚政治内部的唯物主义："在官僚政治内部，唯灵论变成了粗陋的唯物主义，变成了消极服从的唯物主义，变成了信仰权威的唯物主义，变成了某种例行公事、成规、成见和传统的机械论的唯物主义。就单个的官僚来说，国家的目的变成了他的私人目的，变成了追逐高位、谋求发迹……把现实的生活看作物质的生活……官僚政治必须使生活尽可能物质化。"③ 只要看马克思用在唯物主义上的形容词："粗陋的""消极服从的""信仰权威的""机械论的"，我们就知道此时的马克思多么痛恨唯物主义了。显然，在马克思看来，官僚的唯物主义只是追求私人的目的和物质利益，把现实的生活只是看作物质的生活。可见，马克思在此也把唯物主义理解和规定为纯粹追求物质利益、物质享受的物质主义。

---

① 《马克思恩格斯全集》（第二版）第一卷，中央编译局编译，人民出版社1995年版，第434页。

② 同上书，第436—437页。

③ 《马克思恩格斯全集》（第二版）第三卷，中央编译局编译，人民出版社2002年版，第60—61页。

这正是此阶段的马克思所强烈反对的，此阶段的马克思最为看重的就是政治的生活、共同体的生活亦即类生活，从而这种唯物主义肯定无法逃脱马克思批判的枪口。

马克思认为，唯物主义不仅在官僚政治中占据了统治地位，而且也在市民社会中占据了统治地位。黑格尔"把官僚机构当作赋有知识的精神捧到市民社会的唯物主义之上。"① 在马克思看来，现代市民社会就是纯粹追求私人目的和物质利益的地方。并且，市民社会的这种物质主义还造成了国家和官僚政治的物质主义。可见，市民社会的唯物主义的含义也和追求私人利益、物质利益的物质主义、实利主义一致。马克思还把黑格尔赞成世袭制、反对选举制的主张称作"最粗陋的唯物主义"："黑格尔以凭借'出生'得到立法者、国家公民代表的委任来对抗凭借'选举的偶然性'而得到的委任。……黑格尔处处都从他的政治唯灵论降到最粗陋的唯物主义。……国家在自己的最高职能中获得动物的现实。"② 显然，在马克思看来，这种以出身决定人的地位的制度是动物式的制度。对黑格尔的这一严厉批判同样表明了此时的马克思对唯物主义的激烈否定。

在《论犹太人问题》一文中，马克思提出，西方近代政治革命消灭了市民社会的政治性质，使市民社会变成了纯粹的市民社会，亦即纯粹追求私人的目的和利益的市民社会。马克思称之为市民社会的唯物主义的完成："国家的唯心主义的完成同时也是市民社会的唯物主义的完成。摆脱政治桎梏同时也就是摆脱束缚住市民社会利己精神的枷锁。政治解放同时也是市民社会从政治中得到解放……封建社会已经瓦解，只剩下了……作为它的真正基础的人，即利己的人。"③ 很显然，这里的唯物主义仍旧指纯粹追求个人一己私利，当然仍旧遭到了一心追求理想、以类生活为最高目标的马克思的批判。可见，直至此时，马克思对唯物主义含义的物质主义理解和规定以及对唯物主义的否定和批判态度始终没有改变。

综上，从博士论文到《论犹太人问题》，马克思一直把唯物主义的含义理解和规定成和物质主义一致的纯粹追求物质利益、物质享受，一直对

① 《马克思恩格斯全集》（第二版）第三卷，中央编译局编译，人民出版社 2002 年版，第 92 页。

② 同上书，第 131 页。

③ 同上书，第 187 页。

唯物主义持否定和批判态度。这一为我们马克思主义者很不适应却不可否认的事实值得我们警醒和反思。

最初接受和形成的这种唯物主义含义在青年马克思心中相当坚固。费尔巴哈对青年马克思那么大的影响力也没能在一开始就改变马克思对唯物主义含义的这种物质主义的理解和规定。下文将看到，至少从 1843 年初就已经对马克思产生重大影响的费尔巴哈哲学直到一年多之后的《1844 年经济学哲学手稿》才让马克思对唯物主义含义的理解和规定发生了改变。甚至在对唯物主义含义的理解和规定发生重大改变之后，马克思有时也赋予唯物主义以物质主义的含义。例如，在写于 1845 年的《评李斯特》中，马克思就再次赋予了唯物主义概念这种含义。当然在这一阶段中，马克思对唯物主义及其含义的理解和规定还是受了费尔巴哈的一些影响，偶尔也提到了不是物质主义的唯物主义。例如，在《黑格尔法哲学批判》中，马克思写下了这样一段话："抽象唯灵论是抽象唯物主义；抽象唯物主义是物质的抽象唯灵论。……精神只是从物质中得出的抽象……其实正好是抽象对立面，是对象，它就是从这种对象中抽象出来的，存在于这种对象的抽象中。……抽象唯物主义是这一对象的实在本质。"① 可以看出，马克思这里提到的这种唯物主义不是他在这一时期一般理解的物质主义，而是来自于《关于哲学改造的临时纲要》和《未来哲学原理》中费尔巴哈所说的近代思辨唯物主义，这种抽象的唯物主义也就是关于抽象物质的抽象唯灵论。当然，无须多言，在这第一个时期，马克思对唯物主义含义的主要理解和规定是物质主义的。

第二节　感性唯物主义的理解和规定时期

马克思对唯物主义含义的这种物质主义理解在《1844 年经济学哲学手稿》和《神圣家族》中发生了根本改变。不过，不是转向传统教科书理解模式所认为的唯物主义在西方哲学史上的正统含义，而是转向了费尔巴哈感性唯物主义的含义。在这一时期，马克思所赞同的唯物主义是费尔巴哈人本主义的感性唯物主义，所赞同的唯物主义的含义也是费尔巴哈人

---

① 《马克思恩格斯全集》（第二版）第三卷，中央编译局编译，人民出版社 2002 年版，第 111 页。

本主义的感性唯物主义的含义。

由于多种因素的共同作用，在"《莱茵报》时期"和"《德法年鉴》时期"① 的理论与实践的斗争过程中，走出校门踏进社会的青年马克思的思想活跃而易变。在这个时候，费尔巴哈人本主义的感性哲学和感性唯物主义横空出世，震动了那个时代的思想界，也在哲学上为青年马克思提供了一条继续前进的道路。被青年马克思高度赞同并确立为自己的主导哲学思想的费尔巴哈人本主义的感性哲学和感性唯物主义，促使马克思在思想上发生了重大转变，否定了原来的黑格尔和青年黑格尔派的思辨哲学和思辨唯心主义，走向了感性哲学和感性唯物主义。在这个时期，青年马克思的哲学思想和唯物主义思想的最主要思想来源就是费尔巴哈人本主义的感性哲学和感性唯物主义，并且始终同费尔巴哈这种人本主义的感性哲学和感性唯物主义保持高度一致。值得再次强调的是，在《关于哲学改造的临时纲要》和《未来哲学原理》这两部费尔巴哈对青年马克思启发和影响最大的著作中，费尔巴哈的哲学和唯物主义并不是自然唯物主义，而是感性唯物主义。因此，这一时期走向费尔巴哈的马克思走向的也是人本主义的感性唯物主义，而不是自然唯物主义。1843 年至 1844 年间的诸多著作、手稿和书信都清楚地表明了这一时期马克思的主导哲学思想是费尔巴哈人本主义的感性唯物主义。

1843 年 2 月底研读了《关于哲学改造的临时纲要》之后，马克思成了"费尔巴哈派"，高度赞同费尔巴哈的感性哲学和感性唯物主义。这一时期马克思对费尔巴哈的直接评价十分清楚地表明了这一点。在 1843 年 3 月 13 日致卢格的信中，马克思这样表达了此时的他对费尔巴哈哲学的态度："费尔巴哈的警句只有一点不能使我满意，这就是他强调自然过多而强调政治太少。"② 马克思这里所说的警句是《关于哲学改造的临时纲要》。具有高度批判性的马克思给出如此高度的评价显然表明了此时的马克思对费尔巴哈哲学的高度赞同。自此之后，直到新唯物主义思想革命之

---

① 受学术界常说的"《莱茵报》时期"的启发，笔者觉得可以把发表于《德法年鉴》上的《论犹太人问题》《黑格尔法哲学批判导言》和在《莱茵报》停刊之后写作的并同《黑格尔法哲学批判导言》密切相关的《黑格尔法哲学批判》手稿称为"《德法年鉴》时期"。当然，这个说法可能并不准确，需要再斟酌。

② 《马克思恩格斯全集》（第二版）第四十七卷，中央编译局编译，人民出版社 2004 年版，第 53 页。

前，在青年马克思一系列书信、著作和手稿中就频繁而大量地出现了费尔巴哈的思想和语言，费尔巴哈人本主义的感性哲学和感性唯物主义成了这一时期青年马克思的主导哲学原则。

　　马克思在致他"最尊敬的先生"——费尔巴哈的两封信中同样清晰地表明了这一事实。在 1843 年 10 月 3 日的第一封信中，马克思毕恭毕敬地同时也非常坦诚地请"自然和历史的陛下所召来的、谢林的必然的和天然的对手"① ——费尔巴哈为《德法年鉴》撰稿批判当时作为反动思想家头子的谢林。而在 1844 年 8 月 11 日的第二封信中，马克思再次毕恭毕敬地给费尔巴哈寄去了自己以费尔巴哈哲学为基础写作发挥的《黑格尔法哲学批判导言》请费尔巴哈过目，表达对费尔巴哈的"崇高敬意和爱戴"②。在这两封信中，马克思甚至有些近乎吹捧地高度评价了费尔巴哈哲学的巨大贡献。并且，在费尔巴哈面前表述自己对于费尔巴哈哲学的理解和自己沿着费尔巴哈的思想道路继续向前的思考，颇有向思想导师汇报思想的意味。马克思甚至还说燕妮是费尔巴哈的众多女性信徒中的一位，实际上说明此时的马克思认为自己是费尔巴哈的男性信徒。

　　显然，以上诸多的事实都说明了这一时期的马克思对费尔巴哈哲学的高度赞同并以费尔巴哈哲学作为主导哲学原则。除了上述直接的评价外，青年马克思这一时期的思想也十分清晰地表明了这一点。青年马克思在这一时期的主要著作和手稿：《黑格尔法哲学批判》③《论犹太人问题》《黑格尔法哲学批判导言》《1844 年经济学哲学手稿》和《神圣家族》都涌现了大量具有鲜明的费尔巴哈特点的思想和语言，清晰地体现了费尔巴哈

---

　　① 《马克思恩格斯全集》（第二版）第四十七卷，中央编译局编译，人民出版社 2004 年版，第 69 页。

　　② 同上书，第 73 页。

　　③ 顺便提及的是，马克思在可以被看作是马克思主义的起源和诞生地的《黑格尔法哲学批判》手稿中的思想转变应主要得益于青年马克思一贯的关注现实的思想品格、"《莱茵报》时期"的实践与理论的经历和斗争以及费尔巴哈感性哲学和感性唯物主义的启发，而非张一兵先生认为的主要得益于克罗茨纳赫的研究。事实上，马克思从 1843 年 3 月就开始写作《黑格尔法哲学批判》了，这表明此时的他已经形成了批判黑格尔法哲学的主要观点和思路。而马克思在 1843 年 5 月才移居至克罗茨纳赫并直到 7 月至 10 月才写下《克罗茨纳赫笔记》。因此，在克罗茨纳赫的研究及其思想发现不可能成为《黑格尔法哲学批判》的主要思想来源，倒是《黑格尔法哲学批判》的思想有可能较大地影响在克罗茨纳赫的研究。张先生这一微瑕可能缘于他依据《马克思恩格斯全集》中文第一版的说明，认为《黑格尔法哲学批判》是在 1843 年夏天亦即在克罗茨纳赫的研究开始之后写作的。

对于青年马克思的重大影响。在此不再一一列举，研读青年马克思的这些文本和费尔巴哈感性哲学与唯物主义思想形成时期的文本可以很清楚地看出这一点。总而言之，1843年至1844年间马克思对费尔巴哈人本主义的感性哲学和感性唯物主义是高度赞同并以之为主导哲学原则的。西方马克思主义的人本主义派别更多地注意到马克思在《1844年经济学哲学手稿》中阐发的人本主义思想，其实，从1843年到1844年，人本主义一直是青年马克思深层的最高原则。

在《1844年经济学哲学手稿》和《神圣家族》这两部著作中，青年马克思把费尔巴哈哲学的本质理解为感性哲学，把费尔巴哈唯物主义的本质理解为感性唯物主义，并高度赞同费尔巴哈的这种感性哲学和感性唯物主义。在马克思看来，只有这种感性哲学和感性唯物主义才是真正科学的和革命的哲学和唯物主义，表明了费尔巴哈对青年马克思越发重大的启发和影响。不过，如上所述，尽管在总体思想和主导原则上接受了费尔巴哈的感性哲学和感性唯物主义思想，但是1843年的马克思依然保留了自己对唯物主义含义的最初的理解和规定——物质主义的理解和规定，没有将其和自己的唯物主义思想一道转变过来。这种复杂却也经常出现的情形直到《1844年经济学哲学手稿》才发生了改变。进入1844年，费尔巴哈哲学对青年马克思的启发和影响愈加显著。费尔巴哈对青年马克思的影响是重大的，以至于青年马克思那原先相当坚固的唯物主义思想，包括对唯物主义含义的理解和规定都为之改变。高度赞同费尔巴哈人本的感性唯物主义的马克思不再把唯物主义理解和规定为物质主义，而是按照费尔巴哈的做法，对其进行感性唯物主义的理解和规定。

马克思对唯物主义含义理解和规定的变化第一次出现于《1844年经济学哲学手稿》。在这一著名手稿中，马克思首次全面接受了费尔巴哈的哲学思想和唯物主义思想，走向了费尔巴哈的感性哲学和感性唯物主义。

青年马克思高度赞扬了费尔巴哈哲学的重大贡献。马克思提出："对国民经济学的批判，以及整个实证的批判，全靠费尔巴哈的发现给它打下真正的基础。从费尔巴哈起才开始了实证的人道主义的和自然主义的批判。"①

---

① 《马克思恩格斯全集》（第二版）第三卷，中央编译局编译，人民出版社2002年版，第220页。

费尔巴哈"从根本上推翻了旧的辩证法和哲学"①"真正克服了旧哲学"②。对于费尔巴哈哲学如此高的评价如果不表明青年马克思高度赞同费尔巴哈的哲学还能表明什么呢?那么,在马克思心中,费尔巴哈的新哲学是怎样的呢?当然是感性哲学。在这一时期对费尔巴哈极为尊敬并深有研究的青年马克思准确把握了费尔巴哈哲学的感性哲学本质。《1844年经济学哲学手稿》清楚表明了马克思认为费尔巴哈哲学是感性哲学。马克思指出:"感性(见费尔巴哈)必须是一切科学的基础。科学只有从感性意识和感性需要这两种形式的感性出发,因而,科学只有从自然界出发,才是现实的科学。"③ 从"感性(见费尔巴哈)"这几个字可知,对于感性的问题,马克思完全赞同费尔巴哈的观点,而且马克思肯定认为费尔巴哈对于感性问题的见解是所有哲学家中最合理、最出色的。"感性必须是一切科学的基础。"上一章分析过,费尔巴哈哲学的一个最主要的观点就是强调感性是人的基础,哲学必须重视感性和直观的方面。马克思继承了费尔巴哈的这一观点,进而提出感性是一切科学的基础。可见,这段话十分清晰地表明了费尔巴哈感性哲学对青年马克思的重大影响以及青年马克思同费尔巴哈感性哲学的高度一致。

在总体思想上,马克思高度赞同费尔巴哈的感性哲学。同样,在唯物主义思想上,马克思也高度赞同费尔巴哈的感性唯物主义。马克思提出,费尔巴哈的一项伟大功绩在于"创立了真正的唯物主义和实在的科学"。④ 显然,在此时的马克思看来,只有费尔巴哈人本的唯物主义才是真正的唯物主义,而其他的各种唯物主义都不是真正的唯物主义,因为它们都不符合这种人本的感性唯物主义。费尔巴哈感性唯物主义在青年马克思心中异常重要的地位由此可见一斑。而费尔巴哈这种真正的唯物主义——感性唯物主义的含义就是重视感性和直观的方面。

在感性唯物主义的引领下,马克思批判了自然科学中的抽象物质——唯心主义的方向:"如果把工业看成人的本质力量的公开的展示……自然

---

① 《马克思恩格斯全集》(第二版)第三卷,中央编译局编译,人民出版社2002年版,第313页。

② 同上书,第314页。

③ 同上书,第308页。

④ 同上书,第314页。

科学将失去它的抽象物质的或者不如说是唯心主义的方向。"① 在此，马克思提出了自然科学的"抽象物质"的方向实际上是唯心主义的方向这样一个十分新颖的观点。抽象的物质是唯心主义，那么显然，在马克思心目中，唯物主义强调的是感性的物质。可见，马克思所理解的唯物主义是感性唯物主义。结合上引这段论述看，马克思强调，"自然科学"所研究的自然界应该是作为人的现实基础的自然界，应该是感性的现实的自然界。这个感性的现实的自然界就是人的本质力量作用其上的工业。不研究这个人的现实的自然、现实的"物质"而研究"抽象物质"的自然科学是唯心主义的，而研究人的现实的自然、现实的"物质"的自然科学则是唯物主义的。马克思这个新颖的观点并不是没有思想渊源的，它其实是对费尔巴哈思想的继承。

如上所见，费尔巴哈在《关于哲学改造的临时纲要》和《未来哲学原理》中严厉批评了近代思辨哲学对物质的抽象理解。费尔巴哈认为，近代思辨哲学的物质已经失去了它区别于理智和思维的主要特性——感性，从而并不是真正的物质——感性的物质，而只是形而上学意义上思辨的抽象的物质，只是唯心主义的物质；同样，近代思辨哲学基于这种抽象的物质和运动建立起来的形而上学体系也是抽象的和唯心主义的。和思辨哲学不同，费尔巴哈强调要把物质理解为感性的、能被感受、被直观，属人的物质。在这里，马克思同样强调应该把物质理解为感性物质，从而他也像费尔巴哈那样批评自然科学的抽象物质和唯心主义特征。可见，青年马克思深刻理解了费尔巴哈感性哲学和感性唯物主义。

马克思还以费尔巴哈的这种人本主义的感性唯物主义批判了黑格尔的思辨唯心主义。马克思和费尔巴哈一样地批判了黑格尔思辨唯心主义对人的思辨理解。"人的本质，人，在黑格尔看来 = 自我意识。""人被看成非对象性的、唯灵论的存在物。"② 和费尔巴哈一样，马克思认为人的本质是全面的本质，是感性和理性的结合，而思辨唯心主义的黑格尔哲学把人仅仅看成自我意识，仅仅看成理性，完全否定和抛弃了人的感性本质。马克思还对黑格尔思辨唯心主义的抽象物质进行了批判："自我意识通过自

---

① 《马克思恩格斯全集》（第二版）第三卷，中央编译局编译，人民出版社 2002 年版，第 307 页。

② 同上书，第 321 页。

己的外化所能设定的只是物性，即只是抽象物、抽象的物，而不是现实的物。"① 在马克思看来，黑格尔通过自我意识的外化所设定的物质只能是抽象的物质，而不是现实的物质。这再次表明，和费尔巴哈一样，对于物质，马克思渴望的是感性的现实的具体的属人的物质，而不是传统形而上学意义上的思辨的抽象的物质。

同样，对于感性事物，马克思认为："说一个东西是感性的即现实的，这是说，它是感觉的对象，是感性的对象，从而在自己之外有感性的对象，有自己的感性的对象。"② 很明显，在马克思看来，任何东西，要想成为现实的，就必须是感性的，必须是感性的对象。而感性的对象最主要的特性就在于它是感觉的对象，也就是说，它能够被直观、被感觉、被感受。可以看出，马克思的这个观点再现了费尔巴哈在《未来哲学原理》中强调的物质的主要特性是感性、感受性的观点。马克思的这段论述同样让我们深刻感受到费尔巴哈感性唯物主义对于青年马克思的影响，此时的马克思非常重视感性的方面。与此相关，马克思还提出："说一个东西是对象性的、自然的、感性的，这是说，在这个东西之外有对象、自然界、感觉；或者说，它本身对于第三者说来是对象、自然界、感觉。"③ "非对象性的存在物，是一种非现实的、非感性的、只是思想上的即至少想象出来的存在物，是抽象的东西。"④ 显然，在马克思看来，一个现实的东西必然是感性对象性的。这样的观点甚至语言都显然受了费尔巴哈很大的影响，马克思还是十分重视感性的方面。

正因为有了"真正的唯物主义"——费尔巴哈人本主义的感性唯物主义的理论之剑和理论大旗，青年马克思批判了以往的全部唯心主义和唯物主义，并为全部理论指出了前进的方向。"主观主义和客观主义，唯灵主义和唯物主义……在社会状态中才失去它们彼此间的对立，并从而失去它们作为这样的对立面的存在。"⑤ "彻底的自然主义或人道主义，既不同

---

① 《马克思恩格斯全集》（第二版）第三卷，中央编译局编译，人民出版社 2002 年版，第323 页。

② 同上书，第325—326 页。

③ 同上书，第324—325 页。

④ 同上书，第325 页。

⑤ 同上书，第306 页。

于唯心主义，也不同于唯物主义，同时又是把这二者结合的真理。"① 显然，"彻底的自然主义或人道主义"指的就是费尔巴哈人本主义的感性哲学，只是人本主义的感性哲学的别称。我们知道，费尔巴哈哲学的两大主题就是自然和人，并且这二者在费尔巴哈那里高度统一，因此费尔巴哈有时也以自然主义或人道主义指称自己的哲学。而且，结合理性和感性、唯心主义和唯物主义正是费尔巴哈哲学特别强调的一个主要思想。与此相关，经常被人们引用的《1844 年经济学哲学手稿》中的这段著名论述也不是马克思自创的："自然科学往后将包括关于人的科学，正像关于人的科学包括自然科学一样：这将是一门科学。"② 显然，这个思想也来源于费尔巴哈。作为费尔巴哈哲学的两大主题，自然和人在费尔巴哈看来是内在统一的，因此必须把自然和人结合起来，把对自然的研究和对人的研究结合起来。马克思提出的这个观点就是对费尔巴哈这一思想的进一步阐发。

从上可见，在《1844 年经济学哲学手稿》中，马克思赞同的唯物主义是费尔巴哈人本主义的感性唯物主义。这种感性唯物主义让马克思对唯物主义含义的理解和规定第一次发生了改变，唯物主义的含义不再是纯粹追求物质利益、物质享受的物质主义，而是和费尔巴哈相同的重视感性和直观的方面。马克思对唯物主义的态度也发生了重大变化，不再是绝对否定和批判，而是肯定费尔巴哈的感性唯物主义，并和费尔巴哈一样强调应该结合并超越唯物主义和唯心主义。虽然在《1844 年经济学哲学手稿》中的唯物主义思想和费尔巴哈基本一致，但是，主要得益于"《莱茵报》时期"的经历和思考、在克罗茨纳赫以法国大革命为中心对人类社会历史的研究以及在巴黎对经济学的初步研究，马克思萌发了历史唯物主义思想，事实上已经在一些重要思想上超越了费尔巴哈。

在《神圣家族》中，马克思基本上延续了《1844 年经济学哲学手稿》的主要思想。在这部著作中，马克思的主要哲学思想和唯物主义思想也是和费尔巴哈一致的人本主义的感性哲学和感性唯物主义，对唯物主义含义的理解和规定同样也是和费尔巴哈一致的感性唯物主义的理解和规

① 《马克思恩格斯全集》（第二版）第三卷，中央编译局编译，人民出版社 2002 年版，第324 页。

② 同上书，第 308 页。

定。当然，马克思的历史唯物主义思想继续向前发展，在一些重要思想上进一步超越了费尔巴哈。

马克思再次不惜溢美之词地赞扬了费尔巴哈的感性哲学和感性唯物主义："只有费尔巴哈才是从黑格尔的观点出发而结束和批判了黑格尔的哲学。费尔巴哈……完成了对宗教的批判。同时也巧妙地拟定了对黑格尔的思辨以及一切形而上学的批判的基本要点。"① 显然，马克思延续了在《1844 年经济学哲学手稿》中对费尔巴哈感性哲学和感性唯物主义的高度评价。"形而上学将永远屈服于现在为思辨本身的活动所完善化并和人道主义相吻合的唯物主义。费尔巴哈在理论方面体现了和人道主义相吻合的唯物主义，而法国和英国的社会主义和共产主义则在实践方面体现了这种唯物主义。"② 在这里，马克思道出了此时他的主导哲学思想——最终彻底战胜思辨形而上学和一切形而上学并"和人道主义相吻合的唯物主义"。并且，在马克思看来，费尔巴哈的唯物主义是理论方面的"和人道主义相吻合的唯物主义"。可见，此时马克思的唯物主义思想是和费尔巴哈人本主义的感性唯物主义相一致的。另外，马克思和恩格斯在《神圣家族》的序言中对于他们的主要思想和主要批判对象的说明也表明了此时他们的思想和费尔巴哈的高度一致性。"对真正的人道主义说来，没有比唯灵论即思辨唯心主义更危险的敌人了。它用'自我意识'即'精神'代替现实的个体的人。"③

我们已经在上文看到，费尔巴哈在《关于哲学改造的临时纲要》和《未来哲学原理》中分析和批判了近代思辨哲学尤其是以黑格尔为主要代表的思辨唯心主义。沿着费尔巴哈的道路，继《黑格尔法哲学批判》和《1844 年经济学哲学手稿》之后，在《神圣家族》中马克思再次像费尔巴哈那样剖析批判了黑格尔的思辨唯心主义。马克思还指出以布鲁诺·鲍威尔为主要代表的青年黑格尔派哲学的实质是黑格尔思辨唯心主义的改头换面，鲍威尔只不过是用"自我意识"代替了黑格尔的"绝对精神"而已。在马克思看来，黑格尔和青年黑格尔派的这种思辨唯心主义都应该为"真正的人道主义"所取代。可见，"真正的人道主义"是马克思对此时

---

① 马克思、恩格斯：《神圣家族》，中央编译局编译，人民出版社 1962 年版，第 177 页。
② 同上书，第 159—160 页。
③ 同上书，第 7 页。

自己的思想的自我概括，等同于《1844 年经济学哲学手稿》所说的由费尔巴哈开创的"彻底的自然主义或人道主义"和"真正的唯物主义"，等同于《神圣家族》所说的"和人道主义相吻合的唯物主义"，其实也就是费尔巴哈的人本主义的感性唯物主义。由此可见，在《神圣家族》中马克思的主导思想也是和费尔巴哈相一致的感性唯物主义。

《神圣家族》的一些具体论述表明了此时马克思所赞同的唯物主义是和费尔巴哈一致的感性唯物主义，所赞同的唯物主义的含义同样也是和费尔巴哈感性唯物主义一致的，重视感性和直观的方面。马克思对爱情的费尔巴哈式的观点表明了这一点："被爱者是感性的对象，而批判的批判最低限度也会要求对象成为一个非感性的对象。然而爱情却是非批判的、非基督教的唯物主义者。"① 在马克思看来，鲍威尔等人把感性的对象变成非感性的对象，把感性变成非感性。显然，在这句话中，"批判的"指的是思辨的、抽象的和非感性的，"基督教的"也是指禁欲的、非感性的。可见，这里唯物主义的含义也是重视感性、感性对象、感性的需要的方面。而且，马克思在这段话中所表达的这个思想也很可能受到了上文引证过的费尔巴哈关于爱情是唯物主义者思想的直接启发。

马克思对唯物主义含义的感性唯物主义理解和规定在他对于 18 世纪法国唯物主义的论述中体现得最为集中。对法国唯物主义理论派别、现实基础与理论性质、人本主义派别的理论来源和主要思想观点等方面的理解和态度都充分表明了此时马克思赞同的唯物主义是人本主义的感性唯物主义，对唯物主义的含义进行的是感性唯物主义的理解和规定。

首先，对法国唯物主义两个派别的态度说明了此时的马克思赞同的唯物主义是人本主义的感性唯物主义。在马克思看来，法国唯物主义可以分成具有不同来源的两个派别。一派是起源于笛卡儿物理学的自然科学的唯物主义；另一派是起源于英国哲学尤其是洛克哲学的人本唯物主义——其实质是人本主义的感性唯物主义。在这两个派别中，马克思主要阐述的是后一个派别——人本唯物主义派别，而对于自然科学的唯物主义只是简单提及。显然，他重视的是人本唯物主义派别。马克思之所以重视人本唯物主义派别显然是因为它同费尔巴哈以及此时的马克思自己的人本主义的感性唯物主义一致，而自然科学的唯物主义则同人本主义的感性唯物主义距

① 马克思、恩格斯:《神圣家族》，中央编译局编译，人民出版社 1962 年版，第 25 页。

离较远。"法国唯物主义，不仅是反对现存政治制度的斗争，同时是反对现存宗教和神学的斗争，而且还是反对 17 世纪的形而上学和反对一切形而上学，特别是反对笛卡儿、马勒伯朗士、斯宾诺莎和莱布尼茨的形而上学的公开而鲜明的斗争。人们用哲学来对抗形而上学，这正像费尔巴哈在他向黑格尔作第一次坚决进攻时以清醒的哲学来对抗醉醺醺的思辨一样。"① 马克思把法国唯物主义和费尔巴哈的"和人道主义相吻合的唯物主义"相比较，认为二者都是对形而上学的反动，在本质上一致。在一定程度上可以说，马克思对法国唯物主义的历史梳理实际上也担负着为费尔巴哈和自己的人本主义的感性唯物主义梳理思想渊源的任务。

其次，对法国唯物主义的现实基础与理论性质的判断同样表明了此时的马克思赞同的唯物主义是人本主义的感性唯物主义，对唯物主义含义的理解和规定是感性唯物主义的。马克思认为法国唯物主义理论"是由当时法国生活的实践性质所促成的……这种生活趋向于直接的现实，趋向于尘世的享乐和尘世的利益，趋向于尘世的世界。和它那反神学、反形而上学的唯物主义实践相适应的，必然是反神学、反形而上学的唯物主义理论。"② 可见，在马克思看来，法国唯物主义的唯物主义实践和理论是反神学、反形而上学的趋向于直接的现实、尘世的享乐和利益、尘世的世界的实践和理论。显然，这种唯物主义和人本主义的感性唯物主义一致，重视感性、感性的人和人的感性。

再次，对法国唯物主义人本主义派别的理论来源——英国唯物主义的见解也表明了此时的马克思赞同的唯物主义是人本主义的感性唯物主义，对唯物主义含义的理解和规定是感性唯物主义的。"英国唯物主义和整个现代实验科学的真正始祖是培根。……在物质的固有的特性中，运动是第一个特性而且是最重要的特性，——这里所说的运动不仅是机械的和数学的运动，而且更是趋向、生命力、紧张……是物质的痛苦。"③ 马克思对培根物质的运动的这种理解很有意思。马克思强调，培根的运动不仅是机械的和数学的运动，而且更是"趋向、生命力、紧张、物质"的痛苦。显然，这些都是感性的生命活动。这一独特的理解反映出此时马克思人本

① 马克思、恩格斯：《神圣家族》，中央编译局编译，人民出版社 1962 年版，第 159 页。
② 同上书，第 161 页。
③ 同上书，第 163 页。

主义的感性唯物主义思想。上一章提到过费尔巴哈"物质是痛苦的原则"的思想。可以看出，青年马克思几乎完全接受了费尔巴哈这一十分有特色的思想，并沿着费尔巴哈的思想路线对物质的痛苦作了自己的诠释。马克思人本主义的感性唯物主义在对培根的总的评价中更为鲜明地体现出来："唯物主义在它的第一个创始人培根那里……物质带着诗意的感性光辉对人的全身心发出微笑。"①

显然，马克思对培根的唯物主义评价甚高，因为培根的唯物主义符合马克思此时高度赞同的人本主义的感性唯物主义。这种感性唯物主义重视的是感性。即使物质，马克思看重的也是物质的感性。同理，马克思批评霍布斯道："唯物主义……变得片面了……感性失去了它的鲜明的色彩而变成了几何学家的抽象的感性……唯物主义变得敌视人了。……唯物主义只好抑制自己的情欲，当一个禁欲主义者。它变成理智的东西，同时以无情的彻底性来发展理智的一切结论。"② 一句话，霍布斯的唯物主义偏离了人本主义的感性唯物主义的正确道路，忽视了感性的方面。从对培根和霍布斯的评价可以清楚地看出，马克思把人本主义的感性唯物主义作为标准评价英国唯物主义。这显然表明，此时的马克思重视的唯物主义是感性唯物主义，对唯物主义的理解是感性唯物主义的。

最后，对法国唯物主义人本主义派别的基本观点的理解也说明了马克思此时主导的唯物主义思想是人本主义的感性唯物主义，对唯物主义含义的理解和规定是感性唯物主义的。"关于人性本善和人们智力平等，关于经验、习惯、教育的万能，关于外部环境对人的影响，关于工业的重大意义，关于享乐的合理性等等的唯物主义学说"，"人是从感性世界和感性世界中的经验中汲取自己的一切知识、感觉"，"正确理解的利益是整个道德的基础"。③ 分析马克思概括的这些法国唯物主义的基本观点以及这一部分结尾处他所摘引的法国唯物主义的观点，可以看出，它们都是感性唯物主义的观点，都重视感性的方面。事实上，对于18世纪法国唯物主义的唯物主义思想，马克思从来没有像传统教科书理解模式所认为的那样说他们的主要思想观点是世界的本体是物质，意识是派生的；物质第一

① 马克思、恩格斯：《神圣家族》，中央编译局编译，人民出版社1962年版，第163页。

② 同上书，第163—164页。

③ 同上书，第166页。

性，意识第二性；物质决定意识等等。即便对法国唯物主义的另一派别——机械的自然科学的唯物主义，马克思也没有这样说。也可以由此推断出，此时的马克思所理解的唯物主义是感性唯物主义。

从上可见，在《神圣家族》中，马克思赞同的唯物主义也是费尔巴哈人本主义的感性唯物主义，对唯物主义含义的理解和规定也是和费尔巴哈一致的感性唯物主义的理解和规定。当然，另外，在《神圣家族》中，马克思思想中的历史唯物主义因素也在继续向前发展，在很多重要思想上已经远远超越了费尔巴哈，接近甚至有的已经达到了历史唯物主义的水平。

综上，从《1844 年经济学哲学手稿》到《神圣家族》，马克思所赞同的唯物主义是和费尔巴哈一致的人本主义的感性唯物主义，马克思把唯物主义的含义理解和规定为感性唯物主义的重视感性的方面。

费尔巴哈对于青年马克思的启发和影响是巨大的，以至于后来恩格斯说马克思和他一时都成了"费尔巴哈派"。不过，对于马克思是否有过这个"费尔巴哈派"时期，国内马克思主义哲学界当前正进行着激烈的争论。正统的辩证唯物主义理解模式认为，马克思毋庸置疑地经历了一个"费尔巴哈派"时期，正是费尔巴哈主张自然、物质、存在第一性的自然唯物主义使马克思和恩格斯从唯心主义转向了唯物主义。近年来不少学者对这个正统观点提出了激烈的质疑。他们认为，所谓的"费尔巴哈派"时期纯属子虚乌有，马克思从来没有成为过"费尔巴哈派"，至多只是受其一些影响而已，因为马克思从来都没有赞同过费尔巴哈的"自然唯物主义"。[①] 在笔者看来，马克思的确经历了一个"费尔巴哈派"时期。不过，马克思接受费尔巴哈的并不是以上两种观点共同承认并以之为前提的作为费尔巴哈哲学和唯物主义的本质的这种自然唯物主义，而是感性唯物主义。如上文所见，由于费尔巴哈哲学的重大启发和影响以及其他各种因素，马克思于 1843 年至 1844 年间很大程度地改变了自己原来的思想，转向了费尔巴哈的感性唯物主义。在这一时期，马克思确实是费尔巴哈的弟子，费尔巴哈人本主义的感性哲学和感性唯物主义是马克思的主要哲学思

---

① 可参见俞吾金：《让马克思从费尔巴哈的阴影中走出来》，《南京社会科学》1996 年第 1 期，第 8—12 页；俞吾金：《重新理解马克思哲学和费尔巴哈哲学的关系》，《马克思主义与现实》1996 年第 1 期，第 65—74 页。

想来源和主导哲学原则。可见，在马克思思想发展的道路上的确经历过一个"费尔巴哈派"时期。尽管不是也不可能是完全的"费尔巴哈派"，但是费尔巴哈人本主义的感性哲学和感性唯物主义的确是此阶段马克思的哲学思想的主要来源和主导哲学原则。

　　笔者以为，传统教科书理解模式的观点和这种反传统教科书理解模式的观点都没有正确把握这一时期马克思的思想。这里问题的关键在于对费尔巴哈哲学和唯物主义本质的认识。这些学者之所以认为马克思从来没有赞同过费尔巴哈的哲学和唯物主义，是因为他们和传统教科书理解模式一样，把费尔巴哈哲学和唯物主义的本质理解成自然唯物主义。在他们看来，马克思是从来也没有赞同过自然唯物主义的，所以他们当然要坚决否定马克思曾经成为"费尔巴哈派"。的确，马克思从来没有赞同过自然唯物主义，如果费尔巴哈哲学和唯物主义的本质是自然唯物主义的话，那么马克思无论如何也不可能赞同他。但是，如果费尔巴哈哲学和唯物主义的本质不是自然唯物主义，而是像本书所揭示的那样是人本主义的感性唯物主义的话，那么，就完全可以理解，而且也正如前所见，马克思的确经历了一个"费尔巴哈派"时期。①

　　另外，在这一时期，马克思也清楚地认识到还有和费尔巴哈人本主义的感性唯物主义不同的其他唯物主义的存在，例如，《1844年经济学哲学手稿》提到的"非真正"的唯物主义以及《神圣家族》提到的起源于笛卡儿物理学的法国18世纪的自然科学的唯物主义，这些唯物主义的含义和费尔巴哈感性唯物主义的含义当然不同。不过，在这时的马克思看来，只有费尔巴哈人本主义的感性唯物主义才是真正的唯物主义，而人本主义

---

　　①　当然，尽管马克思是很多大思想家的学生，但他从来都不是也不可能是这些大思想家完完全全的学生，因为马克思从来都不是一个会完全把自己的头脑交给别人的人。无论是对康德、费希特，还是黑格尔和费尔巴哈，他总是保持高度的独立性、批判性和创造性。在"费尔巴哈派"时期，在费尔巴哈人本主义的感性唯物主义的主导哲学原则之下，马克思也在逐渐形成自己独特的思想。

　　在这里还需要特别提及，修改本书时，笔者相见恨晚地读到了阿尔都塞的《费尔巴哈的哲学宣言》一文的相关观点。阿尔都塞是笔者目前见到的对费尔巴哈哲学以及青年马克思同费尔巴哈的关系把握得最为准确的马克思主义者，在笔者之前已经提出一些相当有创见的观点，大不相同于正统理解。在国内，对上述问题最有创见的是俞吾金先生的《马克思的实践唯物主义及其当代发展趋向》一文。然而，他在其他论著中却还停留在传统理解之中。另外，苏州大学的王金福等也提出了一些有见地的观点。

的感性唯物主义之外的唯物主义都不是真正的唯物主义。因此，在这一时期，对于其他的各种唯物主义，马克思是在否定或至少不完全肯定的意义上提及的。因为，这一时期的马克思赞同的唯物主义及其含义只是人本主义的感性唯物主义及其含义。

第三节　历史唯物主义的理解和规定时期

新思想的诞生总要经历磨难。费尔巴哈人本主义的感性唯物主义将马克思引向了通往科学的唯物主义的方向，但马克思没有停留于此而是继续前行。在冲破唯心主义的藩篱，走过感性唯物主义的童年之后，马克思的新唯物主义——历史唯物主义成长并成熟起来，登上了思想史的广阔舞台。与此一致，对于唯物主义的含义，马克思也改变了之前物质主义和感性唯物主义的理解和规定，转向了历史唯物主义的理解和规定。这正是本书的主要观点：马克思赋予新唯物主义的含义并不是"辩证唯物主义"的，而是历史唯物主义的；马克思的新唯物主义不是"辩证唯物主义"，而是历史唯物主义。下一章将详细论证思想成熟之后的马克思的新唯物主义的这种独特的历史唯物主义的含义。本节的目标是概述马克思在这一时期所赞同的唯物主义的含义及其发展过程，而这只能是新唯物主义的历史唯物主义的含义及其发展过程。另外，和前两个时期一样，在这一时期，马克思也论述了多种含义各不相同的唯物主义。对于思想成熟之后的马克思所理解的这些唯物主义的含义，下一章在分析新唯物主义的含义后也将进行梳理。

当对唯物主义含义的理解和规定转向历史唯物主义的理解和规定时，马克思就坚定地对唯物主义的含义进行历史唯物主义的理解和规定了；尽管唯物主义思想不断丰富和发展，但马克思对唯物主义含义的历史唯物主义的理解和规定却始终没有改变。不过，伴随着历史唯物主义总的思想的萌芽、发展和成熟，马克思对唯物主义含义的历史唯物主义理解和规定也大致经历了开始、基本形成和最终确定三个阶段。

在《关于费尔巴哈的提纲》中，马克思开始了对唯物主义含义的历史唯物主义理解和规定。在这篇著名的提纲中，马克思第一次自觉地阐发了新唯物主义的一些基本立场、原则、观点和方法。从而，马克思的唯物主义思想由感性唯物主义转变为历史的实践的唯物主义，马克思对唯物主义含义的理解和规定也由感性唯物主义的理解和规定转变为历史唯物主义的理解和规定。

"人的本质不是单个人所固有的抽象物，在其现实性上，它是一切社会关系的总和。""'宗教感情'本身是社会的产物，而他所分析的抽象的个人，是属于一定的社会形式的。""全部社会生活在本质上是实践的。"①"新唯物主义的立脚点则是人类社会或社会的人类。"② 虽然在这一简短的提纲中没有也不可能详细论述新唯物主义的含义，但这些耳熟能详的话语相当程度地表明了马克思对新唯物主义含义的历史唯物主义的理解和规定。明显地，新唯物主义的主要研究对象和思想观点已经不再是感性唯物主义时期的感性和直观，而变成了历史唯物主义的"社会""社会形式""社会生活""社会关系"和"人类社会或社会化的人类"。可见，此时已经走进历史唯物主义新天地的马克思对新唯物主义含义的理解和规定是历史唯物主义的。

经过《关于费尔巴哈的提纲》的"亮剑"，马克思哲学和唯物主义思想革命的洪流终于在《德意志意识形态》中完全爆发了出来。在《德意志意识形态》中，新唯物主义世界观——历史唯物主义初步形成，马克思对新唯物主义的含义做了一生中最集中、最系统、最详细的论述。至此，新唯物主义的历史唯物主义的含义基本形成。因此《德意志意识形态》也成为本书研究新唯物主义含义的最主要的文本之一，下一章将详细考察和阐释马克思在《德意志意识形态》中赋予新唯物主义的含义。

马克思的新唯物主义思想不断丰富和发展。经过长期的实践斗争和理论研究尤其是19世纪50年代在伦敦对政治经济学的第四次系统研究，在《政治经济学批判》序言中，马克思对唯物史观做了经典概括。这标志着新唯物主义的最终形成，同时也是新唯物主义的历史唯物主义的含义的最终确定。从此，一种崭新的独特的唯物主义含义就屹立于哲学史之林了。

以上所呈现的就是马克思一生对唯物主义含义理解和规定的演进过程。在这条道路上，马克思走过了物质主义的理解和规定、感性唯物主义的理解和规定、历史唯物主义的理解和规定三段坎坷不平的路程。马克思

---

① 《马克思恩格斯选集》（第二版）第一卷，中央编译局编译，人民出版社1995年版，第56页。

② 同上书，第57页。

的名言在这里再次闪耀出其同样适用于自身的真理光芒："在科学上没有平坦的大道，只有不畏劳苦沿着陡峭山路攀登的人，才有希望达到光辉的顶点。"①

　　考察完马克思对唯物主义含义理解和规定的演进过程，顺便简要梳理马克思对唯物主义态度的演进过程。同对唯物主义含义的理解和规定发生多次改变一样，马克思对唯物主义的态度也不是传统教科书理解模式所以为的那样完全赞同、始终不变的，而是发生了多次改变。改变的原因当然主要是马克思的基本思想和唯物主义思想的改变以及对唯物主义含义理解和规定的改变。当然，在思想变化发展的每一时期，马克思都论述了不止一种唯物主义，这里所考察的只能是马克思对唯物主义的主要态度。由于同对唯物主义含义的理解和规定密切相关，马克思对唯物主义的态度也大致可以分为三个时期：完全否定时期、结合超越时期和坚定肯定时期。这三个时期是同马克思对唯物主义含义的理解和规定的三个时期一一对应的。第一个时期，从博士论文到《论犹太人问题》，马克思对一切唯物主义都持完全否定和批判态度；第二个时期，从《1844年经济学哲学手稿》到《神圣家族》，马克思对费尔巴哈人本主义的感性唯物主义是高度赞同的，但对其他的唯物主义则持批判态度，并且和费尔巴哈一样主张要以人本主义的感性唯物主义为原则，将唯心主义和唯物主义结合起来进行超越理解；第三个时期，从《关于费尔巴哈的提纲》到生命的最后，马克思坚定地肯定他和恩格斯创立的历史唯物主义，对其他各种各样的唯物主义则持不同程度的批判态度。

　　本章对于马克思对唯物主义含义理解和规定的演进过程的考察同样具有重要的理论意义。第一，破除了传统教科书理解模式关于"马克思在一生中对唯物主义含义的理解和规定从来没有改变"的这个根深蒂固的观点。现在，我们确知了不仅马克思的唯物主义思想是逐渐走向成熟的，而且马克思对唯物主义含义的理解和规定也是逐渐走向成熟的。甚至马克思也曾有过传统教科书理解模式十分厌恶的对唯物主义含义的物质主义理解和规定时期。第二，为正确把握新唯物主义的含义奠定了基础。考察马克思对唯物主义含义理解和规定的演进过程的意义并不只是增添一项马克

①　《马克思恩格斯全集》（第二版）第四十四卷，中央编译局编译，人民出版社2001年版，第24页。

思主义哲学史的研究成果，更重要的在于它对正确理解马克思思想成熟时期赋予新唯物主义的含义具有重要作用。从物质主义到感性唯物主义再到历史唯物主义，马克思所理解的唯物主义从来都不是正统的近代形而上学意义上的唯物主义。并且，它证明了费尔巴哈人本主义的感性唯物主义是马克思实现思想革命、走向历史唯物主义道路的重要一步。正如马克思所指出的那样，一旦正确理解了感性，把感性理解为物质生产力与生产关系及其矛盾运动，理解为感性活动及其结果，科学的世界观——历史的实践的新唯物主义也就如朝阳般跃出海面了。

第四章

马克思新唯物主义的独特含义

考察了新唯物主义及其含义的思想渊源和马克思理解唯物主义含义的演进过程，就需要解决本书的核心问题——新唯物主义的含义了。本章的主要任务就是尝试全面深入地考察和揭示思想成熟时期的马克思所赋予新唯物主义的含义。通过研读马克思关于唯物主义的相关重要论述，我们发现，马克思实际上赋予了新唯物主义一种和以往任何唯物主义都不同的含义。这一含义包括基本含义和重要意蕴两个方面。新唯物主义的基本含义为：物质生产力与生产关系及其矛盾运动、物质活动是思想观念和上层建筑的现实基础。除基本含义外，新唯物主义还有方法、认识、价值和实践四个维度的重要意蕴。新唯物主义的含义之所以不同于唯物主义正统含义的关键原因在于，唯物史观就是马克思的总的思想，就是马克思的新唯物主义世界观，就是马克思的新唯物主义；新唯物主义是同正统的唯物主义形态——近代形而上学意义上的唯物主义异质的唯物主义形态——历史唯物主义。

第一节　新唯物主义的基本含义

和绝大多数近代哲学家一样，马克思也没有正式界定过唯物主义的含义。因此，同样需要通过深入分析马克思关于唯物主义的论述，来把握他对新唯物主义含义的理解。这是本书一以贯之的基本方法。和传统教科书理解模式以为的马克思很少论述唯物主义及其含义不同，马克思主义的创始人实际上对唯物主义及其含义作过相当丰富的论述，而且有些论述相当清楚地显示了新唯物主义的含义。这些论述是解开新唯物主义含义之谜的关键。

先来看《德意志意识形态》对新唯物主义所做的大量论述。上文已指出，在这部十分重要的著作中，马克思对新唯物主义做了一生中最集中、最系统、最详细的论述，因为此时刚刚实现了思想变革的马克思需要系统深入地总结和阐发新唯物主义的基本观点。而新唯物主义的基本含义，就在马克思的总结和阐发中显露了出来。

费尔巴哈"把人只看作是'感性的对象'，而不是'感性的活动'，因为他……没有从人们现有的社会联系，从那些使人们成为现在这种样子的周围生活条件来观察人们……他从来没有把感性世界理解为构成这一世界的个人的共同的、活生生的、感性的活动……正是在共产主义的唯物主义者看到改造工业和社会制度的必要性和条件的地方，他却重新陷入唯心主义"。① 我们知道，在《德意志意识形态》中，最主要的"感性的活动"是物质生产和物质交往，"现有的社会联系""现在的生活关系"最重要的是"交往形式"（生产关系），"周围生活条件"最根本的是生产力。陷入"唯心主义"的费尔巴哈看不到而"共产主义的唯物主义者"（即新唯物主义者）认识到必须进行改造的"工业和社会制度"，也是现实的生产力和生产关系。因此，笔者认为，这段话实际上道出了新唯物主义同包括本质上仍然是唯心主义的费尔巴哈的"唯物主义"——感性唯物主义在内的全部唯心主义的根本区别。新唯物主义从现实的生产力和生产关系及其矛盾运动、从现实的物质活动出发理解人和社会历史，而包括费尔巴哈的感性唯物主义在内的全部唯心主义，不懂得从现实的感性活动、生产力和生产关系出发理解人和社会历史，而是从思想观念出发理解人和社会历史，从而不能科学地理解人和社会历史。这就是新唯物主义同全部唯心主义（包括费尔巴哈的感性唯物主义）的根本分野。

"法国人和英国人……毕竟作了一些为历史编纂学提供唯物主义基础的初步尝试，首次写出了市民社会史、商业史和工业史。"② 显然，在马克思看来，写出市民社会史、商业史和工业史为历史编纂学提供了唯物主义基础。由此可以推知，在他的心目中，市民社会史、商业史和工业史就是人类历史的唯物主义基础。以《德意志意识形态》中的术语表达就是，物质生产和物质交往及其形式是历史的唯物主义基础。可见，马克思在这

---

① 《德意志意识形态》（节选本），中央编译局编译，人民出版社 2003 年版，第 22 页。
② 同上书，第 23 页。

里赋予唯物主义的含义是物质生产和物质交往及其形式是人类历史的现实基础，是上层建筑和思想观念的现实基础。

"这种最后的尝试所反对的不是物质关系的现实形式……而是这些世俗关系的天国精炼品……费尔巴哈揭露了宗教世界是世俗世界的幻想……这个问题甚至为德国理论家开辟了通向唯物主义世界观的道路，这种世界观没有前提是绝对不行的，它根据经验去研究现实的物质前提。"① 这段话中的唯物主义又是什么意思呢？马克思告诉我们，"唯物主义世界观"根据经验去研究现实的物质前提。而在这段话中，"现实的物质前提"指的是"世俗世界"中的"物质关系的现实形式"，也就是在一定生产力基础上的现实的生产关系。在马克思看来，这种现实的"物质关系"是宗教的现实基础，世俗世界的现实的"物质关系"的内在矛盾造成了宗教和宗教世界的产生。由此可见，这里唯物主义的含义也是一定物质生产力基础上的物质关系是上层建筑和思想观念（宗教）的基础，必须从物质关系出发理解上层建筑和思想观念（宗教）。

"他的这个现实的我处在对这个现实的我来说是存在着的外部世界的现实关系中……只要他还没有从唯物主义的意义上去承认现实的前提是他的思维的前提。"② 很显然，在马克思看来，唯物主义的一个含义是承认现实的前提，是思维的前提。而"现实的前提"在这段话中指的是现实的人处在现实的关系之中。从而，此处唯物主义的含义就是：现实的关系是思想观念的前提。显然，这个含义和前面几处一致。

"一旦这一世界本身由于实际冲突而解体；而对这种唯物的发展作经验的考察，是很有意思的事情，古代的哲学家便力图洞察真理世界或他们世界的真理……他们的探寻本身就已是这一世界的内部解体的征兆。乡下佬雅各把唯心主义的征兆变成解体的物质原因。"③ 明显地，马克思所说的"这种唯物的发展"，是指像"世界本身由于实际冲突而解体"这样的世界和历史的现实的发展过程。而这种现实的发展过程当然又是由世界和历史本身的"实际冲突"亦即内在矛盾——最根本的是物质生产力和生产关系（交往形式）的矛盾这样的"物质原因"造成和推动的。"唯心主

①　《马克思恩格斯全集》第三卷，中央编译局编译，人民出版社1960年版，第261页。

②　同上书，第510页。

③　同上书，第140页。

义的征兆"指的是哲学家们力图洞察真理世界或他们世界的真理，因此这里的唯心主义指非现实的纯粹思想、精神的活动。可见，马克思这段话中的唯物主义和唯心主义同样并非物质和意识关系问题意义上的，而是社会历史意义上的。唯物主义同样还是强调物质生产力和生产关系及其矛盾运动的决定性作用。

"哲学家们至今对自由有两种说法：一种是把它说成对个人生活于其中的各种境况和关系的权力、统治，所有的唯物主义者关于自由的说法就是这样的；另一种是把它看作自我规定，看作脱离尘世，看作精神自由（只是臆想的），所有的唯心主义者特别是德国唯心主义者关于自由的说法就是这样的。……自由就是对决定他的境况的权力，即唯物主义的自由。"① 在马克思看来，所有唯物主义者对于自由的看法是对个人生活于其中的各种境况和关系的权力和统治，而所有唯心主义者对于自由的看法则是自我规定、脱离尘世和精神自由。我们从马克思的这个区分也可以感受到他对于唯物主义和唯心主义的理解。显然，马克思认为，唯物主义从个人与现实的物质条件和物质关系的关系及其对其控制力出发理解自由，而唯心主义却从自我、精神出发理解自由。可见，这个唯物主义的含义也与前几处唯物主义一致。

"黑格尔是用个人的经验需要来说明法的存在……黑格尔比我们这位'有形体的我'——圣桑乔不知要唯物多少倍！"② 显然，马克思认为黑格尔用个人的经验需要说明法的存在同唯物主义的观点相一致，至少是接近于唯物主义观点的。可见，用人的现实的需要来说明法是新唯物主义的一个基本观点。这就是说，新唯物主义主张从现实的人、人的现实需要出发理解和说明上层建筑。

《德意志意识形态》之后，马克思一直在上述含义上使用唯物主义概念，赋予新唯物主义这种含义。众多相关论述都清晰地表明了这一点。在 1850 年 9 月 15 日的共产主义者同盟中央委员会会议上，马克思指出："他们提出唯心主义观点代替宣言的唯物主义观点。他们不是把现

① 《马克思恩格斯全集》第三卷，中央编译局编译，人民出版社 1960 年版，第 341 页。需要说明的是，马克思删去这段话并不是因为其观点错误。马克思在这段话之后对于"唯物主义者和共产主义者关于自由的看法"、对于唯心主义自由观的论述都表明，这段话中的观点符合马克思的思想。

② 《德意志意识形态》（节选本），中央编译局编译，人民出版社 2003 年版，第 46 页。

实关系、而是把意志描绘成革命中的主要东西。"① 与此相似，于 1870 年 4 月 19 日致保·拉法格的信中，马克思批判巴枯宁道："这种理论完全是以陈旧的唯心主义观点为依据的……认为现在的法学是我们经济制度的基础，而不是把我们的经济制度看作我们法学的基础和根源！"② 马克思在 1877 年致威·白拉克的信中也对《未来》杂志做了同样的批判："《未来》杂志……的主要意图就是用关于'正义'等等的虚妄词句来代替唯物主义的认识。"③ 从以上三段相似的论述可以看出，在马克思看来，同新唯物主义相对立的唯心主义主张意志、道德原则、思想观念、上层建筑等是人类社会历史的决定性因素，是共产主义革命的决定性因素。和这些形形色色的唯心主义观点相反，马克思的新唯物主义主张，只有一定生产力基础上的现实关系、经济制度才是人类社会历史的决定性因素，才是思想观念和上层建筑的决定性因素，才是共产主义革命的决定性因素。可见，这三段话中的"唯物主义观点""唯物主义的认识"中的唯物主义的含义也都是一定生产力基础上的生产关系是思想观念和上层建筑的现实基础。显然，这一含义和上文所见的新唯物主义的含义一致。

马克思在他最重要的著作《资本论》中的一段铿锵有力的论述同样清晰地表明了新唯物主义的这种含义："通过分析找出宗教幻象的世俗核心，比反过来从当时的现实生活关系中引出它的天国形式要容易得多。后面这种方法是唯一的唯物主义的方法，因而也是唯一科学的方法。"④ 我们看到，马克思强调应该从现实生活关系中分析宗教，并指出这是唯一的唯物主义的方法。可见，唯一科学的唯物主义主张，现实生活关系是宗教的现实基础。能够看出，唯物主义在这段论述中的含义更为明确，即现实生活关系是宗教的现实基础。显然，这一含义也和上文总结的新唯物主义的含义——生产力与生产关系及其矛盾运动、物质活动是思想观念、上层

---

① 《马克思恩格斯全集》第七卷，中央编译局编译，人民出版社 1959 年版，第 617 页。

② 《马克思恩格斯全集》第三十二卷，中央编译局编译，人民出版社 1975 年版，第 662 页。

③ 《马克思恩格斯全集》第三十四卷，中央编译局编译，人民出版社 1972 年版，第 283 页。

④ 《马克思恩格斯全集》（第二版）第四十四卷，中央编译局编译，人民出版社 2001 年版，第 429 页。

建筑的现实基础一致，因为现实生活关系最核心的内容是生产关系，而宗教是上层建筑和思想观念。并且，下文的相关分析将表明，马克思所说的这个唯一的唯物主义方法是其新唯物主义世界观分析现实生活关系同宗教的关系问题的运用，实际上也就是马克思的新唯物主义世界观。

综观以上关于唯物主义的论述，在思想变革之后的马克思那里，新唯物主义同全部唯心主义的根本对立在于对物质生产力与生产关系、物质活动同思想观念和上层建筑的关系问题的不同观点。全部唯心主义都认为思想观念、上层建筑是人类社会历史的决定因素，决定人类社会历史的发展方向和过程。马克思认为，全部唯心主义的这一主要观点是根本错误的，不是思想观念和上层建筑决定现实历史的发展；相反，是现实历史中的核心因素——物质生产力与生产关系、物质活动决定现实历史的发展，决定思想观念和上层建筑。

在此，简要考察马克思对唯心主义及其含义的理解有助于理解新唯物主义及其含义。针锋相对的对手的观点对思想家的思想会产生不小的影响，尤其是思想形成时期的对手。在哲学领域，思想变革后的马克思的主要对手和批判对象有：黑格尔以及青年黑格尔派、德国形形色色的社会主义、蒲鲁东和巴枯宁，等等。在马克思看来，黑格尔之后的这些派别和人物的主要哲学观点实际上都是黑格尔的唯心主义。因此，思想变革后的马克思所理解和批判的全部唯心主义归根到底是黑格尔的唯心主义。新唯物主义世界观形成时期的马克思所主要针对和批判的唯心主义，是包括持感性唯物主义观点的费尔巴哈在内的青年黑格尔派哲学。马克思的新唯物主义世界观正是在对青年黑格尔派哲学的唯心主义的批判过程中形成和发展起来的。在马克思看来，青年黑格尔派的唯心主义观点实际上都来源于黑格尔，都是黑格尔唯心主义的翻版和改装，马克思在《德意志意识形态》很多地方都指出了这一点。

《德意志意识形态》第一卷序言中的这些话最为集中明确地表达了马克思对以黑格尔哲学、青年黑格尔派哲学为主要代表的唯心主义的理解："德国唯心主义……认为世界是受观念支配的，思想和概念是决定性的本原，一定的思想是只有哲学家们才能理解的物质世界的神秘之物。""所有的德国哲学批判家们都断言：观念、想法、概念迄今一直支配和决定着现实的人，现实世界是观念世界的产物。……他们相信这种思想的统治……他们相信他们的批判的思想的活动一定会使现存的东西灭亡。"

"按照黑格尔体系，观念、思想、概念产生、规定和支配人们的现实生活、他们的物质世界、他们的现实关系。"①《德意志意识形态》是马克思和恩格斯的新唯物主义对以黑格尔哲学、青年黑格尔派哲学为典型的全部唯心主义的批判。而第一卷的序言正是这一批判的浓缩。可以看出，在马克思心目中，全部唯心主义的最主要观点是：思想观念产生、统治和决定现实世界，现实世界是思想观念的产物；错误的思想观念是造成不合理的现实的根本原因，人们受到也只是受到错误的思想观念的统治，只要批判这些错误的思想观念而代之以正确的思想观念就可以消灭现存的东西，将人们解放出来。

需要注意的是，思想成熟时期的马克思所理解的唯心主义和正统意义上的唯心主义不同，它并非形而上学意义上的，而是社会历史意义上的。并且，在马克思心目中，产生这全部唯心主义的真正根源和基础并不是对"本体论"问题的错误回答，而是不合理的现实社会关系；消除唯心主义的根本途径不是理论批判，而是实际地改变现实的社会关系。"意识的一切形式和产物不是可以用精神的批判来消灭的……而只有通过实际地推翻这一切唯心主义谬论所由产生的现实的社会关系，才能把它们消灭；历史的动力以及宗教、哲学和任何其他理论的动力是革命，而不是批判。"②可见，马克思对唯心主义的理解不同于人们以往对唯心主义的一般理解。这一点很有意义。因为，既然作为新唯物主义世界观直接对立面的全部唯心主义不是正统的形而上学意义上的而是社会历史意义上的唯心主义，那么新唯物主义也不会是正统的形而上学意义上的而是社会历史意义上的唯物主义。

至此，我们可以比较自信地根据以上引证的马克思关于唯物主义的这些重要论述概括蕴含其中并且一以贯之的新唯物主义的基本含义了。笔者认为，可以以马克思的语言把新唯物主义的基本含义概括为物质生

---

① 《德意志意识形态》（节选本），中央编译局编译，人民出版社 2003 年版，第 4—5 页。这里同样需要说明，马克思删去这些话并不是由于他认为这些观点错误或者不准确。因为这些观点在序言和正文中都展开论述了，马克思在《德意志意识形态》中主要批判青年黑格尔派的就是这些观点。可见，这些论述是对青年黑格尔派观点的正确表达。之所以删去这些话可能是马克思觉得思路不够清晰并且和之前的论述重复。

② 《德意志意识形态》（节选本），中央编译局编译，人民出版社 2003 年版，第 36 页。

产力①与生产关系及其矛盾运动、物质活动②是思想观念和上层建筑③的现实基础。也就是说，马克思所说的唯物主义，是主张物质生产力与生产关系及其矛盾运动、物质活动是思想观念和上层建筑的现实基础的观点和原则。

针对唯心主义主要强调思想观念决定人类社会历史的发展，马克思的新唯物主义特别强调物质生产力与生产关系及其矛盾运动、物质活动是思想观念的基础。不过，在马克思看来，主张上层建筑决定人类社会历史发展的观点同样也是唯心主义观点。因而，新唯物主义也强调一定生产力基础上的生产关系是上层建筑的现实基础。总而言之，在马克思眼中，所有不承认物质生产力与生产关系、物质活动是人类社会历史发展的决定因素而认为其他因素决定人类社会历史发展的观点都是唯心主义。新唯物主义

---

① 马克思所使用的"物质生产力"概念至少有两种含义。第一种是本义或狭义，指通过物质生产形成的生产力，和精神生产力相对。第二种是引申义或广义，包括本义的物质生产力和精神生产力，强调生产力是一种物质力量，强调生产力异于精神性、观念性的物质性和现实性。马克思经常在第二种含义上使用"物质生产力"概念，因而本书也主要在这种含义上使用之。

② 马克思从两个相互生成、相互规定、辩证统一的维度阐述新唯物主义含义，这和他阐述唯物史观的方式相一致。在笔者看来，马克思主要从两个维度分析人类社会历史，阐述唯物史观。一个是社会历史的要素结构的维度，其中最主要的并起决定性作用的因素就是物质生产力和生产关系及其矛盾运动；另一个是人的活动的维度，主要是人的实践、感性对象性活动、物质活动。很显然，物质生产力和生产关系同物质活动是内在相关、相互规定、相互生成、辩证统一的。在思想变革之初——《关于费尔巴哈的提纲》和《德意志意识形态》，马克思侧重从实践、感性对象性活动、物质活动的维度出发分析人类社会历史，阐述唯物史观的基本观点。而在新世界观更加成熟起来之后，马克思都是从这两个维度的辩证统一中分析人类社会历史，阐述唯物史观的基本观点的。因此，对于马克思新唯物主义和整个马克思主义哲学的理解和阐释不能过分重视以致夸大其中某一维度的作用和意义而忽视甚至否定另一维度的作用和意义。和阐述唯物史观的方式一致，对于新唯物主义的基本含义，马克思也是从这两个相互生成、相互规定、辩证统一的维度进行论述的。

③ 这是《政治经济学批判》序言意义上的。教科书理解模式认为"上层建筑"包括两大部分，一是政治上层建筑；一是思想上层建筑。通过对相关文本的考察，笔者认为，马克思对上层建筑概念的内涵和外延的规定并不统一。上层建筑概念有时的确包括政治上层建筑和思想上层建筑两个方面，但有时只是特指政治上层建筑，有时甚至特指思想上层建筑。而思想上层建筑又分为两种：统治阶级的意识形态和全部思想文化观念。在《政治经济学批判》序言中，上层建筑概念指的只是政治上层建筑，而不包括思想上层建筑。此外，和上层建筑概念密切相关的另一个重要概念——"意识形态"的内涵和外延也不统一。这证明了对马克思的一些重要概念的含义进行重新考察和理解的必要。

反对所有这样的观点。而唯物主义主张一定生产力基础上的生产关系是思想观念和上层建筑的现实基础，物质生产力与生产关系及其矛盾运动、物质活动是人类社会历史发展的决定因素。这就是马克思赋予新唯物主义的含义。这也就是马克思心目中唯物主义的真正含义。

在马克思看来，只有主张一定生产力基础上的生产关系是思想观念和上层建筑的现实基础，物质生产力与生产关系及其矛盾运动、物质活动是人类社会历史发展的决定因素的观点才算得上唯物主义。从而，在马克思心中，严格地说，只有新唯物主义才是唯一真正的唯物主义。因为以新唯物主义为标准衡量其他各种唯物主义，这些形形色色的唯物主义都达不到这种真正的唯物主义的要求和水平，从而都不能算是唯物主义，甚至还会无一幸免地陷入唯心主义的深渊，包括费尔巴哈人本主义的感性唯物主义——按照马克思的观点，费尔巴哈不仅在历史观上是唯心主义者，而且在总的思想上都是唯心主义者——和在《神圣家族》中曾受到马克思高度评价的英法两国的感性唯物主义以及自然科学的唯物主义。正因为如此，思想变革后的马克思才会那么严厉地批判他思想变革前信奉的费尔巴哈感性唯物主义，认为这种唯物主义实际上依然属于唯心主义；才会那么严厉地批评人们公认的唯物主义形态——自然科学的唯物主义，认为这种唯物主义一旦越出它的专业范围，就会落入意识形态和唯心主义的深渊之中。①

和唯物主义的正统含义以及其他各种含义相比，新唯物主义的基本含义是独特的。新唯物主义的基本含义，没有正统唯物主义含义中的上帝、心灵和物质以及它们之间的关系，没有在那个时代掀起革命浪潮的费尔巴哈感性唯物主义所强调的感性、直观，也没有自然科学的唯物主义的术语，更没有纯粹追求物质利益和物质享受的字眼，有的只是具有马克思主义鲜明特色的乃至为马克思主义所独创或改造的物质生产力、生产关系、物质生产、上层建筑和思想观念以及它们之间的关系。更重要的是，新唯物主义基本含义的主题和内容是不同于上述其他各种唯物主义的。尽管同

---

① 和费尔巴哈一样，马克思也有保留地同意以往各种唯物主义包括正统唯物主义的一些观点。但是，这并不意味着它们就是新唯物主义的基本观点和含义了。并且，马克思是站在新唯物主义的立场上同意进而改造这些观点的。如果不以新唯物主义的基本原则为基础，那么这些观点就不可能成为马克思主义的观点，甚至还会朝错误的方向滑去。

样强调物质性的感性的因素对于思想观念的决定性作用，但新唯物主义所强调的物质性的感性的因素是马克思主义独有的物质生产力与生产关系、物质活动，而不是正统唯物主义的作为心灵之外真实存在的物质性实体的物质，物质主义的物质利益、物质享受，自然科学的唯物主义的自然、物质，费尔巴哈感性唯物主义的感性。完全有理由说，马克思赋予了唯物主义一种新的独特的含义，继费尔巴哈之后再次转变了唯物主义概念的含义。

或许还需要思考和回答这样一个问题：既然新唯物主义的基本含义和唯物主义在西方思想史上的正统含义以及唯物主义的其他含义如此不同，那么马克思为什么还要将自己的理论称为唯物主义呢？对于这个问题，马克思没有提及，因而笔者也难以给出有确凿而充分根据的回答。不过，通过分析马克思的思想及其发展过程，还是可以推测出一些原因的。从一般层面上说，思想史上也经常出现这样的情况：一个概念被赋予了和它的本来含义差别较大甚至完全不同的含义，但思想家们也没有将这种差别很大的含义看作其他概念的含义，而是将其看作该概念的含义；没有使用新的概念，而是沿用原来的概念。马克思的唯物主义概念应该也是如此。至于具体原因，笔者推测，应该是新唯物主义同样也强调物质性的感性的因素对于思想观念的决定性作用，尽管这种物质性的感性的因素根本不同于正统唯物主义。因此，马克思还是把自己的理论认作唯物主义性质的理论。并且，可能为了反对自己的主要对手——在思想理论界占据统治地位的黑格尔唯心主义及其各种变形和衍生物，马克思刻意将自己的理论称为唯心主义的对立面——唯物主义。另外，费尔巴哈的感性唯物主义可能也发挥了作用。由于青年马克思高度赞同过费尔巴哈的感性唯物主义，因此尽管后来马克思根本地超越了感性唯物主义，但马克思将把自己的理论认作唯物主义理论的习惯保留了下来。

第二节 新唯物主义的重要意蕴

新唯物主义不仅有基本含义，而且蕴含着若干重要的意蕴。很多概念除了基本含义外还有其他一些重要的含义，即使严格的学术概念也是如此。新唯物主义同样如此。除了基本含义，新唯物主义也还有其他一些重要含义。这些含义虽然不像基本含义那样是新唯物主义本质的含义，但也从各个维度表达了新唯物主义重要的观点和特征。可以把新唯物主义的这些重要含义称为"意蕴"。不严格地说，可以把基本含义看作新唯物主义的含义。但在严格的意义上，新唯物主义的含义包括基本含义和重要意蕴两个方面，它们共同构成新唯物主义的含义。探讨新唯物主义的含义，不能忽略这些重要的意蕴。

横看成岭侧成峰。任何事物都具有多样的性状；从不同的视角感受和理解事物，其多样的性状就会显露出来。从不同的维度看，新唯物主义具有不同的意蕴。从方法维度看，新唯物主义是分析人类社会历史的唯一科学的方法；从认识维度看，新唯物主义科学地研究和说明现实；从价值维度看，新唯物主义追求崇高的价值和理想；从实践维度看，新唯物主义以现实的活动改变现存世界。

一　方法：分析历史的唯一科学的方法

从方法维度看，新唯物主义具有一个重要的意蕴：它是分析人类社会历史的唯一科学的方法。这一意蕴表明了马克思主义创始人对于自己理论的真理性和价值的自信。我们马克思主义哲学界常说，哲学既是世界观又是方法论。的确，理论本身蕴含着方法的功能。一种理论，当它运用于分析问题的时候就成了方法。从理论的维度看它是理论，从方法的维度看它又是方法。新唯物主义同样具有这个特点，马克思也高度强调了新唯物主义的方法论性质。而且，马克思特别强调新唯物主义是分析人类社会历史的唯一科学的方法。

这集中体现于上文已经引证过的他在《资本论》中所做的那个注释。在马克思看来，"从当时的现实生活关系中引出它的天国形式"是"唯一的唯物主义的方法，因而也是唯一科学的方法"。这个"唯一的唯物主义的方法"就是唯物史观的一个基本观点的运用：一定生产力基础上的生产关系是一定的思想观念（包括宗教）的现实基础，产生、决定一定的思想观念（包括宗教）。并且下文将看到，唯物史观就是马克思的新唯物主义。这就意味着，马克思实际上是在强调新唯物主义——历史唯物主义是分析人类社会历史的唯一科学的方法。可见，分析人类社会历史的唯一科学方法是新唯物主义的重要意蕴。

二　认识：科学地研究和说明现实

从认识维度看，新唯物主义包含着的重要意蕴是科学地研究和说明现实。这一意蕴表达了马克思主义对包括自身的研究在内的所有科学研究的基本要求，可分为以下两点：

其一，新唯物主义科学研究现实。新唯物主义极为注重研究现实。在马克思看来，是真正的现实①（生产力与生产关系、物质活动），而并非思想观念、上层建筑在人类社会历史中起决定性的作用。因此，理论研究必须努力研究现实和现实世界，而不能像传统哲学那样，只是研究思想观念，而不研究现实和现实世界。"须要'把哲学搁在一旁'，须要跳出哲学的圈子并作为一个普通的人去研究现实。"② 显然，在马克思看来，理解和解释人类历史的理论只能从现实中产生，只能从对每个时代的人的现实生活过程和活动的研究中产生。

基于这样的思想，马克思尖锐地批评传统哲学道："哲学和对现实世界的研究这两者的关系就像手淫和性爱的关系一样。"③ "披着社会主义外衣的德国哲学，为了装饰门面，也转向'粗暴的现实'，但是它对现实却始终保持很大的距离，而且歇斯底里地向它怒叱道：不要触犯我！"④ 十分明显，马克思把自己的新唯物主义界定为对现实世界的研究而同传统思辨哲学划清界限。研究现实既是新唯物主义的理论启示，也是马克思获得新唯物主义的方法前提。马克思正是在摆脱了传统哲学思辨而抽象的研究，转向研究现实尤其是特指的、狭义的现实后才得以发现唯物史观，发动思想革命的。没有对现实的研究，就没有唯物史观和新唯物主义。

新唯物主义不仅研究现实，而且科学地研究现实。首先，新唯物主义

---

① 马克思在其文本中所说的现实实际上有泛指和特指、广义和狭义两种不同含义。泛指的和广义的现实与我们现在一般理解的"现实"相同，指人们所处的感性的具体的境遇以至整个世界，同虚幻以及纯粹思想领域相对；而特指的和狭义的现实指的只是物质生产力和生产关系及其矛盾运动、物质活动。在马克思的诸多文本中，不少的"现实"概念都是特指的、狭义的。尤其在《德意志意识形态》中，马克思所说的"现实"大多是这种特指、狭义的现实。

② 《马克思恩格斯全集》第三卷，中央编译局编译，人民出版社1960年版，第262页。

③ 同上。

④ 同上书，第542页。

确立了正确的研究目的。传统哲学总是试图获取普遍必然、永恒不变、终极绝对的真理，总是以为自己已然获得了这种最高真理。在马克思看来，这实际上是唯心主义。新唯物主义自觉认识到并不存在传统哲学家和唯心主义者们孜孜以求的永恒的绝对真理，理论的作用不是无限的而是有限的，理论不过是"对现实的描述……不过是从对人类历史发展的考察中抽象出来的最一般的结果的概括。……只能对整理历史资料提供某些方便，指出历史资料的各个层次的顺序。但是这些抽象与哲学不同，它们绝不提供可以适用于各个历史时代的药方或公式。"①

其次，新唯物主义实证地研究现实。我们知道，依马克思对哲学的理解，他并不认为自己的理论是哲学，而是"真正的实证科学"。"在思辨终止的地方，在现实生活面前，正是描述人们实践活动和实际发展过程的真正的实证科学开始的地方。"② 在马克思看来，传统哲学只是"思辨"，只是"关于意识的空话"，而作为真正的实证科学的新唯物主义，实证地研究人们的"现实生活"，实证地研究"人们实践活动和实际发展过程"，从而获得了"真正的知识"。一句话，作为真正的实证科学的新唯物主义实证地研究现实。在实证地研究现实这一点中，马克思特别强调按照现实的本来面目研究现实。马克思认为，传统哲学总是不按照或不能按照现实的本来面目研究现实，总是有意无意地歪曲现实，陷入对问题的意识形态的理解之中。然而，"只要这样按照事物的真实面目及其产生情况来理解事物，任何深奥的哲学问题都可以十分简单地归结为某种经验的事实。"③显然，在马克思看来，只要按照现实的本来面目研究现实，那些深奥却没有意义的哲学问题就可以得到科学的说明了，思辨哲学就走到了它的尽头，而"真正的实证科学"也就建立起来了。

其二，新唯物主义科学说明现实。在科学地研究现实之后，新唯物主义还科学地说明现实。科学地说明现实是新唯物主义的内在品质和要求之一。马克思特别欣赏黑格尔的一点就是黑格尔具有丰富的实证知识，能够对现实做出较为科学的说明，尽管在根本上和深层的意义上是唯心主义的。马克思在很多地方都表达了这个观点。即使是在猛烈地批判了黑格尔

---

① 《德意志意识形态》（节选本），中央编译局编译，人民出版社2003年版，第18页。
② 同上书，第17页。
③ 同上书，第20页。

的《德意志意识形态》中，马克思也肯定了黑格尔的广泛的实证知识：
"如果人们要像黑格尔那样第一次为全部历史和现代世界创造一个全面的
结构，那末没有广泛的实证知识，没有对经验历史的探究……是不可能
的。"① 在马克思看来，黑格尔虽然是以唯心的方式研究现实，但黑格尔
通过对现实的系统深入地研究获得了关于现实的丰富的实证知识，从而他
对现实的说明是较为科学的。和黑格尔相比，不用说其他毫不关心现实的
哲学家们，即使是一直特别强调感性的感性唯物主义者费尔巴哈对现实的
了解都非常肤浅和粗陋，关于现实的知识都非常贫乏和空疏。恩格斯晚年
在《路德维希·费尔巴哈和德国古典哲学的终结》中再次强调了这一点。
他指出，虽然费尔巴哈一直在强调感性，但自然界和人在费尔巴哈那里都
是空话；和黑格尔相比，费尔巴哈是贫乏的。

　　在马克思看来，包括以往的旧唯物主义在内的全部唯心主义都是
"空谈"，空谈是全部唯心主义的一个基本特征。而全部唯心主义之所以
会陷入空谈的境地，就是因为他们没有科学地研究和说明现实，没有科学
地研究和说明物质生产力与生产关系、物质活动以及它们同思想观念和上
层建筑的关系。马克思和恩格斯有时说黑格尔的哲学在形式上是唯心的而
在内容上是唯物的，指的就是黑格尔比较科学地研究和说明了现实。不
过，即使是黑格尔离新唯物主义的要求也还有很长的距离，只有新唯物主
义才真正科学地研究和说明了现实。可见，科学地研究和说明现实也是新
唯物主义的一个内在的重要意蕴，并使之同全部唯心主义区别开来。

三　价值：追求崇高的价值和理想

　　从价值维度看，新唯物主义也包含一个重要的意蕴：追求崇高的价值
和理想。这一意蕴表达了马克思主义崇高的价值追求和理想信念，可以分
为以下两个层次：

　　其一，新唯物主义追求崇高的价值和理想。如第一章所述，唯物主义
这一概念从产生伊始就同纯粹追求物质利益、物质享受的物质主义、实利
主义和享乐主义等结下了不解之缘，普通民众甚至一些思想家经常把唯物
主义等同于物质主义、实利主义和享乐主义。同样，从新唯物主义诞生之
日起，资产阶级就从来没有停止过对新唯物主义的这种误解和曲解，并且

---

　　① 《马克思恩格斯全集》第三卷，中央编译局编译，人民出版社1960年版，第190页。

更加激烈和严重。他们以为甚至故意抹黑新唯物主义——无产阶级的唯物主义只是以满足鄙俗的需要为目的的粗野的唯物主义，而只有他们的唯灵论才追求崇高的价值和理想。马克思严厉批判了资产阶级对无产阶级的唯物主义的这种严重错误的看法和说法，他热血沸腾地写道："整个客观世界，'物质财富世界'，在这里不过是作为从事社会生产的人的因素，不过是作为从事社会生产的人的正在消失而又不断重新产生的实践活动而退居次要地位。请把这种'理想主义'同……麦克库洛赫的著作中变成的粗野的物质拜物教比较一下，在他的著作中，不仅人和动物的区别不见了，甚至连有生物和物之间的区别也不见了。让人们还去说什么在崇高的资产阶级政治经济学的唯灵论面前，无产阶级反对派所鼓吹的只是以满足鄙俗的需要为目的的粗野的唯物主义吧！"①

　　我们看到，针对资产阶级的误解和指责，马克思强调，无产阶级的唯物主义绝不是以满足鄙俗需要为目的的粗野的唯物主义；恰恰相反，新唯物主义追求崇高的价值和理想，以实现崇高的价值和理想作为自己的奋斗目标。新唯物主义的最高价值和理想就是实现无产阶级和全人类的解放和自由，实现每个人的全面自由发展。新唯物主义的每一个思想纲领、策略行动都以这个最高目标为指引。可见，新唯物主义者不仅不是庸俗的物质主义者；恰恰相反，新唯物主义者是真正的"理想主义"者。而资产阶级的"唯灵论"表面上追求理想，但实际上，这种资产阶级的理论才是把人变成了物，才是"粗野的物质拜物教"。这个愤怒的呐喊是马克思对这种对于新唯物主义长期的曲解和误解的痛斥。在这里，我们看到了一个和青年时期截然不同的马克思，青年时期对唯物主义的物质主义理解和激烈批判不见了踪影。

　　其二，新唯物主义科学追求崇高的价值和理想。新唯物主义不仅追求崇高的价值和理想，而且科学地追求崇高的价值和理想。事实上，并不只是新唯物主义才追求崇高的价值和理想，绝大多数的唯物主义和唯心主义也都追求高尚的价值和理想。尽管所追求的价值和理想的具体内容各不相同，但在追求高尚的价值和理想这一点上是一致的。所以，虽然所追求的高尚的价值和理想的具体内容相比其他的各种理论也有一定的优越之处，

---

　　① 《马克思恩格斯全集》第二十六卷，第三册，中央编译局编译，人民出版社1974年版，第294页。

但新唯物主义超出其他各种理论的地方更在于：只有新唯物主义才科学地追求崇高的价值和理想。以往的各种理论尽管也都渴望实现高尚的价值和理想，但它们都无法实现自己所追求的价值和理想，因为它们都没有能够找到实现高尚价值和理想的科学道路。只有按照新唯物主义的理论和纲领行动，才能真正实现崇高的价值和理想。从上可见，科学地追求崇高的价值和理想也是新唯物主义的一个重要意蕴。

四　实践：以现实的活动改变现存世界

新唯物主义还有一个极其重要的意蕴，就是实践维度的意蕴。从实践维度看，新唯物主义强调以现实的活动改变现存世界。实践维度意蕴的这种重要性是由马克思主义及其哲学的根本目的和基本性质决定的，而这一意蕴也清晰地显示了马克思主义及其哲学的根本目的和基本性质。

在马克思看来，以黑格尔、青年黑格尔派为主要代表的全部唯心主义（包括本质上属于唯心主义的费尔巴哈感性唯物主义）认为，只要批判这些错误的思想观念而代之以正确的思想观念就可以消灭现存的东西，将人们从不合理的现实中解放出来。因而，以青年黑格尔派为代表的全部唯心主义者都认为解决问题的关键在于批判错误思想，进行思想革命。马克思严厉批判了青年黑格尔派的这种"思想革命论"："既然这些青年黑格尔派认为，观念、思想、概念……是人们的真正枷锁……那么……只要同意识的这些幻想进行斗争就行了。……这种改变意识的要求，就是要求用另一种方式来解释存在的东西，也就是说，借助于另外的解释来承认它。……尽管满口讲的都是所谓'震撼世界的'词句，却是最大的保守派。……既然他们仅仅反对这个世界的词句，那么他们就绝对不是反对现实的现存世界。"[①] 质言之，青年黑格尔派所进行的只是思想的革命、词句的活动，而不是现实的革命、现实的活动，从而根本无法改变现存世界，甚至是以另一种方式维护不合理的现存世界。

与之不同，新唯物主义认为，人们产生错误的思想观念的原因并不在于思想观念本身，而在于不合理的现实世界，最根本的是落后的生产力与不合理的生产关系。因此，问题的关键并不是进行思想革命，而是以现实的活动改变现存世界。只是进行思想革命是永远都不可能消灭现存的东西

---

① 《德意志意识形态》（节选本），中央编译局编译，人民出版社 2003 年版，第 9—10 页。

将人们解放出来的，只有现实的活动才能真正消灭现存的统治人们的力量，将人们解放出来。马克思所强调的这种现实活动、感性活动、物质活动主要有两类：物质生产实践和革命实践。马克思认为，只有一方面大力进行生产实践，发展物质生产力；另一方面积极进行革命实践，改造生产关系，才能从根本上消灭资本主义制度，根本改变不合理的社会现实，从而根本改变人们错误的思想观念。

"如果他们把哲学、神学、实体和一切废物消融在'自我意识'中，如果他们把'人'从这些词句的统治下——而人从来没有受过这些词句的奴役——解放出来，那么'人'的'解放'也并没有前进一步；只有在现实的世界中并使用现实的手段才能实现真正的解放……'解放'是一种历史活动，不是思想活动，'解放'是由历史的关系，是由工业状况、商业状况、农业状况、交往状况促成的。"① 在这段话中马克思强调的是进行生产劳动实践、发展生产力，只有生产力发展到一定的程度，才能从根本上将人们解放出来。"实际上，而且对实践的唯物主义者即共产主义者来说，全部问题都在于使现存世界革命化，实际地反对并改变现存的事物。"② 在这句名言中，马克思又强调革命实践的作用，表明了新唯物主义者以革命实践改变不合理的现存世界的决心。而马克思批评费尔巴哈的这句经典话语则把这两种实践的重要性都论及了："正是在共产主义的唯物主义者看到改造工业和社会制度的必要性和条件的地方，他却重新陷入唯心主义。"改造工业，是进行生产实践、发展生产力；改造社会制度，是进行革命实践，改变生产关系。简言之，新唯物主义认为必须以现实的活动改变现存世界。

作为实践的唯物主义者，新唯物主义者不仅在理论上认识到改变现实的活动的重要性，必须以现实的活动改变现存世界，而且始终坚持把理论观点落实到现实的实践上，实际地进行改变现存世界的现实活动。本来，按照西方思想理论的传统，作为理性思维形式的思想理论与理论活动是现实与实践的"对立面"，在思想理论与理论活动和现实与实践之间有着严格的分野。而唯物主义思想作为一种典型的甚至最为纯粹的思想理论更加远离现实的实践。同样，在马克思看来，理性的理论与理论

---

① 《德意志意识形态》（节选本），中央编译局编译，人民出版社 2003 年版，第 18—19 页。
② 同上书，第 19 页。

活动——理性思维活动和感性的现实与实践——感性对象性活动也是两个不同的系列。按照这种逻辑，作为理论的新唯物主义本来也和现实实践活动沾不上边。

然而，马克思却将新唯物主义同现实的实践紧密地联系在了一起，把以现实的实践活动改变现存世界作为新唯物主义的一个基本要求和重要意蕴。在马克思看来，仅仅停留在理论上认识到必须以现实的活动改变现存世界远远不够，甚至依然停留于唯心主义的泥潭之中，而只有将这种认识付诸实践，实际地进行改变世界的现实活动，才是真正的唯物主义。因此，正如恩格斯所指出的那样，马克思非常关注科学的发展，因为科学的发展能够促进生产实践、生产力的重大变革和发展。当然，马克思不可能亲身参加到现实的物质生产实践中。但是，对于革命实践活动，马克思就一次次地积极投入其中了。马克思甚至把实际的革命活动看得比理论的革命更为重要，每当认为到了可以开展革命运动的时候，他就会毫不犹豫地冲出书房投身革命运动。马克思的一生是革命的一生，一生中不懈的革命活动就是对作为"实践的唯物主义者"的他的这样的思想的自觉践履。可见，以现实的活动改变现存世界无可置疑地是新唯物主义的重要意蕴之一。

以上就是新唯物主义在方法、认识、价值和实践四个维度上的意蕴。这些意蕴既是"是"又是"应当"。一方面，新唯物主义具有这些特点；另一方面，新唯物主义又始终以这些目标和要求规范自身。这四个重要意蕴鲜明表达了新唯物主义的重要观点和特征，同新唯物主义基本含义所表达的思想方向一致并相互补充。并且，它们也是其他唯物主义所没有或缺乏的，也是新唯物主义独有的。因此，新唯物主义的这些重要意蕴和新唯物主义的基本含义一道共同构成了新唯物主义的独特含义。独特的基本含义加上同样独特的重要意蕴，让新唯物主义的历史唯物主义的含义更加独特。这样，我们就比较全面地把握了新唯物主义的含义。和以往对新唯物主义的本质持历史唯物主义理解却仍然对新唯物主义的含义持辩证唯物主义理解的学者们不同，本书将新唯物主义的含义理解为历史唯物主义的含义，而不再是辩证唯物主义的含义，从而将对新唯物主义的历史唯物主义理解坚持到底，而不再是"半吊子"的历史唯物主义。这是值得特别说明的。

第三节　对其他唯物主义含义的理解

在导论中，笔者给自己提出的任务是，在马克思本人看来，唯物主义的含义是什么？亦即，马克思本人是如何理解和规定新唯物主义含义的？至此，虽然研究清楚了马克思本人所理解和规定的新唯物主义的含义，但马克思所理解的唯物主义的含义还没有全部研究清楚。之所以说还没有全部研究清楚而非还全部没有研究是因为——正如上文已经强调过的那样——在思想成熟时期的马克思心中，严格地说，只有新唯物主义才是唯一真正的唯物主义。因此，作为唯一真正的唯物主义形态的含义，新唯物主义的含义才是唯一真正的唯物主义的含义，从而新唯物主义的含义也就是思想成熟时期的马克思所理解和规定的唯物主义的含义。不过，在宽泛的意义上，马克思承认那些不彻底的唯物主义思想也是唯物主义的思想。从而，思想成熟时期的马克思所理解的唯物主义的含义也是多样的。因此，还需要简要考察马克思对这些不彻底的唯物主义的含义的理解，以更加全面地把握马克思对唯物主义含义的理解，也可以让我们更为自觉地区分有着根本不同的新唯物主义的含义和马克思所理解的其他各种唯物主义的含义。显然，在过去的一百多年中我们马克思主义阵营也没有专门进行过这一工作。特别是对于对新唯物主义的含义持正统的辩证唯物主义的理解的人们而言，这一任务更是根本不可能有的。因为，既然唯物主义在西方哲学史上只有一种含义，那么，马克思怎么可能会对唯物主义的含义有其他不同的理解呢？

同样依据马克思的文本考察思想成熟之后的马克思对新唯物主义之外的其他各种唯物主义含义的理解。在思想成熟时期，马克思零星论述过的其他唯物主义主要有五种：资产阶级拜物教的唯物主义、庸人的唯物主义、自然科学的唯物主义、追求和重视物质利益和物质因素的唯物主义和费尔巴哈的感性唯物主义。对于这五种唯物主义，马克思论述的程度不尽相同，有的给予了一定论述，尚可以把握他对其含义的理解；而有的只是简单提及，实在难以把握他对其含义的理解。

一　资产阶级拜物教的唯物主义

上文已两次提及，唯物主义概念从产生伊始就同纯粹追求物质利益、物质享受的物质主义、实利主义和享乐主义等结下了不解之缘。新唯物主义诞生之后，资产阶级对新唯物主义的这种误解和曲解更加严重。他们把无产阶级的唯物主义斥为只是以满足鄙俗需要为目的的粗野的唯物主义，把新唯物主义扣上物质主义、实利主义和享乐主义的"帽子"。马克思不仅在上文已经引证过的《剩余价值理论史》手稿中严厉痛斥了资产阶级的这种误解和曲解，更是在《1857—1858年经济学手稿》中针锋相对地指出资产阶级的理论不仅不是像他们自我标榜的那样是理想主义、唯灵论，相反才是彻头彻尾的物质主义、粗俗的唯物主义，甚至拜物教。

在引述李嘉图对固定资本和流动资本的界定和区分之后，马克思对其做了十分严厉的批判："经济学家们把人们的社会生产关系和受这些关系支配的物所获得的规定性看作物的自然属性，这种粗俗的唯物主义，是一种同样粗俗的唯心主义，甚至是一种拜物教，它把社会关系作为物的内在规定归之于物，从而使物神秘化。"① 在马克思看来，李嘉图对固定资本和流动资本的界定和区分严重错误。李嘉图错误的关键在于没有发现生产关系对于资本分为固定资本和流动资本的决定性作用，从而没有将生产关系作为区分固定资本和流动资本的决定性因素，却以为物的自然属性起了决定作用，把物的自然性质作为区分固定资本和流动资本的决定性因素。马克思认为，资产阶级经济学家们的这种做法实际上是把生产关系的决定性作用归之于物，使之变成物的作用，并且当作物的自然属性。可以看出，在马克思心目中，资产阶级这种粗俗的唯物主义的主要观点和做法就是将生产关系的决定性作用当作物的内在规定和自然属性，将生产关系的决定性作用当作物的内在规定和自然属性而归之于物的结果，使物仿佛具有了决定一切的力量，从而把物神秘化。因此，马克思继而指出资产阶级的这种粗俗的唯物主义是一种拜物教。

唯物主义和唯心主义不是只有在本体论问题和意义上才成立吗？怎么会有一种这样的唯物主义？然而，马克思对资产阶级拜物教的唯物主义的这一论述表明，在马克思那里，不仅有本体论问题和意义上的唯物主义，而且也有其他问题和意义上的唯物主义；唯物主义不仅可以在对本体论问

---

① 《马克思恩格斯全集》（第二版）第三十一卷，中央编译局编译，人民出版社1998年版，第85页。

题的回答中生成，而且也可以在对其他问题的回答中生成。这就破除了传统教科书理解模式认为唯物主义和唯心主义只是在本体论问题和意义上才能成立、才有意义的正统观点。当这种马克思主义哲学的正统理解模式强调唯物主义这个概念只能在哲学基本问题的第一个方面亦即本体论问题上使用，在其他问题和意义上使用是错误的时候，他们可能没有想到马克思主义哲学的创始人也犯了这样的错误。

唯物主义和唯心主义不是绝对对立的吗？一种思想理论，是唯物主义的就不能是唯心主义的，是唯心主义的就不能是唯物主义的。马克思怎么会说资产阶级的这种唯物主义又是唯心主义，在本质上等同于唯心主义？唯物主义怎么能等同于唯心主义呢？然而，事实是，由于唯物主义和唯心主义并不一定就是本体论意义上的，因此唯物主义和唯心主义也并不一定就截然对立。这又破除了传统教科书理解模式的一个基本观点。

尽管马克思之前的唯物主义有各种各样的毛病，但是作为同唯心主义相对立的思想难道不是在基本立场和性质上是正确的吗？怎么会有如此基本立场和性质如此错误的唯物主义？并且还是从马克思口中说出来的！这不能不让我们吃惊。其实事情也不复杂，传统教科书理解模式所认为的全部唯物主义思想在基本立场和性质上都是正确的这一观点并不能成立。这再次破除了传统教科书理解模式的一个基本观点。

二　庸人的唯物主义

除了这种丑陋的资产阶级拜物教的唯物主义之外，马克思还描绘了一种滑稽的庸人的唯物主义。在 1853 年 9 月 15 日致阿道夫·克路斯的信中，马克思批评了佩舍等人的庸俗唯物主义："佩舍……对可笑的'怪人''阶级斗士'庸俗地进行挖苦，而自以为机智……把这些发明唯物观点的庸俗的格普—佩舍好好挖苦一顿；他们的唯物主义实际上是庸人的唯物主义。"① 马克思在这里批判的对象是佩舍和格普于 1852 年在纽约出版的《新罗马·世界合众国》一书以及佩舍在 1853 年 9 月 3 日的《新英格兰报》上发表的文章《论"阶级斗士"》。

显然，在马克思看来，佩舍等人的唯物主义又是一种需要严厉批评的

---

① 《马克思恩格斯全集》第二十八卷，中央编译局编译，人民出版社 1973 年版，第 599 页。

表面上像唯物主义（真正科学的唯物主义——新唯物主义意义上的）、实际上和新唯物主义截然对立的唯物主义。马克思对于这种庸人的唯物主义的论述再次说明，在马克思那里，有多种不同的唯物主义形态，存在多种不同意义上的唯物主义，而不仅仅是本体论意义上的。并且从马克思用在佩舍等人及其唯物主义上的形容词：两个"庸俗"和一个"庸人"还可以看出马克思对这种庸人的唯物主义相当气愤！这同样再次说明，至少在马克思那里，唯物主义并不像传统教科书理解模式所认为的那样在基本立场、性质上一定正确。

三 自然科学的唯物主义

在思想成熟时期，马克思还数次提到了一种历史悠久的唯物主义形态——自然科学的唯物主义。这种自然科学的唯物主义伴随近代自然科学的产生和发展而逐步形成和发展起来，是诸多自然科学家以及普通民众自觉或不自觉的理论前提。并且，它同正统的唯物主义形态——形而上学意义上的唯物主义是相近的，可以视它们为表兄弟。在思想成熟时期，马克思至少三次提到了自然科学的唯物主义。第一次是在《政治经济学批判》的导言手稿中，马克思确定提要打算论述"自然主义的唯物主义"同新唯物主义的关系。马克思写道："对这种见解中的唯物主义的种种非难。同自然主义的唯物主义的关系。"[①]"自然主义的唯物主义"和马克思后来所说的自然科学的唯物主义一致，而"这种见解中的唯物主义"指的是新唯物主义。第二次是上文多次引证过的马克思在《资本论》第一卷中论述了唯一真正的唯物主义的方法之后对自然科学的唯物主义所作的严厉批评。"那种排除历史过程的、抽象的自然科学的唯物主义的缺点，每当它的代表越出自己的专业范围时，就在他们的抽象的和意识形态的观念中显露出来。"[②] 第三次则是马克思在 1868 年 12 月 12 日致恩格斯的信中对赫胥黎的演讲所作的评论："赫胥黎最近在爱丁堡所作的演讲，再次表现

---

① 《马克思恩格斯全集》（第二版）第三十卷，中央编译局编译，人民出版社 1995 年版，第 51 页。

② 《马克思恩格斯全集》（第二版）第四十四卷，中央编译局编译，人民出版社 2001 年版，第 429 页。

出比近几年更具有唯物主义的精神。"①　马克思在这里所说的赫胥黎的演讲是赫胥黎于 1868 年 11 月 8 日所作的演讲《论生命的物质基础》。从这一演讲题目可以看出，马克思所评论的赫胥黎的唯物主义也是自然科学的唯物主义。由于对这种自然科学的唯物主义没有更直接、深入的论述，我们无法准确概括马克思对其含义的理解，只能判断马克思对其含义的理解同西方思想界对其含义的理解和规定大体一致。

四　注重物质利益和物质因素的唯物主义

在马克思思想成熟时期的论述中，还有一种注重物质利益和物质因素的唯物主义。这种唯物主义的性质比较复杂和特殊，可以说它具有双重的性质，能够向不同方向发展：既可以变成纯粹追求物质利益、物质享受的物质主义、实利主义，也可以初步为历史编纂学提供唯物主义基础，接近科学的唯物主义。在写于 1852 年的《流亡中的大人物》中，马克思和恩格斯风趣地描绘了马克思早期的同路人也是当时德国重要的哲学家卢格在伦敦的悲惨遭遇："卢格……到处碰壁，原因是英国人过于唯物，无法理解德国的哲学。"②　看到马克思、恩格斯的这个说法，我们很容易联想起他们在《德意志意识形态》以及其他著作中多次论述过的英国、法国同德国的民族性的重大差异。德国人只关心纯粹的思想，而英国人和法国人尤其英国人注重现实的物质利益。马克思、恩格斯在这里说英国人过于唯物，就是指英国人不像德国人那样只关心纯粹的思想而是注重现实的物质利益。

在写于 1860 年的《福格特先生》一书中，马克思同样讽刺了福格特："我宁愿相信福格特所说的下面的话：'……我今后仍将努力谋取达到我的政治目的所需要的钱，由于意识到自己的事业的正义性，我今后仍将从我能够拿到钱的地方拿钱'……政治目的！……这是德国人对粗卤的唯物主义的英国人所称为'现世的福利'的唯心主义的说法。"③　显然，马克思这里所说的英国人的粗鲁的唯物主义还是指注重现实的物质利

---

① 《马克思恩格斯全集》第三十二卷，中央编译局编译，人民出版社 1975 年版，第 213 页。

② 《马克思恩格斯全集》第八卷，中央编译局编译，人民出版社 1961 年版，第 315 页。

③ 《马克思恩格斯全集》第十四卷，中央编译局编译，人民出版社 1964 年版，第 621 页。

益——"现世的福利"，而福格特也还是照着德国人的秉性将这种"现世的福利"以"唯心主义"的方式说了出来。显然，在注重物质利益这一点上，英国人和法国人的这种唯物主义接近于物质主义、实利主义。不过，英国人和法国人这种注重物质利益的特性也让他们有可能触及历史的唯物主义基础。上文已经引证，马克思认为，和德国历史编纂学不同，英国和法国的历史编纂学"作了一些为历史编纂学提供唯物主义基础的初步尝试"。显然，马克思肯定了英法两国的历史编纂学对社会历史中的物质因素的作用的重视。这种做法符合新唯物主义的基本原则。当然这种较为素朴的唯物主义的做法同新唯物主义有本质的差别和巨大的差距，还远不能达到新唯物主义的水平，甚至它的众多观点和做法是新唯物主义必须批判和超越的对象。

五　费尔巴哈的感性唯物主义

在思想成熟时期，在新唯物主义之外，马克思论述得最多的唯物主义就是我们也最为熟悉的费尔巴哈唯物主义了。但是，同样必须指出，正如在 1843 年至 1844 年间马克思所理解的费尔巴哈的唯物主义是感性唯物主义一样，在思想成熟时期的马克思的心中，费尔巴哈的唯物主义也是感性唯物主义，而并非传统教科书理解模式所认为的是自然唯物主义或一般唯物主义。

新世界观的天才萌芽、历史唯物主义的起点——《关于费尔巴哈的提纲》既是思想变革之后的马克思站在新唯物主义这一更高的理论平台上对费尔巴哈哲学的反思和批判，同时也是马克思对自己思想变革前的哲学思想的反思和批判。因此，此时的他对费尔巴哈唯物主义的理解应该是冷静和准确的。马克思得出了这个我们很熟悉的结论："从前的一切唯物主义（包括费尔巴哈的唯物主义）的主要缺点：对对象、现实、感性，只是从客体的或者直观的形式去理解，而不是把它们当作感性的人的活动，当作实践去理解，不是从主体方面去理解。"[1] 这个总结表明，在马克思看来，包括费尔巴哈在内的从前的一切唯物主义都研究对象、现实、感性。也就是说，对象、现实、感性是从前的一切唯物主义的主要研究对

---

[1] 《马克思恩格斯选集》（第二版）第一卷，中央编译局编译，人民出版社 1995 年版，第 54 页。

象。并且，马克思指出，以往的唯物主义的错误不在于它们研究对象、现实、感性，而只在于它们不能正确地理解对象、现实、感性。如果以往的唯物主义把对象、现实、感性当作人的感性活动、实践去理解，那么它们就和新唯物主义一致了。

马克思继续分析费尔巴哈哲学道："费尔巴哈想要研究跟思想客体确实不同的感性客体：但是他没有把人的活动本身理解为对象性的活动。"①"费尔巴哈不满意抽象的思维而喜欢直观；但是他把感性不是看作实践的、人的感性的活动。"②"直观的唯物主义，即不是把感性理解为实践活动的唯物主义至多也只能达到对单个人和市民社会的直观。"③ 这三句著名评论可以让我们更加清楚地看出马克思认为作为全部旧唯物主义最高成果的费尔巴哈唯物主义的主要研究的是感性和直观。并且第一句表明，在马克思看来，重视和研究感性客体、感性还是费尔巴哈唯物主义相对于唯心主义的重大进步之处。由此可见，在《关于费尔巴哈的提纲》中，马克思和笔者一样认为费尔巴哈的哲学和唯物主义研究的重点是感性和直观。

在《德意志意识形态》中，马克思更为详细地论述了费尔巴哈的唯物主义，也更为清晰地显示了他对费尔巴哈唯物主义的感性唯物主义理解。这里仅引证几段最具代表性的论述。"费尔巴哈的错误不在于他使眼前的东西即感性外观从属于通过对感性事实作比较精确的研究而确认的感性现实，而在于他要是不用哲学家的'眼睛'……观察感性，最终会对感性束手无策。"④ 显然，在马克思和恩格斯看来，费尔巴哈的主要工作就是以哲学家的眼睛——感性直观来观察感性现实。尽管马克思、恩格斯认为费尔巴哈的这种做法根本无法科学理解社会历史的现实，但完全可以从他们对费尔巴哈主要工作的这一评价看出，他们心目中的费尔巴哈唯物主义是重视感性和直观的感性唯物主义。

"费尔巴哈对感性世界的'理解'一方面仅仅局限于对这一世界的单

---

① 《马克思恩格斯选集》（第二版）第一卷，中央编译局编译，人民出版社1995年版，第54页。

② 同上书，第56页。

③ 同上书，第57页。

④ 《德意志意识形态》（节选本），中央编译局编译，人民出版社2003年版，第20页。

纯的直观；另一方面仅仅局限于单纯的感觉。"① "费尔巴哈比'纯粹的'唯物主义者有巨大的优越性：他也承认人是'感性的对象'。但是……他把人只看作是'感性的对象'，而不是'感性的活动'。"② 这两段论述所指出的费尔巴哈哲学的主要工作也清楚显示了马克思对费尔巴哈唯物主义的理解。很显然，马克思认为费尔巴哈哲学的主要工作就是对感性的对象③进行哲学直观。这确实是费尔巴哈感性唯物主义的主题。可见，作为费尔巴哈曾经的"信徒"，马克思很准确地把握了费尔巴哈的感性唯物主义。

看到这里，学者们或许会提出这样的反对意见：在《德意志意识形态》中，马克思和恩格斯说"当费尔巴哈是一个唯物主义者的时候，历史在他的视野之外；当他去探讨历史的时候，他决不是一个唯物主义者。在他那里，唯物主义和历史是彼此完全脱离的"，④ 这说明，马克思认为费尔巴哈的唯物主义是自然唯物主义。在这些学者看来，既然费尔巴哈是一个唯物主义者，但不是历史唯物主义者，不能科学地研究和说明历史，那么他就只能是自然唯物主义者，他的唯物主义只能是自然唯物主义。笔者认为，这种成为定论的理解实际上并不准确。

首先，一种唯物主义不是历史唯物主义就是自然唯物主义的观点并不能成立。人们过去一直认为，在马克思主义的唯物主义产生之前，所有旧唯物主义都只是自然唯物主义。然而，对思想史的考察表明，除了正统的形而上学、本体论意义上的唯物主义形态之外，在思想史上实际上还有多种其他特殊的唯物主义形态。费尔巴哈的感性唯物主义就是一个典型例子。因此，马克思之前的唯物主义并不必然就是自然唯物主义。

其次，上文相关部分的考察和分析说明：自从理解和赞同了费尔巴哈的哲学和唯物主义之后，马克思一直把费尔巴哈的唯物主义理解为感性唯物主义，包括在《德意志意识形态》中。马克思几乎不可能在这种对费尔巴哈的唯物主义进行总的论述的地方突然将其说成自然唯物主

---

① 《德意志意识形态》（节选本），中央编译局编译，人民出版社 2003 年版，第 20 页。

② 同上书，第 22 页。

③ 感性的对象也包括人。"纯粹"的唯物主义者只承认感性、实体性的物质是感性对象，不把人看作感性的对象。

④ 《德意志意识形态》（节选本），中央编译局编译，人民出版社 2003 年版，第 22 页。

义。并且，更为重要的是，如果把上引这段话中的费尔巴哈的唯物主义理解为感性唯物主义，整段话完全可以说得通。当费尔巴哈是感性唯物主义者的时候，真正的世俗的历史（物质生产力与生产关系、物质活动）在费尔巴哈的视野之外（这是马克思在《德意志意识形态》和《关于费尔巴哈的提纲》中着重强调和反复分析的）；当作为感性唯物主义者的费尔巴哈去探讨历史的时候，费尔巴哈绝不是一个真正的唯物主义者（因为他的感性唯物主义不是真正科学的唯物主义——历史唯物主义，面对社会历史问题的时候，费尔巴哈的这种感性唯物主义在深层次上仍然属于唯心主义）。总之，费尔巴哈的感性唯物主义和真正的历史彼此隔离。这是费尔巴哈感性唯物主义的根本问题所在，也是新唯物主义批判和超越其的根本之处。和唯一科学的、真正的唯物主义相比，费尔巴哈感性唯物主义的根本局限就在于不能科学地剖析现实的历史，尤其是物质生产力与生产关系、物质活动。可见，将这段话中的费尔巴哈的唯物主义界定为感性唯物主义完全可以成立。

最后，如果不局限于这段话，而是结合上下文看，就可以更清楚地理解这段话中的费尔巴哈唯物主义是感性唯物主义。在这段话的上文，马克思很明显是在分析费尔巴哈感性唯物主义的主要观点、它相对于"'纯粹的'唯物主义"的优点和它的根本局限。在这段话的下文，马克思展开了对自己的新唯物主义思想的具体阐述。可以推断，这段话是马克思和恩格斯以新唯物主义——历史唯物主义对费尔巴哈感性唯物主义的总的概括和批判。综上，这段话中的费尔巴哈的唯物主义就是感性唯物主义，整段话的目的就是对费尔巴哈感性唯物主义做总的概括和批判。它的语言是隽永的，然而语言的隽永却在一定程度上造成对它的意思的误解。

因不满布鲁诺·鲍威尔对费尔巴哈的诘难，而为费尔巴哈所做的下面这个辩护则不仅表明马克思将费尔巴哈的唯物主义理解为感性唯物主义，而且表明已经发生思想变革、形成新世界观的马克思仍然相当看重费尔巴哈以及他的感性唯物主义。布鲁诺·鲍威尔"反对费尔巴哈的感性的怒气冲冲的论战……布鲁诺完全不是反对费尔巴哈用以承认感性的那种极端有限的方法。费尔巴哈的失败的尝试，作为一种想跳出意识形态的尝试，在他看来乃是一种罪恶。"① 可以看出，马克思看重费尔巴哈的地方就在于费尔巴哈特别重视和强调感性和直观，并以感性和直观反抗思辨哲学的思辨和抽象；马克思看重费尔巴哈的地方正在于费尔巴哈的唯物主义是感性唯物主义而非正统的自然唯物主义。马克思甚至认为，费尔巴哈的感性唯物主义——承认和强调感性与直观是一种跳出以黑格尔哲学以及青年黑格尔派哲学为主要代表的意识形态的尝试，尽管失败了。和其他青年黑格尔派成员相比，马克思多么看重和维护费尔巴哈啊！由此也可看出，马克思是多么赞同费尔巴哈转向感性、现实的做法啊！

综上可见，马克思不仅在思想变革之前把费尔巴哈的唯物主义理解为人本主义的感性唯物主义，而且在思想变革之后也把费尔巴哈的唯物主义理解为感性的直观的唯物主义。虽然较之《1844 年经济学哲学手稿》和《神圣家族》，思想成熟后的马克思对费尔巴哈感性唯物主义的态度和评价发生了很大改变，但对其含义和本质的理解却没有改变。请对费尔巴哈的哲学和唯物主义持传统理解的人们注意，马克思是把费尔巴哈的唯物主义理解为感性唯物主义的，而不是自然唯物主义。值得一提的是，思想成熟时期的马克思对费尔巴哈唯物主义及其含义的这种感性唯物主义的理解还有力地佐证了本书对费尔巴哈尤其是《关于哲学改造的临时纲要》和《未来哲学原理》中的费尔巴哈赋予唯物主义以感性唯物主义的含义的论断。

以上五种含义就是思想成熟时期的马克思所理解的新唯物主义之外的唯物主义的含义。可以看出，对于上述五种唯物主义含义的理解和规定，马克思有的是依照学术界的传统和习惯，如自然科学的唯物主义、注重物质利益和物质因素的唯物主义；有的是依照他自己在思想发展过程中对唯物主义含义的理解，如费尔巴哈感性唯物主义的含义；有的则是他的新用法，赋予了新含义，如资产阶级拜物教的唯物主义、庸人的唯物主义。可见，和费尔巴哈一样，马克思也赋予了唯物主义概念不止一种新的特殊含义，但没有作出明确说明。这样，我们可以更加坚信：唯物主义在思想史上并非只有其正统含义一种含义，而是具有多种不同的含义；思想成熟时期的马克思所理解的唯物主义的含义也并非只有一种，而

① 《马克思恩格斯全集》第三卷，中央编译局编译，人民出版社 1960 年版，第 98 页。

是多种。

马克思思想成熟时期对上述五种唯物主义含义的理解和规定至少说明以下几点：在马克思看来，唯物主义和唯心主义不仅可以在哲学中而且也可以在经济学这样的实证科学中产生；唯物主义和唯心主义并不是只有在本体论问题和意义上才能成立，在其他问题和意义上同样可以产生；即使在基本立场、性质上，唯物主义思想也并不一定就是正确的，也有根本错误的唯物主义思想；唯物主义和唯心主义并不必然绝对对立，也可能相互转化。很显然，马克思对唯物主义和唯心主义的这些理解和传统教科书理解模式的相关说法大不相同。

第四节　新唯物主义的总体特征

上文通过考察得出结论：马克思赋予了新唯物主义一种崭新的独特的含义；新唯物主义的含义（包括基本含义和重要意蕴）根本不同于唯物主义的正统含义和其他各种含义。应该说，我们已经基本完成了对论题的探求。但是，哲学追根究底的本性和不断探索的精神又要求我们不能就此止步。我们至少还必须继续思考这样一个重要问题：新唯物主义的含义为什么会根本不同于唯物主义的正统含义呢？在笔者看来，关键的原因在于，马克思的新唯物主义是一种同唯物主义的正统形态——与形而上学意义上的唯物主义异质的唯物主义，它并不是正统的形而上学意义上的唯物主义，而是一种崭新的唯物主义形态。正是新唯物主义在总体特征上同正统唯物主义的这种异质造成了新唯物主义的含义和唯物主义的正统含义的根本不同。因此，尽管本书的主题是新唯物主义的含义，但是我们还是需要简要分析一下新唯物主义的总体特征。

一　唯物史观就是马克思的新唯物主义

在分析新唯物主义的总体特征之前，还必须正确认识这样一个前提性问题：什么是马克思的新唯物主义？或者说，马克思本人指认的新唯物主义到底是哪些理论内容？正确认识这一问题是分析新唯物主义总体特征的前提；不研究清楚或者错误回答这个问题，就不可能准确把握新唯物主义的总体特征。正如下文将看到的那样，如果将新唯物主义理解为传统教科书理解模式所说的辩证唯物主义世界观，那么它的总体特征就不可能和正统唯物主义有太大区别。与正统的辩证唯物主义和历史唯物主义理解模式不同，笔者认为，马克思的新唯物主义并不是这种辩证唯物主义世界观；相反，一直被传统教科书理解模式当作辩证唯物主义总的世界观分支之一的唯物主义历史观就是马克思总的思想，就是马克思的新唯物主义世界观，就是马克思的新唯物主义。因此，新唯物主义是同正统的形而上学意义上的唯物主义异质的历史唯物主义。本书从马克思对唯物史观的自我定位路径论证这一观点。诸多重要论述清晰地表明思想变革后的马克思一直把唯物史观认作自己总的新唯物主义思想。我们深入细致地分析一下这些论述。

第一个论据出现在《德意志意识形态》中，马克思指出：

> 由于费尔巴哈揭露了宗教世界是世俗世界的幻想……在德国理论面前就自然而然产生了一个费尔巴哈所没有回答的问题：人们是怎样把这些幻想"塞进自己头脑"的？这个问题甚至为德国理论家开辟了通向唯物主义世界观的道路，这种世界观没有前提是绝对不行的，它根据经验去研究现实的物质前提，因而最先是真正批判的世界观。这一道路已在"德法年鉴"中，即在"黑格尔法哲学批判导言"和"论犹太人问题"这两篇文章中指出了。①

一个有些不可思议的情况出现了：马克思竟然使用"唯物主义世界观"这一称谓指称他和恩格斯在《德意志意识形态》中阐发的主要思想！很显然，在此时的马克思心中，《德意志意识形态》所阐发的主要思想就是他们的唯物主义世界观。而马克思和恩格斯在《德意志意识形态》中所阐发的主要思想只是唯物史观，后来恩格斯的唯物主义自然观还没有诞生（尽管当时已经有了一些零星的唯物主义自然观思想）。这表明，此时的马克思就是把唯物史观认作自己的唯物主义世界观的。②

---

① 《马克思恩格斯全集》第三卷，中央编译局编译，人民出版社1960年版，第261页。

② 在这个地方将唯物史观称为唯物主义世界观并不是马克思和恩格斯的一时失误或心血来潮，他们后来在不同地方多次直接用世界观、新世界观、唯物主义世界观这些仿佛只应该属于辩证唯物主义总的世界观的名称指称作为第一个伟大发现的唯物史观。

这一事实同传统教科书理解模式的观点——唯物史观只是总的辩证唯物主义世界观的历史观部分，需要总的辩证唯物主义世界观作为基础大不相同。

唯物史观就是马克思的新唯物主义世界观，还可以从马克思对"唯物主义世界观"的认识看出。马克思告诉我们，唯物主义世界观根据经验去研究现实的物质前提。根据这句话的上下文，现实的物质前提指的是现实的物质生产力和交往形式（生产关系）及其矛盾运动。可见，这种唯物主义世界观实际上就是强调研究人类社会历史的物质生产力与生产关系及其矛盾运动的唯物史观。这可以让我们再次作出判断：唯物史观就是马克思的唯物主义世界观。

马克思提出的"人们是怎样把这些幻想'塞进自己头脑'"这一问题"为德国理论家开辟了通向唯物主义世界观的道路"这一论断也可以让我们推断出马克思这里所说的唯物主义世界观实际上就是他的唯物史观。马克思同意费尔巴哈的观点，"宗教世界是世俗世界的幻想"，亦即宗教世界是世俗世界虚幻的反映。反过来说，世俗世界是宗教世界的基础。因此，要解剖和批判宗教世界就必须解剖世俗世界，就必须剖析"世俗世界的自我分裂和自我矛盾"。而对"世俗世界的自我分裂和自我矛盾"的研究促成了新唯物主义世界观的产生。需要注意的是，在马克思那里，世俗世界就是唯物史观的主要研究对象——现实世界、人的世界、人类世界亦即人类社会历史，而非全部世界、整个宇宙，也就是说不包括"尚未置于人的统治之下的自然界"。这就说明，主张现实世界、世俗世界是思想世界（宗教世界）基础的唯物史观就是马克思的新唯物主义世界观。

另外，马克思所说的他在《论犹太人问题》和《黑格尔法哲学批判导言》中就已经向德国理论家们指出了通向唯物主义世界观的道路也能让我们推断出唯物史观就是马克思的新唯物主义世界观。在《论犹太人问题》和《黑格尔法哲学批判导言》这两篇文章中，马克思所分析的"现实的物质前提"是市民社会以及它同国家、人的关系。而对市民社会以及它同国家、人的关系的分析促成了新唯物主义世界观的形成。这显然再次表明研究现实的人类社会历史的唯物史观实际上就是马克思的新唯物主义世界观。

还有一部更为重要的著作《黑格尔法哲学批判》手稿。在这部未竟之作中，马克思不仅首次分析和批判了黑格尔的思辨唯心主义，在主观上同自己以往所信奉的唯心主义划清了界限，而且还首次阐发了可以称为历史唯物主义理论基石的观点——不是国家决定市民社会，而是市民社会决定国家。事实上，《论犹太人问题》和《黑格尔法哲学批判导言》的主要思想都来自于这部手稿。只不过由于没有最终完成和正式出版，所以马克思没有在这里提起它。但在《政治经济学批判》的序言中阐述自己所发现的唯物史观基本观点之前，马克思特别强调了他在《黑格尔法哲学批判》手稿中的发现：法的关系根源于物质的生活关系——市民社会。显然，在马克思看来，《黑格尔法哲学批判》手稿的这一发现对于唯物史观及其发现十分重要。《黑格尔法哲学批判》在马克思心中的重要地位由此可见一斑。显然，这几部已经生发了马克思新唯物主义世界观的著作的主要思想内容都是唯物史观，尽管这些思想还掺杂着不少后来被扬弃的因素，还不是很成熟。马克思对他早年思想的这一说明表明：马克思新唯物主义世界观形成和发展的过程就是唯物史观形成和发展的过程；唯物史观形成和发展的过程也就是新唯物主义世界观形成和发展的过程。除了唯物史观，马克思没有别的什么思想可以这样发展成为新唯物主义世界观。

其实，对于马克思在《德意志意识形态》中将他和恩格斯刚刚形成的唯物史观称作唯物主义世界观人们不用感到意外。因为，马克思和恩格斯在这部把以青年黑格尔派哲学为主要代表的《德意志意识形态》作为批判对象的著作的开头就已经明确指出了，在这部著作中，他们所要揭露的是青年黑格尔派通过"一般哲学前提"，所要摧毁的是青年黑格尔派通过"种种努力"都没有离开过也离开不了的"哲学的基地"，即黑格尔的唯心主义。由于所要批判的是以黑格尔的唯心主义为代表的全部唯心主义世界观（包括本质上同样属于唯心主义世界观的全部旧唯物主义。在马克思看来，费尔巴哈的唯物主义在本质上也是黑格尔的唯心主义），而不仅仅只是唯心主义历史观，从而马克思把他们用以批判全部唯心主义世界观的唯物史观称为唯物主义世界观是很自然的。

第二个论据出现在著名的《政治经济学批判》序言中。马克思指出，序言中阐发的唯物史观的基本观点是他在巴黎和布鲁塞尔的研究"所得到的、并且一经得到就用于指导我的研究工作的总的结果"。① 这种"所得到的、并且一经得到就用于指导研究工作的总的结果"不是马克思总的思想还能是什么？绝不能想象"指导研究工作的总的结果"不是马克思总的思想，而其他不是"指导研究工作的总的结果"的思想反而是马克思总的思想。并且，除了唯物史观的这些基本思想，马克思再也没有说过其他思想是指导他的研究工作的"总的结果"、指导思想。显然，可以据此推断：在此时的马克思的心中，这些"总的结果"就是他的总的思想。这些"总的结果"就是马克思的新唯物主义世界观，这些"总的结果"的获得就意味着新唯物主义世界观的形成。在笔者看来，从社会历史发展的角度看，马克思的主要思想（通常说的三大组成部分）可以分为这样三个部分：一是唯物史观。这是马克思的总的思想。二是对现代资本主义社会的分析和批判。三是对未来理想社会的思考。后两个部分都以第一个部分——唯物史观作为指导思想，都是在唯物史观基本观点的指导下做出的理论分析。

另外，在《政治经济学批判》序言中，马克思还提到了他和恩格斯在 1845 年形成的同"德国哲学的意识形态的见解"相"对立"、清算"从前的哲学信仰"的"我们的见解"，提到了他在《哲学的贫困》中"第一次作了科学的、虽然只是论战性的概述"的"我们的见解中有决定性的论点"。显然，马克思在这里所说的这个"我们的见解"指的是他和

---

① 《马克思恩格斯全集》（第二版）第三十一卷，中央编译局编译，人民出版社 1998 年版，第 412 页。尽管马克思说这个"总的结果"是他研究政治经济学而得出并用于指导政治经济学研究的，但是并不能就由此认为这个"总的结果"只是指导马克思后来的政治经济学研究的总的思想，只是马克思政治经济学的总的思想。首先，从政治经济学的研究得出的"总的结果"完全可以是总的思想，而不仅是政治经济学的思想。一方面，虽然马克思此处说的是政治经济学研究，虽然在巴黎和布鲁塞尔期间以及之后马克思主要研究的的确是政治经济学，但是马克思所研究的并不仅限于政治经济学。另一方面，马克思的政治经济学研究也并不局限于政治经济学的研究，而是从政治经济学的向度分析批判资本主义社会，思考未来理想社会。这样的政治经济学研究完全能够形成总的思想。正如张一兵等提出的那样，马克思主要是在政治经济学的研究中形成他的哲学思想（总的思想）的。通过政治经济学的研究得出的"总的结果"并不就只能是政治经济学的总的思想，而完全可以成为马克思整个理论的总的指导思想。其次，指导政治经济学研究的"总的结果"也完全可以是总的思想。指导政治经济学研究的思想并不只能是政治经济学的思想，完全可以以更高层面的思想如马克思的总的思想指导政治经济学研究。最后，马克思所概括的"总的结果"的内容显然并不只是政治经济学的，而是马克思思想变革之后始终坚持的分析整个人类社会历史的唯物史观。

恩格斯的总的思想观点。而当时他们形成的"见解"只是唯物史观。这同样表明，在1859年的时候马克思心中的唯物史观就是他和恩格斯的总的思想。

　　和这个论据相互印证的另一个论据出现在《资本论》第二版第一卷的跋中。马克思在这个著名的跋中说自己在《政治经济学批判》序言中说明了"我的方法的唯物主义基础"。① 这就是说，在马克思看来，他在《政治经济学批判》序言中阐述的"总的结果"就是他的辩证法的"唯物主义基础"。而能够成为马克思辩证法的唯物主义基础的不是他的总的新唯物主义思想还能是什么？并且，马克思从来没有说过别的什么东西也是他的辩证法的唯物主义基础。显然，这再次表明：在马克思心目中，"总的结果"——唯物史观的基本观点就是他的总的思想，唯物史观就是他的新唯物主义。

　　此外，上文已经引证过的这三段不同年月写成但相当相似的论述也表明了马克思对唯物史观的这种自我定位。

　　　　这种理论完全是以陈旧的唯心主义观点为依据的，这种观点认为现在的法学是我们经济制度的基础，而不是把我们的经济制度看作我们法学的基础和根源！②

　　在马克思看来，巴枯宁认为法学是经济制度的基础，这种唯心主义观点当然是马克思无法同意的。马克思指出，不是法学是经济制度的基础，而是经济制度是法学的基础和根源。我们再次看到，新唯物主义同唯心主义的分歧和争论的焦点并不在于世界本体是物质还是意识的问题，而是在于经济基础（经济制度）和上层建筑、社会意识形式（法学）何者为基础和根源的问题。新唯物主义同唯心主义的这种根本分歧和争论显然说明新唯物主义并不是正统的唯物主义形态——近代形而上学意义上的；主张一定生产力基础上的生产关系（经济制度）是上层建筑和思想观念（法

---

　　① 《马克思恩格斯全集》（第二版）第四十四卷，中央编译局编译，人民出版社2001年版，第20页。

　　② 《马克思恩格斯全集》第三十二卷，中央编译局编译，人民出版社1975年版，第662页。

学）现实基础的唯物史观就是马克思的新唯物主义世界观。

> 他们提出唯心主义观点代替宣言的唯物主义观点。他们不是把现实关系、而是把意志描绘成革命中的主要东西。①
>
> 《未来》杂志完全不能令人满意。它的主要意图就是用关于"正义"等等的虚妄词句来代替唯物主义的认识。②

很显然，和之前的那段话相同，马克思在这两段话中所说的"唯物主义观点""唯物主义的认识"都是唯物史观的观点。从而，"唯物主义观点""唯物主义的认识"指的都是唯物史观。这再次表明，在马克思心目中，唯物史观就是他的新唯物主义世界观，就是他的新唯物主义。

马克思在《资本论》这部马克思主义最光辉的著作中以斩钉截铁的口气向世人作了这样的宣告："从当时的现实生活关系中引出它的天国形式"是"唯一的唯物主义的方法，因而也是唯一科学的方法"。显然，马克思在这里所说的这种"唯一的唯物主义的方法"——"从当时的现实生活关系中引出它的天国形式"就是唯物史观的基本观点：一定生产力基础上的生产关系产生和决定一定的上层建筑和思想观念（包括宗教）。这就意味着，在马克思心目中，唯物史观的基本观点就是唯一唯物主义的方法、唯一科学的方法。在"商品拜物教"一节中，马克思运用这种"唯一的唯物主义的方法"——"从当时的现实生活关系中引出它的天国形式"考察了资本主义的生产方式，古亚细亚的、古代的生产方式，未来共产主义的生产方式这三种生产方式同其宗教的关系，说明了生产方式决定宗教这一唯物史观的基本观点。明显地，这个"唯一的唯物主义的方法"实际上也就是马克思唯一的唯物主义的世界观——总的思想；唯一的唯物主义世界观——总的思想在运用于分析问题的时候，就变成了"唯一的唯物主义的方法"。由此，可以再次断定：马克思把唯物史观认作他的总的新唯物主义思想。

直至生命的尾声，马克思依然把唯物史观认作自己的新唯物主义世界

---

① 《马克思恩格斯全集》第七卷，中央编译局编译，人民出版社 1959 年版，第 617 页。
② 《马克思恩格斯全集》第三十四卷，中央编译局编译，人民出版社 1972 年版，第 283 页。

观。在 1882 年《关于〈哲学的贫困〉的说明》一文中，马克思写道：
"为了给力求阐明社会生产的真实历史发展的、批判的、唯物主义的社会
主义扫清道路，必须断然同唯心主义的政治经济学决裂，这个唯心主义政
治经济学的最新的体现者，就是自己并没有意识到这一点的蒲鲁东。"①
显然，在马克思看来，新唯物主义的政治经济学必须同唯心主义的政治经
济学断然决裂。那么，新唯物主义和唯心主义的对立是怎样的呢？这需要
返回到 1847 年的《哲学的贫困》寻找答案。在《哲学的贫困》中，马克
思指出蒲鲁东的唯心主义实际上就是黑格尔的唯心主义。正如马克思后来
在《论蒲鲁东》里回顾他在《哲学的贫困》中对蒲鲁东的批判时所说的
那样，蒲鲁东"多么赞同思辨哲学的幻想，因为他不是把经济范畴看作
历史的、与物质生产的一定发展阶段相适应的生产关系的理论表现，而是
荒谬地把它看作历来存在的、永恒的观念"。② 而马克思在《哲学的贫困》
中用以同黑格尔、蒲鲁东的唯心主义相对立的唯物主义就是他当时已经形
成的唯物史观。

　　以上马克思的论述清楚而充分地表明了思想变革后的马克思始终把唯
物史观认作自己的总的思想、新唯物主义世界观和新唯物主义。马克思对
唯物史观的这一自我定位最直接也强有力地证明了唯物史观就是马克思的
总的新唯物主义思想，因为严肃的思想家对自己思想的总体性质的把握当
然是清楚的，更何况这是马克思在长达几十年的时间内在诸多不同的著作
中一以贯之的。现在，我们可以坚定地作出这样的论断：唯物史观就是马
克思的总的思想，就是马克思的新唯物主义世界观，就是马克思的新唯物
主义。柯尔施说，马克思主义的唯物主义的社会科学不需要传统形而上学
唯物主义的哲学基础。我们甚至可以接着柯尔施的话说，马克思的唯物史
观本身就是这种哲学基础。

　　其实，即便是赞同传统教科书理解模式的学者也都承认，在恩格斯创
立自然辩证法之前，马克思和恩格斯的新唯物主义世界观只是唯物史观，
唯物史观就是当时马克思和恩格斯的总的思想。问题的关键在于，恩格斯
晚年的自然观上的唯物主义——唯物主义自然观是否像传统教科书理解模

<hr />

① 《马克思恩格斯全集》第十九卷，中央编译局编译，人民出版社 1963 年版，第 248 页。
② 《马克思恩格斯选集》（第二版）第二卷，中央编译局编译，人民出版社 1995 年版，第
616 页。

式主张的那样同唯物主义历史观一起构成了马克思主义的唯物主义世界观，并且在二者的基础上还有一个马克思主义的统一的辩证唯物主义世界观，它甚至是唯物史观——历史唯物主义的基础？下一章将详细论证这个问题的答案只能是否定的。

显然，唯物史观就是马克思的新唯物主义世界观这一结论具有重要的作用。第一，它有力地证明了本书所总结的新唯物主义基本含义的正确性。确定唯物史观就是马克思的新唯物主义之后，就可以很容易地推断出新唯物主义的基本含义，因为唯物主义的基本含义就是唯物主义所主张的最基本、最主要的观点。同样的道理，新唯物主义的基本含义也就是新唯物主义的基本观点。

既然本书认为唯物史观就是马克思的新唯物主义，那么新唯物主义的基本含义就是唯物史观的最基本最主要的观点。所以只要梳理和总结出唯物史观的最基本最主要的观点就能够得到新唯物主义的基本含义。那么，唯物史观最基本最主要的观点是什么呢？在我们的脑海中自然会浮现起马克思在《政治经济学批判》序言中对唯物史观所作的经典概括。笔者认为，经典论述中对人类社会中各主要因素的关系的概括就是唯物史观的最基本最主要的观点，也就是新唯物主义的基本含义。

"人们在自己生活的社会生产中发生一定的、必然的、不以他们的意志为转移的关系，即同他们的物质生产力的一定发展阶段相适合的生产关系。这些生产关系的总和构成社会的经济结构，即有法律的和政治的上层建筑竖立其上并有一定的社会意识形式与之相适应的现实基础。物质生活的生产方式制约着整个社会生活、政治生活和精神生活的过程。不是人们的意识决定人们的存在，相反，是人们的社会存在决定人们的意识。"① 在对人类社会历史做结构和历史两个向度的分析之后，马克思特别强调道："在考察这些变革时，必须时刻把下面两者区别开来：一种是生产的经济条件方面所发生的物质的、可以用自然科学的精确性指明的变革，一种是人们借以意识到这个冲突并力求把它克服的那些法律的、政治的、宗教的、艺术的或哲学的，简言之，意识形态的形式。……这个意识必须从物质生活的矛盾中，从社会生产力和生产关系之间的现存

---

① 《马克思恩格斯全集》（第二版）第三十一卷，中央编译局编译，人民出版社 1998 年版，第 412 页。

冲突中去解释。"① 可以看出，在这里，马克思强调的主要思想就是物质生产力与生产关系及其矛盾运动、物质活动是社会意识形式和上层建筑的现实基础，物质生产力与生产关系及其矛盾运动、物质活动决定社会意识形式和上层建筑。由此可见，上文概括的新唯物主义基本含义符合马克思原意。

第二，它为正确把握新唯物主义的总体特征及其同正统的近代形而上学的唯物主义的异质奠定了坚实的基础。正如本节开头所言，明白了唯物史观就是马克思的新唯物主义世界观，就明确了新唯物主义世界观的真实内容，明确把握新唯物主义的总体特征的正确方向，就不会再陷入传统教科书理解模式对新唯物主义总体特征理解的固定框架中去了。

二　新唯物主义的总体特征及其同正统唯物主义的异质

确定唯物史观就是马克思的新唯物主义，为正确把握新唯物主义的总体特征提供了条件。正确把握新唯物主义的总体特征是本节的任务。不过，只是单独分析一事物有时并不能很准确地把握事物，而把该事物和与其同属不同种的事物进行比较则有助于更为准确地把握该事物。因此，在分析和把握新唯物主义总体特征的过程中，笔者将结合分析正统唯物主义和其他各种唯物主义的总体特征以及新唯物主义的总体特征同这些唯物主义形态的总体特征的异质。由于主要想证伪的观点是对新唯物主义含义的正统的辩证唯物主义的理解，而这种正统的理解模式又是从唯物主义的正统形态——近代形而上学的唯物主义的意义上理解全部唯物主义包括新唯物主义的，把马克思的新唯物主义理解和诠释成近代形而上学的唯物主义，因此本书将主要同正统唯物主义——近代形而上学的唯物主义的总体特征进行比较以把握新唯物主义的总体特征。

马克思的若干论述清楚地表明新唯物主义是一种和正统唯物主义异质的崭新的唯物主义形态。对布鲁诺·鲍威尔的尖锐批评表明了这种异质，并且马克思自觉到并强调了这种异质："在圣布鲁诺看来……唯物主义也就在于：'唯物主义者只承认当前现实的东西，即物质〈好像具有人的一切属性——包括思维在内——的人不是'当前现实的东西'似的〉，承认

---

① 《马克思恩格斯全集》（第二版）第三十一卷，中央编译局编译，人民出版社1998年版，第413页。

它是积极地展示自己并实现自己的多样性的东西，是自然。'"① 很显然，在马克思心中，唯物主义绝不是只承认物质、自然，不仅他自己的新唯物主义如此，而且其他的唯物主义也是如此。然而，鲍威尔所说的只承认物质实体又的确是正统的近代形而上学意义上的唯物主义首要的含义。在这一点上，鲍威尔的确比较准确地理解了正统唯物主义的含义。这就说明，马克思所理解的唯物主义和这种正统的唯物主义根本不是一回事。尽管这或许说明马克思对正统唯物主义含义的理解并不太准确，但显然更清楚地显示了新唯物主义同正统唯物主义的异质。

马克思继续批评鲍威尔对唯物主义的错误理解，说道："最初存在着物质这个概念、这个抽象、这个观念，而这个观念则在现实的自然中实现自己。这同关于具有创造力的范畴预先存在的黑格尔理论一字不差。……圣布鲁诺错误地把一些唯物主义者关于物质的哲学词句当作他们世界观的真实的核心和内容了。"② 在马克思看来，鲍威尔把唯物主义理解成主张抽象的"物质""概念"和"观念"的自我运动的观点，实际上把唯物主义世界观理解成了黑格尔的唯心主义世界观，因为这种抽象物质的自我运动和黑格尔的理念的自我运动在本质上完全相同。马克思认为，鲍威尔之所以会这样错误理解唯物主义，是因为他把一些唯物主义者对于唯物主义世界观的错误阐释当作唯物主义世界观的核心了。可见，在马克思心目中，唯物主义世界观的核心绝不是这种以抽象的物质概念为本体解释万事万物的做法。恰恰相反，这种以抽象的物质概念为核心进行演绎的理论体系实际上变成了唯心主义。

马克思对鲍威尔的这个批评真的很值得持教科书理解模式观点的学者们反思。他们总是以"具有最高普遍性和抽象性"的物质概念来理解和解释全部世界的做法，难道不是和遭到马克思严厉批评的鲍威尔所理解的这种虚假的唯物主义的做法如出一辙吗？既然正统唯物主义所强调的物质及其运动并不是唯物主义世界观的真实核心和内容，那么马克思心目中唯物主义世界观的真实的核心和内容是什么呢？马克思这里所说的唯物主义世界观不只是新唯物主义世界观，而且也包括马克思比较赞同的、认为具有一定合理性的其他唯物主义，如费尔巴哈的感性唯物主义和英法两国的

---

① 《马克思恩格斯全集》第三卷，中央编译局编译，人民出版社 1960 年版，第 101 页。
② 同上。

"历史编纂学的唯物主义"。在一般的共同点上，这几种唯物主义都重视现实、感性的东西、现实的因素以及它们的作用。这应该就是马克思所认为的唯物主义世界观的真实的核心和内容。

马克思的批语："好像具有人的一切属性——包括思维在内——的人不是'当前现实的东西'似的"也显露出了马克思本人的思想同传统教科书理解模式所阐释的马克思主义哲学以及正统唯物主义的重大差异，因为它清楚地告诉我们，马克思对思维本质的理解根本不同于教科书理解模式和正统唯物主义。传统教科书理解模式强调思维、意识在本质上是物质的属性，是对物质的反映，并认为这是包括新唯物主义在内的全部唯物主义的基本原则。正统的形而上学的唯物主义强调的唯物主义基本原则也是思维、意识是物质的属性。然而马克思强调的却是思维、思想观念是现实的人的属性，而并不把它们看作物质的属性。事实上，这是马克思一贯的观点，也是作为马克思这方面思想重要来源的费尔巴哈一贯的观点。

教科书理解模式把思维的主体从"人"变成"物质"，误解、扭曲了马克思的思想。或许持教科书理解模式观点的论者会反驳说，这种做法是把"人"进一步抽象为"物质"，把思维进一步规定为物质的属性。是的，这种做法把对思维主体的解释变得"普遍"和"抽象"得多，但是它却不能准确指出思维的真正主体。这一抽象，把思维的真正主体给"抽象"没了，将思维的真正主体淹没在"普遍"的茫茫"物质"之中。因此，传统教科书理解模式的这种抽象严重违背马克思的思想。下文将更详细地论证，马克思不仅从来不做这种所谓科学运用和深刻体现辩证法的抽象，而且他还明确反对进行这样的抽象。

另外，马克思对朗格的名著《唯物论史》的评价也表明了新唯物主义同正统唯物主义的异质。在 1868 年 11 月 14 日致恩格斯的信中，马克思提道："毕希纳说（凡读过朗格的胡言乱语的人不用他说也会知道），他关于唯物主义哲学的一章，大部分都是抄自朗格的著作。"[①] 把朗格的著作认定为"胡言乱语"，如此之低的评价显然说明马克思十分不赞同朗格的观点。更要命的是，被马克思指为"胡言乱语"的朗格的著作是朗格研究唯物主义的名著《唯物论史》，而在这部著作中，朗格所谈论的唯物主义是正统唯物主义。由此可见，马克思对于朗格所论述的这种正统唯

---

① 《马克思恩格斯全集》第三十二卷，中央编译局编译，人民出版社 1975 年版，第 189 页。

物主义很不以为意。这表明，马克思的新唯物主义和这种正统唯物主义不可能有太多相同之处。

马克思的论述表明了新唯物主义同正统唯物主义的异质，这为分析新唯物主义同正统唯物主义异质的总体特征提供了有力的前提依据。第一章已经简单分析过唯物主义的正统形态——近代形而上学意义上的唯物主义的总体特征。近代形而上学的唯物主义和唯心主义的目的都是从理论上总体地、根本地把握全部世界的总体图景、基本性质、内在本质和运动规律，建构并提供一套系统的世界观，从而它们的研究领域囊括了全部世界、整个宇宙。近代唯物主义和唯心主义争论的焦点问题是上帝、心灵同物质的关系问题，具体包括：在上帝、心灵和物质中，何者是真实存在的实体？何者起决定性作用？何者是思想观念的根本原因？唯心主义强调上帝和心灵实体的存在和作用并否定物质的作用，而唯物主义则强调物质的存在和作用并否定上帝和实体意义上的心灵的存在和作用。从性质上看，这种正统形态的唯心主义和唯物主义是形而上学意义上的思想理论。马克思的新唯物主义在理论目的、研究领域、理论主题、主要观点和本质这五个重要方面都和这种正统唯物主义有根本区别。

众所周知，马克思主义的最高理想和目的是实现无产阶级和全人类的解放和自由，实现每个人的全面自由发展。作为整个马克思主义总的思想的新唯物主义的最高理想和目的也是实现无产阶级和全人类的解放和自由，实现每个人的全面自由发展。十分明显，新唯物主义的这一理论目的和正统的近代唯物主义的理论目的——从理论上总体地、根本地把握全部世界的总体图景、基本性质、内在本质和运动规律，建构并提供一套系统的世界观根本不同。正是由于这一和近代哲学、近代唯物主义根本不同的理论目的，新唯物主义并不追求近代哲学、近代唯物主义所热衷的并且也为传统教科书理解模式所热衷的适用于全部世界、整个宇宙的最普遍、最一般的最高原理。新唯物主义只要能够探求到实现无产阶级和全人类解放和自由的真理就已经心满意足了，除此之外，并不奢望别的什么东西，包括以宇宙间最普遍、最一般的最高原理根本地解释世界。

正统唯物主义的理论目的并不就是同为唯物主义性质的新唯物主义的理论目的。然而，在传统教科书看来，这远远不够，作为唯一科学的哲学的马克思主义哲学的"主要工作还没有做呢"。连近代哲学乃至古代哲学都提供了最普遍的世界观和最高的真理，马克思主义怎能不提供呢？马克思主义必须追求和提供具有最高普遍性和最大普适性的最高真理，只有这样，马克思主义哲学才有资格成为哲学，才能成为唯一科学的哲学。于是就出现了这样奇怪的现象：尽管传统教科书一直在强调马克思主义并不想建构规模宏伟的理论体系，但它们实际上却一直在渴望和偷偷建构规模宏伟的理论体系。传统教科书理解模式这种矛盾的心理和做法是很容易理解的，因为它们必须对整个世界及其各个主要领域都作出科学的说明，并提出具有最高普遍性和最大普适性的最高真理。

理论目的的根本转变深层地决定了新唯物主义的研究领域和正统唯物主义大相径庭。正统唯物主义热衷于探究和提供整个世界和宇宙的真理，从而它们的研究领域必然是全部世界、整个宇宙。新唯物主义却并非如此。由于新唯物主义的理论目的并不是探究和提供适用于整个世界和宇宙的真理，而只是实现无产阶级和全人类的解放和自由，所以新唯物主义的研究领域必然地不再是全部世界、整个宇宙，不再包括尚未置于人的统治之下的自然界，而转向了同人类的生存和发展直接相关的现实世界、人的世界、世俗世界，亦即人类社会历史。思想成熟后的马克思主要研究的就是人类社会历史，尤其是现代资本主义社会和未来理想社会。马克思在其研究笔记和手稿中多次提到主体即社会，这也可以让我们体会到，马克思的主要研究对象和领域是社会历史。然而，传统教科书一直在让马克思主义哲学研究包括自然、社会历史和思维在内的全部世界，以便获取能够适用于全部世界的最普遍的真理，完全没有看出新唯物主义和正统唯物主义在研究领域上的不同。

理论目的的根本转变也深层地决定了新唯物主义的理论主题同正统唯物主义的根本不同。马克思一生中最为关心和集中思考的问题也不再是像本体论这样为传统哲学所热衷的问题，而是同实现无产阶级和全人类解放关系最为紧密的关于人类社会历史发展的下述问题：人类社会历史及其发展的基本结构和规律是什么？现代资本主义社会的运行机制和规律是什么？未来理想社会的基本面貌和运行机制是什么？与此一致，新唯物主义求解的基本问题也不再是正统唯物主义所探究并同唯心主义激烈争论的主要问题——上帝和心灵同物质的关系问题，而是物质生产力与生产关系、物质活动同思想观念和上层建筑的关系问题。马克思在《政治经济学批判》序言中阐述完自己的总的思想之后就特别强调，必须把生产的经济条件方面所发生的物质的变革同人们借以意识到生产力和生产关系的冲突并力求克服它的意识形态的形式（包括法律的、政治的、宗教的、艺术的和哲学的形式）区别开来，并且必须从物质生活的矛盾、生产力和生产关系的冲突解释时代的意识。这是马克思新唯物主义的一个基本思想和原则。在这之中，蕴含着新唯物主义的基本问题：生产力和生产关系的矛盾运动同意识（包括政治、法律、宗教和哲学等）的关系问题。近代形而上学的基本问题是上帝和心灵同物质的关系问题。

并且，近代哲学所说的物质是心灵之外真实存在的并可以通过感官感知的物质性实体。与此不同，在新唯物主义中，马克思所考察和强调的同思想观念以及上层建筑相对并与它们构成新唯物主义最基本问题的并不是近代哲学的这种可感的实体性、物质性的东西，而是物质生产力与生产关系、物质活动。在马克思那里，真正成为思想观念的现实基础、决定思想观念的并不是正统唯物主义所以为的可感的物质实体，而只是物质生产力与生产关系、物质活动。这二者是根本不同的。可见，近代形而上学、正统唯物主义和唯心主义的基本问题并不是作为现代哲学和现代唯物主义的马克思新哲学和新唯物主义的基本问题，甚至连问题都不是。完全可以说新唯物主义颠覆和超越了传统形而上学的基本问题，以物质生产力与生产关系、物质活动同思想观念以及上层建筑的关系问题取代可感的实体性的物质同思想观念的关系问题是一个重大飞跃。

理论主题不同，主要观点当然也会不同。对于新唯物主义来说，最为重要的是要让人们认识到物质生产力与生产关系、物质活动是思想观念和上层建筑的现实基础。思想变革之后的马克思反复论述了这一点。这才是新唯物主义强调的主要观点，而不是强调物质的存在和作用并否定上帝和实体意义上的心灵的存在和作用，更不是强调世界的本体是物质，意识是派生的，物质第一性，意识第二性，物质决定意识（即使这一提问方式是科学的，这一观点是正确的），外部世界不依赖于人的意识而客观存在，自然界是优先存在的，不是强调可感的物质实体是思想观念的根本原因。①

---

① 在马克思看来，最根本、最重要的实际、现实就是物质生产力和生产关系及其矛盾运动、物质活动。因此，物质生产力和生产关系及其矛盾运动、物质活动就是一切必须从其出发、主观必须符合的最根本的"实际"和"客观"。从而，尽管一切从实际出发，使主观符合客观也是正确的原则和方法，也可以从新唯物主义最基本的观点中发掘出来，但它并不是新唯物主义最根本、最直接的含义。新唯物主义最根本、最直接的含义只能是物质生产力和生产关系及其矛盾运动、物质活动是思想观念和上层建筑的现实基础。

可见，由于颠覆和超越了传统形而上学的基本问题，新唯物主义也进而彻底颠覆和超越了整个传统形而上学的基本观点和理论体系。这正应了人们常说的话：在一定的情况下，对问题的否定和超越要比对思想观点的否定和超越更为根本、彻底和重要。完全有理由说，马克思进行的哲学革命不仅是对传统形而上学理论体系的否定和超越，而且更为重要的是对传统形而上学基本问题的否定和超越。如果不彻底地否定和超越传统形而上学的基本问题，而是保留传统形而上学基本问题的话，那么基本问题的形而上学必将再度产生出来。下文还将看到，传统教科书理解模式就犯了这个错误，在马克思的新哲学和新唯物主义中几乎原封不动地保留了传统形而上学和正统唯物主义的基本问题，因而必然原封不动地再生出传统形而上学和正统唯物主义的理论体系来。

至此，新唯物主义的理论目的、研究领域、理论主题、主要观点及其同正统的近代唯物主义的异质已经清楚了。新唯物主义的理论目的是实现无产阶级和全人类的解放和自由亦即使历史成为真正的人类史；新唯物主义的研究领域是现实的人类社会历史；新唯物主义的理论主题是物质生产力与生产关系、物质活动同思想观念和上层建筑的关系问题；新唯物主义的主要观点是物质生产力与生产关系及其矛盾运动、物质活动是思想观念和上层建筑的现实基础。这些重要方面清晰表明：和正统的近代形而上学意义上的唯物主义不同，新唯物主义是一种历史的唯物主义。历史唯物主义，这是我们对新唯物主义本质的基本理解。

当然，必须郑重提出，将新唯物主义的本质理解为历史唯物主义，并不意味着否认新唯物主义内在鲜明的实践特征、辩证特征、阶级性质和人本性质等重要特征；相反，包括笔者在内的绝大部分对新唯物主义的本质持历史唯物主义理解的人都赞同新唯物主义具有以上这些重要特征和性质。并且，这些特征和性质同样也是新唯物主义区别于以往理论和唯物主义形态的重要之点，同样也是新唯物主义"新"之所在。在我们看来，新唯物主义是历史的唯物主义，同时也是实践的唯物主义、辩证的唯物主义、无产阶级的唯物主义和人本的唯物主义。历史的唯物主义、实践的唯物主义、辩证的唯物主义、无产阶级的唯物主义和人本的唯物主义等这些唯物主义不是互不相同的唯物主义，而是同一个新唯物主义。它们是多位一体、合而为一的。因此，历史唯物主义、实践唯物主义、辩证唯物主义、无产阶级的唯物主义和人本的唯物主义都是马克思新唯物主义和新哲学的合理称谓，都可以从特定的维度概括和表达新唯物主义和新哲学的重要性质和特征。在特定的情境下，当需要强调马克思新唯物主义和新哲学的某一方面的性质和特征时，就可以以概括和表达新唯物主义和新哲学这一方面性质和特征的相应称谓指称马克思的新唯物主义和新哲学。当然，有一个前提，用来指称马克思新唯物主义和新哲学的历史唯物主义和实践唯物主义、辩证唯物主义、无产阶级的唯物主义和人本的唯物主义等称谓都必须是合理理解的，而不是不合理理解的意义上的。

那么，又为什么主要地和首要地以历史唯物主义而非实践唯物主义等概括和表达新唯物主义的本质呢？这是因为，在我们看来，和其他称谓尤其是目前中国马克思主义哲学界更多用来称谓新唯物主义的实践唯物主义相比，历史唯物主义更好地概括和表达了新唯物主义的基本性质和特征。我们认为，社会历史的性质和特征是新唯物主义最为重要和突出的性质和特征。从新唯物主义和整个马克思哲学之所以能够产生并超越以往的全部唯心主义哲学（包括本质上仍然属于唯心主义哲学的各种旧唯物主义）的原因和过程看，马克思正是通过对现实的人类社会历史的科学研究和说明，创建新唯物主义和整个马克思哲学并超越以往的全部唯心主义哲学（全部旧哲学）的。马克思认为，以往的各种旧哲学不是轻视否定、不研究和说明现实的人类社会历史，就是根本不懂得如何科学研究和说明现实的人类社会历史。在马克思看来，这是以往全部旧哲学的最根本的症结所在，而只有他的新唯物主义，才真正科学地研究和说明了最为根本的现实的人类社会历史，创立了唯物主义历史观，从而根本地超越了以往全部旧哲学。

当然，唯物主义历史观这一伟大的理论创新也包括科学实践观的发现和建构这个极其重要的方面，但又不仅限于科学实践观的发现和建构这一方面。从新唯物主义乃至整个马克思哲学的本质及其超越以往全部旧哲学的核心理论质点看，新唯物主义最根本、最核心的主张是强调人类社会历史的真正决定因素——物质生产力与生产关系及其矛盾运动和物质活动对于思想观念和上层建筑的基础和决定作用。并且，马克思将这一理论内核当作他的整个分析框架。事实上，马克思都是在现实的历史的具体的社会历史的范围内和意义上谈论问题并以新唯物主义的这一核心思想作为分析问题的基本框架的。由此，我们认为，将新唯物主义称为历史唯物主义把握和表达了新唯物主义的根本特征。

另一方面，我们认为，当前的实践唯物主义尤其是实践本体论的理解虽然有很大的合理性和积极意义，但却存在严重弊端。实践唯物主义的实践在相当程度上被传统本体化了，有着浓重的传统本体论的色彩。首先，实践唯物主义无疑有泛化实践的倾向，把各种各样的事物和活动都纳入实践之中，最极端的表现就是把在马克思那里同实践相对的作为理性活动的理论活动也纳入作为感性活动的实践之中，有把实践当作新的本体的趋势。更重要的是，实践唯物主义尤其是实践本体论的理解，把实践视作解释和阐发整个马克思哲学理论及其超越以往全部旧哲学的唯一根本和最终的理论质点。我们认为，这种理解过于重视甚至可以说夸大了实践的作用及其在新唯物主义和整个马克思哲学中的地位了。事实上，决不能只从一个理论质点出发理解和阐发马克思新唯物主义和新哲学的理论系统以及它的产生和发展。无论是整个理论系统还是其产生和发展，马克思的新唯物主义和新哲学都不只是在一个点上实现的，都不只是在实践这一个点上实现的。

分析新唯物主义基本含义的时候，我们指出过，在马克思的新唯物主义中，社会历史的要素结构和人的活动，主要是物质生产力与生产关系及其矛盾运动和物质活动这两个方面是相互生成、相互规定、辩证统一的，不能只强调其中的一个方面而忽视另一方面。试图以唯一的要点理解和解释全部问题建构理论体系而没有意识到它的局限的想法和做法仍然是传统本体论的思维方式。和实践唯物主义尤其实践本体论的理解不同，我们所理解的历史唯物主义包括辩证统一的两个方面、两大维度。总体来看，我们认为，和实践唯物主义相比，历史唯物主义能更好地概括和表达新唯物主义的性质和特征。事实上，马克思也是一直主要以唯物史观指称他自己的理论学说的基础部分（我们后人称之为马克思主义哲学，而马克思本人并不认为是哲学）的。当马克思还在世的时候，恩格斯就在很多重要文献包括直接评说马克思的文献中一再说明，唯物史观是马克思的第一个伟大发现。

当然，值得再次强调，以历史唯物主义称谓马克思的新唯物主义和新哲学也是有限的，没有也不可能完全概括新唯物主义和新哲学的各个方面的特征，而只能概括和说明其最重要方面的特征。不过，任何称谓的概括力和表达力都是有限的。即使是新唯物主义、现代唯物主义这两个在中国马克思主义哲学界争议最小（也不是没有）的称谓，它们的概括力和表达力也是有限的。因为它们只能在最一般的意义上而不能具体地概括和表达马克思的新唯物主义和新哲学的创新及其同旧唯物主义和旧哲学的区别。

综上所述,新唯物主义的总体特征根本不同于正统唯物主义;新唯物主义根本不是正统的唯物主义形态——形而上学意义上的唯物主义,而是一种崭新的唯物主义形态——历史唯物主义。

无疑,本节对新唯物主义总体特征的分析具有一定的理论意义,初步把握了唯物主义的总体特征,有力地证明了本书所概括的新唯物主义基本含义的正确性。因为,新唯物主义的含义同新唯物主义的总体特征内在相通、相辅相成。既然新唯物主义的总体特征同正统的唯物主义形态——近代形而上学意义上的唯物主义异质,那么,新唯物主义的含义当然也会不同于唯物主义的正统含义。

三　新唯物主义同自然科学唯物主义和感性唯物主义的异质

同近代形而上学的唯物主义总体特征相比较,新唯物主义作为一种唯物主义形态同正统唯物主义形态的异质性和独特性明显地表现出来了。比较新唯物主义同其他的唯物主义形态主要是自然科学的唯物主义和费尔巴哈的唯物主义这两种传统教科书理解模式熟悉的唯物主义形态,分析它们的异质,能够彰显新唯物主义的独特性和科学性。

先看新唯物主义同自然科学的唯物主义的异质。思想成熟之后的马克思明确指出新唯物主义和自然科学的唯物主义是不同的,甚至严厉批评了这种古老的唯物主义形态。在《政治经济学批判》导言中,马克思写道:"对这种见解中的唯物主义的种种非难。同自然主义的唯物主义的关系。"① 马克思这里所说的被非难的"唯物主义"是他自己的新唯物主义。可见,在这里,马克思打算阐述新唯物主义和这种"自然主义的唯物主义"的不同。而这种"自然主义的唯物主义"和马克思后来所说的自然科学的唯物主义是一致的。从而,至少可以得出这样的结论:在马克思看来,新唯物主义不同于自然科学的唯物主义。在导言的提要中,马克思没有指出新唯物主义同自然科学的唯物主义的具体区别。

---

① 《马克思恩格斯全集》(第二版)第三十卷,中央编译局编译,人民出版社1995年版,第51页。

但到了《资本论》，马克思就对自然科学的唯物主义进行了严厉批评和本质的分析。马克思一针见血地指出："那种排除历史过程的、抽象的自然科学的唯物主义的缺点，每当它的代表越出自己的专业范围时，就在它们的抽象的和意识形态的观念中显露出来。"这是马克思于《资本论》第一卷中在阐述了他所主张的唯一真正的唯物主义方法之后对自然科学的唯物主义所做的分析和批判。马克思认为，当越出自己的专业范围时，这种排除历史过程的、抽象的自然科学的唯物主义就会产生抽象的和意识形态的（亦即唯心主义的）观念，而陷入唯心主义和意识形态。可以看出，在马克思看来，如果这种自然科学的唯物主义不以新唯物主义——历史唯物主义作为理论基础，不建立在新唯物主义——历史唯物主义的基础上，那么它必将走向唯心主义。这再次表明，在马克思的心目中，严格说来，只有新唯物主义才是唯一科学的研究和说明人类世界的唯物主义方法，只有新唯物主义才是真正的唯物主义；而其他各种类型的唯物主义在本质上都不是真正的唯物主义。费尔巴哈的感性唯物主义、英国和法国的唯物主义、自然科学的唯物主义尽管在一定意义和程度上的确也是唯物主义，但在深层的本质上却都仍然还是唯心主义。

前已提及，自然科学的唯物主义同正统的近代形而上学的唯物主义很是接近。好不容易有一种唯物主义接近了传统教科书理解模式所热衷的唯物主义形态，没想到这种唯物主义却遭到了马克思如此严厉的批评。由此可以看出马克思同传统教科书理解模式的正统唯物主义多么格格不入了。这可以让我们再次作出判断：马克思的新唯物主义绝不会是正统的唯物主义形态，而必定是一种同正统唯物主义异质的唯物主义形态。

再看新唯物主义同费尔巴哈感性唯物主义的异质。对于自然科学的唯物主义，思想成熟时期的马克思只是说一旦超出其专业范围，它会走向唯心主义。而对于更为传统教科书理解模式器重、被当作新唯物主义主要理论来源之一的费尔巴哈的"自然"唯物主义（实际上是感性唯物主义），思想变革之后的马克思更是直接将其认定为唯心主义。在《关于费尔巴哈的提纲》和《德意志意识形态》这两部联系密切的著述中，马克思对费尔巴哈的批评有一个相当重要的变化。

在《关于费尔巴哈的提纲》中，马克思对费尔巴哈感性唯物主义的批评主要集中在费尔巴哈不懂得从实践的角度理解对象、现实、感性，而仅仅诉诸直观，从而只能达到对市民社会和单个人的直观。再加上不以现实的实践改变现存世界，费尔巴哈就始终无法超越和逃离"自我分裂和自我矛盾"的资产阶级社会。不过，在这份著名的批判提纲中，马克思还说费尔巴哈哲学是唯物主义，尽管是旧唯物主义，但并没有指认、批评其唯心主义的性质。然而，到了《德意志意识形态》，除了继续在《关于费尔巴哈的提纲》中对费尔巴哈的批评，马克思还增加了一项十分重要甚至可以说是根本性的批评：和其他青年黑格尔派的哲学一样，费尔巴哈的感性唯物主义在本质上仍然属于唯心主义。于是，在《德意志意识形态》中，对于费尔巴哈哲学的批判，马克思就主要从唯物主义世界观的立场批判其唯心主义本质。当马克思从"费尔巴哈派"走出来的时候，他反思和清算了自己"从前的哲学信仰"。在形成了崭新的唯物主义——历史唯物主义的马克思看来，费尔巴哈所说的感性，包括感性的自然界、感性的人甚至感性的活动，都不是真正的现实的感性，而是仍然停留于传统哲学层面的抽象的感性；真正的感性是物质生产力与生产关系、物质活动。对感性的科学理解促使马克思从费尔巴哈的"感性唯物主义"前进到新唯物主义——历史唯物主义，也使得马克思认定同样强调和试图理解感性的费尔巴哈依然没有理解真正的感性，依然没有科学地理解感性。因此，包括费尔巴哈在内的全部最新德国哲学都是观念哲学，因为费尔巴哈没有科学理解的感性以及直观在深层上仍然是观念。

于是，马克思提出，包括费尔巴哈在内的青年黑格尔派天真地以为，各种各样的观念是具有决定性的力量和本原，但事实上，所有这些观念归根结底不过是物质生产力与生产关系、物质活动在人们的头脑中的反映和表现而已。在本质上，费尔巴哈的这种感性唯物主义和布鲁诺·鲍威尔、麦克斯·施蒂纳等人的唯心主义完全一致，同样也是唯心主义。因此，在《德意志意识形态》中，马克思把费尔巴哈和鲍威尔、施蒂纳的哲学看作本质上相同的唯心主义一并批判；他对整个青年黑格尔唯心主义的批判同样适用于费尔巴哈。总之，在思想成熟后的马克思心中，费尔巴哈的感性唯物主义虽然同其他青年黑格尔派的唯心主义哲学有所区别并具有相当的理论贡献和优越性，离真正科学的唯物主义世界观较其他各种唯心主义要近一些，但在根本上仍然属于唯心主义哲学。

以上着重分析了思想成熟后的马克思批评费尔巴哈感性唯物主义的一个根本之点——费尔巴哈感性唯物主义的深层唯心之处。这也是新唯物主义同费尔巴哈感性唯物主义最根本的异质之处。作为历史唯物主义的新唯物主义同费尔巴哈感性唯物主义的异质也由此可见一斑。

　　综上所述，新唯物主义同正统的近代形而上学意义上的唯物主义、自然科学的唯物主义和费尔巴哈的感性唯物主义等最重要的唯物主义形态以及其他各种唯物主义形态是异质的。完全有理由说，新唯物主义是一种崭新的、独特的唯物主义形态。也正因为如此，新唯物主义才会有一种崭新的、独特的含义。并且，在思想变革之后的马克思看来，如果以新唯物主义为标准衡量以往的种种唯物主义，它们实际上都达不到唯物主义的水平，而依然属于唯心主义。在马克思的心中，严格地说，只有历史唯物主义才是唯一科学的唯物主义、唯一真正的唯物主义。

第五章

对前人观点的分析与评价

　　同前人的研究及其成果对话是学术研究一项必需的基本工作。在本书的研究之前，国际国内已经有众多马克思主义哲学家和学者对马克思新唯物主义的含义提出了自己的见解。在对新唯物主义的含义进行独立的考察并得出自己的结论之后，现在就必须对前人的观点进行正式的分析和评价了。因为这不仅可以更为清晰地把握前人的观点，而且还能够从反面检验和论证本书观点的正确性。说到这里，笔者的脑海不禁浮现起马克思将《资本论》分成理论和历史两大部分，计划在理论部分论述自己的观点后，在历史部分分析和评价以往经济学家观点的情形。

　　导论简要地说明了马克思主义阵营一百多年中对新唯物主义含义的三种主要观点，这也是本章所要对话的三个主要对象。在马克思主义诞生之后的一百多年中，马克思主义阵营内部对新唯物主义的含义主要形成了三种不同的理解：恩格斯晚年的理解、列宁的观点和传统教科书理解模式的观点。此外，还有对新唯物主义含义的历史唯物主义理解。恩格斯晚年把新唯物主义的含义理解为现实世界（包括自然界和历史两方面）是思想观念的原型和基础，思想观念是现实世界的反映和表现。传统教科书理解模式实际上并没有准确把握恩格斯晚年对新唯物主义含义的这种理解。普列汉诺夫和列宁从正统唯物主义的意义上理解新唯物主义及其含义，把新唯物主义理解成和正统唯物主义完全一致的唯物主义形态，把新唯物主义的含义理解成和唯物主义的正统含义完全一致的含义：可感物质实体第一性，意识第二性。传统马克思主义哲学原理教科书为了建构具有最高普遍性和最大普适性的辩证唯物主义世界观，对恩格斯和列宁的相关观点做了最高的抽象和改造，认为新唯物主义的含义是和全部唯物主义相同的含义：世界的本体是物质，意识是派生的；物质第一性，意识第二性；物质决定意识。西方马克思主义强烈反对对新唯物主义的辩证唯物主义理解，强调新唯物主义的本质是历史唯物主义，但它们对新唯物主义的含义并没有做系统深入的考察和研究，也没有明确提出对于新唯物主义含义的观点，而只是一定程度地涉及这个问题，触及新唯物主义的独特含义。苏联、东欧同西方马克思主义对于新唯物主义及其含义的争论延续到了当代中国。

以上就是笔者所理解的马克思主义阵营在一百多年中对新唯物主义含义理解的粗略情况和大致脉络。下文具体分析和评价上述三种理解。不过，由于在马克思主义哲学的璀璨星空中闪耀的"明星"实在太多，因此着重分析和评价的只能是在马克思主义哲学史上对新唯物主义的含义有独立观点且产生重要影响的马克思主义哲学家。当然，即便如此，本书也势必仍然漏掉一些重要的马克思主义哲学家和他们的艰辛探索，这就只能怪笔者的孤陋寡闻和粗枝大叶了。

第一节　对恩格斯晚年观点的分析与评价

恩格斯是马克思的第一位读者。研究马克思主义哲学家们对马克思新唯物主义含义的理解，首先应当研究的是恩格斯。对于同样的恩格斯观点，马克思主义阵营内部有着截然相反的评价。暂且不论这些评价谁是谁非。笔者以为，应当先正确把握恩格斯晚年对新唯物主义含义的理解。尽管以往的正统观点几乎都是以恩格斯对唯物主义和新唯物主义的含义的理解来规定它们的含义的，因而应该比较准确地把握了恩格斯的观点；而严厉批评恩格斯观点的人们也应该对恩格斯的观点了解得比较清楚了，然而，不论是对恩格斯观点大加赞扬还是激烈批评的人们实际上都没有准确把握恩格斯晚年对新唯物主义含义的理解。

传统教科书理解模式主张，恩格斯认为新唯物主义的含义同近代唯物主义以及全部唯物主义的含义完全一致，都是世界的本体是物质，意识是派生的；物质第一性，意识第二性；物质决定意识。它们只在对物质的理解上有所差别，一个是最普遍最抽象的物质一般；另一个则只是以原子为原型的具体物质和朴素的感性物质。但是，传统教科书理解模式的这种观点，实际上并没有正确把握恩格斯晚年对新唯物主义含义的理解。而激烈批评传统教科书理解模式以及传统教科书理解模式所理解的恩格斯的唯物主义思想的学者们，也没有进行独立的深入分析，就接受了传统教科书理解模式的说法。评价上截然不同的二者在理解前提上是相同的，可惜是错误的前提。因此，需要像重新理解马克思新唯物主义的含义那样，重新认识恩格斯晚年对马克思新唯物主义含义的理解。事实上，恩格斯晚年对新唯物主义的含义做了独特的理解和阐发，需要我们重新作出合理的评价。

一　重新理解恩格斯的晚年观点

众所周知，恩格斯晚年在《路德维希·费尔巴哈和德国古典哲学的终结》中指出思维和存在的关系问题是全部哲学的基本问题，并把对这个基本问题第一方面的回答作为区分唯物主义和唯心主义的标准。唯物主义主张存在第一性，思维第二性；唯心主义主张思维第一性，存在第二性。以往对恩格斯这一著名论断的理解其实是模糊的。这一著名论断使用的是哲学语言，需要我们透过哲学语言发现其所蕴含的唯物主义的确切含义。以现实的语言表述，恩格斯晚年认为，唯物主义同唯心主义的根本对立在于对思想观念和现实世界（包括自然界和历史两方面）的关系问题的不同观点。在恩格斯看来，唯物主义主张现实世界是思想观念的原型和基础，思想观念是现实世界的反映和表现，是从现实世界抽象出来的；而唯心主义却认为思想观念并不是现实世界的反映和表现，而是独立的、先于现实世界而存在并决定现实世界的。从而，恩格斯主张，唯物主义的含义是，现实世界是思想观念的原型和基础，思想观念是现实世界的反映和表现。

实际上，恩格斯晚年在多部著作中十分频繁地论述了他对唯物主义含义的这种理解。在《反杜林论》中，恩格斯评说黑格尔道："黑格尔是唯心主义者……在他看来，他头脑中的思想不是现实的事物和过程的或多或少抽象的反映，相反，在他看来，事物及其发展只是在世界出现以前已经在某个地方存在着的'观念'的实现了的反映。这样，一切都被头足倒置了，世界的现实联系完全被颠倒了。"[1] 很清楚，在恩格斯看来，黑格尔的唯心主义认为思想不是现实的事物和过程的反映；相反，现实事物和过程却是先在的观念的实现，原则不是从外部世界而是从思维得来的。恩

---

[1] 《马克思恩格斯选集》（第二版）第三卷，中央编译局编译，人民出版社1995年版，第363页。

格斯当然不同意黑格尔的这种唯心主义观点。他强调，现实事物决不是什么先在观念的实现；相反，思想观念却是现实的事物和过程的或多或少抽象的反映，原则是从外部世界而不是从思维中得来的。从对黑格尔唯心主义的批判可以看出恩格斯对唯心主义和唯物主义的理解。在恩格斯心中，唯物主义和唯心主义的根本矛盾在于对思想观念和现实世界的关系的不同观点：唯心主义认为现实世界是思想观念的实现；而唯物主义主张思想观念是现实世界的抽象的反映。

在对杜林唯心主义的批评中，恩格斯更加明确地阐述了唯物主义的这种含义："这些原则不是被应用于自然界和人类历史的，而是从它们中抽象出来的；不是自然界和人类去适应原则，而是原则只有在符合自然界和历史的情况下才是正确的。这是对事物的唯一唯物主义的观点，而杜林先生的相反的观点是唯心主义的，它把事物完全头足倒置了，从思想中，从世界形成之前就久远地存在于某个地方的模式、方案或范畴中，来构造现实世界。"① 显然，在这段论述中，恩格斯更加明确地指出，唯物主义观点认为原则是从自然界和人类历史中抽象出来的，是对自然界和人类历史的反映，而杜林的唯心主义企图以先验的原则构造现实，否认原则是对自然界和人类历史的反映。可见，在这段论述中，唯物主义的含义是非常清晰的，即：自然界和历史是原则（思想观念）的原型和基础，原则（思想观念）是自然界和历史的反映。此外，值得注意的是，恩格斯强调，认为原则是自然界和历史的反映是对事物的唯一唯物主义的观点。由此可以推知，如果是唯物主义的观点就必然和这一基本主张一致，而所有与之不一致的观点必然不是唯物主义的观点。

在《自然辩证法》中，恩格斯对唯物主义的含义做了同样的阐述，"这里的问题决不是要捍卫黑格尔的立脚点：精神、思维、观念是本质的东西，而现实世界只是观念的摹写。……在自然界和历史的每一科学领域中，都必须从既有的事实出发……不是设计种种联系塞到事实中去，而是从事实中发现这些联系"。② 恩格斯在这段话中再次指出了唯心主义和唯

---

① 《马克思恩格斯选集》（第二版）第三卷，中央编译局编译，人民出版社 1995 年版，第 374 页。

② 《马克思恩格斯选集》（第二版）第四卷，中央编译局编译，人民出版社 1995 年版，第 288 页。

物主义的根本对立所在。黑格尔的唯心主义认为精神、思维、观念是本质，现实世界只是观念的摹写。与之相反，恩格斯认为现实世界才是根本的，精神、思维、观念都只是现实世界的反映，必须从现实世界出发，研究现实世界，从现实世界中发现规律。可见，这段话再次表明了恩格斯对唯物主义含义的这种理解：现实世界（自然界和历史）是思想观念的原型和基础，思想观念是现实世界（自然界和历史）的反映。恩格斯还批评黑格尔辩证法的唯心主义道："范畴在他那里表现为预先存在的东西，而现实世界的辩证法表现为它的单纯的反照。实际上刚刚相反：头脑的辩证法只是现实世界，即自然界和历史的各种运动形式的再现。"① "所有这三个规律都曾经被黑格尔按照其唯心主义的方式当作纯粹的思维规律而加以阐明……错误在于：这些规律是作为思维规律强加于自然界和历史的，而不是从中推导出来的。"② 显然，对黑格尔唯心主义的这两段批评再次说明：在恩格斯心目中，唯物主义主张思想观念是现实世界即自然界和历史的各种运动形式的反映和表现。

在对马克思主义哲学的最后总结之作——《路德维希·费尔巴哈和德国古典哲学的终结》中，恩格斯再次不厌其烦地阐述了他对唯物主义含义的这种理解。"同黑格尔哲学的分离在这里也是由于返回到唯物主义观点而发生的。这就是说，人们决心在理解现实世界（自然界和历史）时按照它本身在每一个不以先入为主的唯心主义怪想来对待它的人面前所呈现的那样来理解；他们决心毫不怜惜地抛弃一切同事实（从事实本身的联系而不是从幻想的联系来把握的事实）不相符合的唯心主义怪想。除此以外，唯物主义并没有别的意义。"③ 这段话中唯物主义的含义是按照现实世界（自然界和历史）的本来面目理解现实世界的。这个含义和之前分析的含义是一致的。因为，强调按照现实世界的本来面目理解现实世界是以坚持现实世界是思想观念的原型和基础，以思想观念是现实世界的反映和表现的观点为基础的。恩格斯在这里只不过是从方法论要求的角度强调唯物主义的含义。由此，可以再次作出判断：恩格斯晚年所理解的

---

① 《马克思恩格斯选集》（第二版）第四卷，中央编译局编译，人民出版社1995年版，第302页。

② 同上。

③ 同上书，第242页。

唯物主义含义为现实世界是思想观念的原型和基础，思想观念是现实世界的反映和表现。

此外，恩格斯在这里再次强调了唯物主义除此之外没有别的含义。对于在《反杜林论》中多次批判杜林混淆概念含义的恩格斯，如此强调唯物主义只有这样一种含义显然说明：在恩格斯心中，他在不同地方论述的唯物主义含义是一致的。"在自然界和历史中所显露出来的辩证的发展……在黑格尔那里，只是概念的自己运动的翻版，而这种概念的自己运动是从来就有的……我们重新唯物地把我们头脑中的概念看作现实事物的反映，而不是把现实事物看作绝对概念的某一阶段的反映。……概念的辩证法本身就变成只是现实世界的辩证运动的自觉的反映，从而黑格尔的辩证法就被倒转过来了。"① 十分清楚，这里唯物主义的含义同样是：现实世界（自然界和历史）是思想观念的基础，思想观念是现实世界（自然界和历史）的反映。

综观上引的恩格斯论述，它们都十分清晰地表明了恩格斯晚年对唯物主义含义的这种理解和规定：现实世界（自然界和历史）是思想观念的原型和基础，思想观念是现实世界（自然界和历史）的反映和表现。

看到这里，一定有不少读者产生了这样的问题：恩格斯在《路德维希·费尔巴哈和德国古典哲学的终结》中不是十分明确地阐明了唯物主义的含义了吗？这里所概括的恩格斯对唯物主义含义的理解和规定同他晚年的这一著名论述是否一致？笔者认为，二者是一致的。在这部名著第二部分的开头，恩格斯说唯物主义主张存在第一性，思维第二性。而现实世界是思想观念的原型和基础，思想观念是现实世界的反映和表现同存在第一性，思维第二性完全一致。因为，在恩格斯那里，思维和思想观念是一致的，而存在也就是现实世界，即自然界和历史的总和。

在西方哲学史上，"存在"这一概念至少有以下四种含义：一是世界的本体，即最高的存在；二是全部物质事物的总和；三是泛指事物在、有的状态；四是特指人的生存和发展。当恩格斯在全部物质事物的总和的意义上使用存在概念的时候，存在和现实世界就是等同的。恩格斯对思维和存在关系问题第二个方面的论述清楚地表明了这一点。"我们关于我们周

---

① 《马克思恩格斯选集》（第二版）第四卷，中央编译局编译，人民出版社1995年版，第243页。

围世界的思想对这个世界本身的关系是怎样的？我们的思维能不能认识现实世界？我们能不能在我们关于现实世界的表象和概念中正确地反映现实？用哲学的语言来说，这个问题叫作思维和存在的同一性问题。"① 很显然，在恩格斯看来，思维和存在的同一性问题就是思想、表象和概念能否正确认识周围世界、现实世界、现实的问题。并且，恩格斯明确指出"思维和存在的同一性问题"是以哲学的语言说的。由此可见，在恩格斯心目中，这个"存在"就是现实世界、现实，等同于"自然界和历史""自然界和历史的各种运动形式"和"自然过程和历史过程"。这说明，本书所总结的恩格斯晚年对唯物主义含义的理解同恩格斯的这个著名论述是完全一致的。这就让我们有充分理由作出论断：在晚年恩格斯看来，唯物主义的含义是：现实世界是思想观念的原型和基础，思想观念是现实世界的反映和表现。

因此，我们就得到了以现实的语言表述的恩格斯晚年所理解的唯物主义含义，而传统教科书理解模式阐释的只是以哲学的语言表述的含义。或许《路德维希·费尔巴哈和德国古典哲学的终结》的那个定义太过著名了，以至于人们完全忘记了恩格斯对唯物主义含义如此众多的论述。恩格斯在哲学的语言背后的、以现实的语言表述的这些思想在过去的一百多年中一直没有得到人们的重视。

更为重要的是，恩格斯晚年实际上自觉区分了新唯物主义和近代唯物主义不同的具体含义。在恩格斯那里，新唯物主义的具体含义是和近代唯物主义有重大差别的。有这样一个奇怪的现象：在《路德维希·费尔巴哈和德国古典哲学的终结》中，恩格斯论述哲学基本问题、划分唯物主义和唯心主义时先是说"全部哲学，特别是近代哲学的重大的基本问题，是思维和存在的关系问题"。② 在此，恩格斯使用的是思维和存在的关系问题这一表述方式。但是，进入第二段，恩格斯在思维和存在的关系问题后面又加了一个问题，精神对自然界的关系问题。而在接下来的论述中恩格斯甚至用精神对自然界的关系问题即"何为本原问题"——"什么是本原的，是精神，还是自然界"代替思维和存在的关系问题论述唯物主

---

① 《马克思恩格斯选集》（第二版）第四卷，中央编译局编译，人民出版社1995年版，第225页。

② 同上书，第223页。

义和唯心主义及其含义，并且指出"哲学家依照他们如何回答这个问题而分成了两大阵营。凡是断定精神对自然界说来是本原的，从而归根到底承认某种创世说的人，组成唯心主义阵营。凡是认为自然界是本原的，则属于唯物主义的各种学派。"① 特别需要注意的是，在这部分内容中，论述"哲学家"的主张和做法的时候恩格斯使用的都是"精神和自然界"何者为本原的表述方式，而不是思维和存在何者为本原的表述方式。恩格斯为什么要做这样细致的表述上的区分呢？笔者认为，这一区分蕴含了恩格斯的一个重要思想，他实际上是在区分新唯物主义和近代唯物主义不同的具体含义。

众所周知，在恩格斯看来，近代唯物主义主张自然界是本原，精神是派生的。这是唯物主义的观点。但是，近代唯物主义者只能在自然观上坚持唯物主义，一旦进入历史领域，他们就陷入了唯心主义的深渊。而只有新唯物主义首次在历史观上实现了唯物主义，从而在自然观和历史观上都坚持了唯物主义。基于上述理解，恩格斯表述唯物主义的含义时小心翼翼地区分了新唯物主义和近代唯物主义不同的具体含义。表述近代唯物主义含义的时候，恩格斯说的是自然界是本原，精神是派生；而阐述新唯物主义含义的时候，恩格斯说的是现实世界是思想观念的原型和基础，思想观念是现实世界的反映和表现。这就是说，恩格斯很明确，近代唯物主义并没有在全部思维和存在（包括自然界和历史两方面）的关系问题上都坚持了唯物主义，而只在精神和自然界的关系问题上坚持了唯物主义，在精神（思想观念）和历史的关系问题上并没能坚持唯物主义，从而近代唯物主义并没有能够实现唯物主义的完全含义。只有新唯物主义才在全部思维和存在关系问题上都坚持了唯物主义原则，实现了唯物主义的完整含义。

至此，就可以指出，上文所引证的恩格斯晚年对于唯物主义的论述实际上都是恩格斯按照他所理解的真正科学和彻底的新唯物主义的要求作出的；它们所表达的实际上只是新唯物主义的含义，而不包括近代唯物主义。这样一来，也就可以明白了，当恩格斯说哲学家们以对精神和自然界何者为本原问题的不同回答而分成唯物主义和唯心主义两大阵营的时候，

---

① 《马克思恩格斯选集》（第二版）第四卷，中央编译局编译，人民出版社 1995 年版，第 223 页。

在他心中，哲学家指的只是传统哲学家尤其是近代哲学家，而并不包括马克思和他自己。我们知道，思想革命后的马克思和恩格斯特别反对以黑格尔、青年黑格尔派为主要代表的传统思辨哲学，强调自己的学说不是哲学。从而，在晚年恩格斯那里，尽管思维和存在的关系问题是全部哲学的基本问题，对这一基本问题第一方面的回答是区分唯物主义和唯心主义的标准，但是思维和存在关系问题的第一方面在近代唯物主义和新唯物主义中的具体表现是不同的。近代唯物主义的存在只是自然界，而新唯物主义的存在则是全部现实世界，包括自然界和历史两部分。

可见，千万不要以为只要主张自然界先于精神存在就是新唯物主义的观点了。即使在被很多学者视为旧唯物主义者的恩格斯看来，这也至多只是旧唯物主义的观点，而并不是新唯物主义的观点。传统教科书理解模式没有意识到恩格斯晚年对于新唯物主义和近代唯物主义在具体含义上的区分。在传统教科书理解模式看来，恩格斯主张新唯物主义的含义和近代唯物主义完全相同，都是世界的本原是物质，意识是派生的；物质第一性，意识第二性；物质决定意识。更严重的是，传统教科书理解模式进而以为，自然界先于精神存在是新唯物主义的基本含义，只要承认自然界先于精神存在就是新唯物主义的观点。然而，这实际上是把近代唯物主义的基本含义当成了新唯物主义的基本含义，把新唯物主义的基本含义降到了近代唯物主义基本含义的层次。尽管马克思根据当时自然科学的认识成果也认为自然界先于人类社会、人类和人类的意识而存在，但这一点并不是新唯物主义的内在含义。因此，当国内持辩证唯物主义理解模式观点的众多学者为马克思和恩格斯在《德意志意识形态》阐述历史唯物主义基本观点的百忙之中还提到外部自然界是优先存在而欢欣鼓舞的时候，他们不知道，他们其实已经走上了一条对新唯物主义含义理解的错误道路，他们眼中的沙漠绿洲其实只是海市蜃楼。

二　重新评价恩格斯的晚年观点

重新认识了恩格斯晚年对新唯物主义含义的理解需要新的合理评价。笔者认为，恩格斯晚年对新唯物主义含义的理解并不像很多学者所批评的那样完全是旧唯物主义的。此外，恩格斯晚年理解的新唯物主义含义又的确同马克思赋予新唯物主义的含义有重大差异，带有某些近代哲学的色彩。

　　首先需要看到的是，恩格斯晚年的这一理解不是旧唯物主义的。第一，比较恩格斯晚年理解的新唯物主义含义和第一章总结的唯物主义的正统含义，恩格斯晚年对新唯物主义和全部唯物主义含义的理解与规定显然不同于哲学家们对正统唯物主义含义的理解和规定。而且，恩格斯还自觉区分了新唯物主义和近代唯物主义不同的具体含义。在恩格斯那里，新唯物主义的具体含义和近代唯物主义的具体含义有着重大区别。另外，恩格斯的"存在"也不同于近代哲学的"物质"。恩格斯的存在是现实世界，包括自然界和历史两方面，而不像近代哲学的物质是可以通过感官感知的物质实体。第二，对于新唯物主义及其含义，恩格斯主要用现实的语言、马克思主义的语言表述，而不是哲学的语言、近代形而上学的语言。如果说第一点是内容上的区别的话，那么这一点可以说是形式上的区别。近代形而上学使用上帝、心灵和物质，思维和存在这样哲学的语言论述唯心主义和唯物主义的基本观点，而恩格斯表述新唯物主义含义的时候使用的是现实世界和思想观念这样现实的语言。并且，恩格斯还明确反对不合理地使用哲学的语言，他对施达克的批评就充分表明了这一点。恩格斯批评施达克"用不必要的晦涩难懂的哲学语言""哲学用语堆砌得太多"①，强调用现实的语言分析、论述问题。

　　由上两点，笔者认为，恩格斯并不是像众多学者所猛烈批判的一个"十足的旧唯物主义者"。尽管也有不少局限，但恩格斯决不是肤浅落后、一无是处的。问题的关键在于，人们没有去系统深入地理解恩格斯本人的思想，而无批判地接受传统教科书理解模式对他的理解和诠释。传统教科书理解模式并没有能够真正把握恩格斯晚年所理解的新唯物主义的确切含义。恩格斯并不是以物质和意识的关系，也不主要以思维和存在的关系，而是主要以现实世界同思想观念的关系表述新唯物主义含义的。更为重要的是，传统教科书理解模式没有看出恩格斯对于新唯物主义和近代唯物主义具体含义的自觉区分，而将恩格斯认为是近代唯物主义含义——自然界是本原，精神是派生的误认作新唯物主义的含义，并且以为恩格斯就是这样主张的。传统教科书理解模式还误以为恩格斯把物质作为整个世界观的核心，但其实恩格斯并不把物质当作马克思主义唯物主义世界观的核心概

---

　　① 《马克思恩格斯选集》（第二版）第四卷，中央编译局编译，人民出版社 1995 年版，第227 页。

念，而主要是在自然观上使用物质概念的。此外，为了突出哲学普遍的世界观性质，传统教科书理解模式还使用并强调使用哲学的语言和表述方式，这也同恩格斯主要使用并强调使用现实的语言和表述方式相背。

不过，恩格斯晚年对新唯物主义含义的理解又的确和马克思赋予新唯物主义的独特含义有重大差异，带有某些近代哲学的色彩。笔者以为，对恩格斯的晚年理解最需要反思的问题在于，将新唯物主义及其含义作了普遍化和泛化，而这主要是由于恩格斯试图建构完整、统一的马克思主义的新唯物主义世界观造成的。

恩格斯晚年认为马克思主义新唯物主义世界观的基本原则和含义是现实世界是思想观念的原型和基础，思想观念是现实世界的反映和表现。具体地说，现实世界可以区分为自然界和社会历史两大领域，人们的思想观念也可以相应地分为关于自然界的思想观念和关于社会历史的思想观念。关于自然界的思想观念是对自然界的反映；关于社会历史的思想观念是对社会历史的反映。将这两方面结合起来，就构成了马克思主义新唯物主义世界观的基本原则：现实世界是思想观念的原型和基础，思想观念是现实世界的反映和表现。而这也就是新唯物主义世界观的基本含义。然而，这一观点及其思路并不能完全成立。上文已经详细论证过，在马克思那里，新唯物主义世界观的基本观点和含义只是物质生产力与生产关系及其矛盾运动、物质活动是思想观念和上层建筑的现实基础，而不是人们关于自然界的思想观念是对自然界的反映和人们关于社会历史的思想观念是对社会历史的反映。这二者有着重大的区别。恩格斯晚年一方面将物质生产力与生产关系及其矛盾运动、物质活动普遍化为全部人类社会历史；另一方面又将历史唯物主义的基本原则和观点推广和普遍化到自然界，寻求对全部世界进行统一的新唯物主义世界观的解释。但是，恩格斯的这种努力和马克思的思想并不一致。

第一，即使在历史观领域，恩格斯对新唯物主义含义的理解和阐释也并不准确，将物质生产力与生产关系及其矛盾运动普遍化和泛化为全部人类社会历史并不符合马克思的思想。恩格斯把新唯物主义的基本观点和原则亦即新唯物主义的基本含义——物质生产力与生产关系及其矛盾运动、物质活动是思想观念和上层建筑的现实基础普遍化为人类社会历史是思想观念的现实基础。然而，马克思并不泛泛地说现实的社会历史是思想观念的原型和基础，而是特别强调物质生产力与生产关系及其矛盾运动、物质活动是思想观念和上层建筑的现实基础。恩格斯在社会历史的一般层面上论述新唯物主义的含义，但马克思却不是在这种一般的层面上谈论新唯物主义的含义的。因为，在马克思看来，并不是所有的社会历史的事物都具有对思想观念和上层建筑的基础和决定作用，只有物质生产力与生产关系、物质活动才对思想观念和上层建筑起这种基础和决定作用。这才是唯物史观的精义和贡献所在，而不是全部社会历史都是人们思想观念的现实基础。当然，恩格斯也是很明确的，作为思想观念现实基础并深层地影响和决定思想观念的是物质生产力与生产关系及其矛盾运动、物质活动而不是人类社会历史中的全部事物。然而，在论述新唯物主义基本观点和含义的时候，恩格斯却将物质生产力与生产关系及其矛盾运动、物质活动普遍化和泛化为人类社会历史。这是恩格斯的论述和马克思的一个重大不同。

　　第二，更为重要的是，即使勉强同意现实社会历史是思想观念的原型和基础，思想观念是现实社会历史的反映和表现大体同新唯物主义的含义一致，我们也不能同意新唯物主义的基本含义也包括自然界是思想观念的原型和基础，思想观念是自然界的反映和表现。本质上是历史的实践的唯物主义的新唯物主义的基本含义不能这样被推广到自然界。

　　首先，恩格斯论述新唯物主义世界观基本含义时对自然和历史的区分并非完全准确。恩格斯晚年沿用黑格尔的自然、历史和思维三分法，先区分思想世界和现实世界，又把现实世界划分为自然界和历史。这就是说，恩格斯把自在自然也看作现实世界，纳入现实世界的范围之中。然而，对于马克思（以及早年的恩格斯）来说，现实世界就是人类世界、世俗世界、人类社会历史，并不包括尚未置于人的统治之下的自在自然。受恩格斯和其他理论家的影响，传统教科书理解模式自然观的自然显然也包括了自在自然。然而，马克思非常反对不合理地谈论自在自然。"费尔巴哈从来不谈人的世界，而是每次都求救于外部自然界，而且是那个尚未置于人的统治之下的自然界。"① 虽然思维可以对自在自然进行反映和思考，但人类活动难以直接深入触及。这种自在自然并不是人类生活其中，作为人类生存和发展空间，同人类的生存和发展休戚相关的现实世界、人类世界。马克思对费尔巴哈自在自然的这个批评值得传统教科书理解模式注

---

① 《德意志意识形态》（节选本），中央编译局编译，人民出版社 2003 年版，第41—42 页。

意。传统教科书理解模式阐述唯物主义自然观的时候，同样"把人对自然界的关系从历史中排除出去了，因而造成了自然界和历史之间的对立"。① 显然，恩格斯将自在世界也作为新唯物主义世界观强调的作为思想观念现实基础的现实世界并不符合马克思的思想。

进一步的问题还在于，对自然和社会的简单二分。传统教科书理解模式更加扩大了自然和历史的差别，在马克思主义哲学原理体系中简单地二分自然和社会。结果好像自然和社会是平行的一样：一边是自然；另一边是社会，中间由人及其实践连接。然而，自然和社会的这种平行只是逻辑上的平行，而决不是事实上的平行；决不是一边是自然，一边是社会，二者遥遥相对。千百年来，以社会的形式联结的人类通过实践活动不断改造着自然，在人类、人类社会同自然之间建构了密切的相互作用和关系。从而，自然尤其是人化自然和人类社会并不彼此外在，而是内在相通的。自然不是在人类社会之外的自然，人类社会也不是自然之外的社会；人类社会建立在自然尤其是人化自然的基础之上，而人化自然又成为人类社会历史重要的内在组成部分。社会历史并不只由人组成，人化自然也是构成社会历史的一个要素，并和人相互作用生成社会历史。② 进入现代社会，人类及其实践对自然、人化自然产生了越来越大的作用和影响，甚至一定程度地改变了自然的性质，越来越将自然转变为人化自然甚至人定自然。因

---

① 《德意志意识形态》（节选本），中央编译局编译，人民出版社2003年版，第37页。

② 一般认为，在人和自然相互作用的活动及其过程中，人自然化，自然人化。然而我们的认识不能停留在这个层面，还需做进一步的分析：在这样一个双向作用的过程中，哪一方面的强度更高？是人把自身的因素作用进自然，还是自然将其因素作用进人？哪一方面占主导地位，使对方更多地向自身转化？是人还是自然？哪一结果更为显著？是自然人化还是人自然化？毫无疑问，都是前者。因此，我们必须比原来的认识更进一步地看到，在这个相互作用的活动及其过程中，起主导作用的是人。主要是人给自然打上人的印记，而不是自然给人打上自然的印记。人在自然中留下了深深的印记，甚至使自然具有了社会性的人的性质。而自然除了原初对人的规定之外并没有给人打上新的印记，使人向自然的方向转变；相反，人一直在向着超越自然的方向发展。这也就是恩格斯所说的"我们对自然的胜利"。当然，给自然打上人的印记，必须遵循自然给予的基础和底线，遵循自然的规律。还有与此相关的一点：说人和自然相互作用，在一般的意义上是正确的，但也只是在一般的意义上正确。需要注意的是，在千百年的这种相互作用之后，除了少数新成为人的活动对象的自然的部分，人的主体因素作用于其上的对象已经不再是原初的天然自然，而是带上了鲜明的人的主体因素的自然即人化自然，并且这种人化自然的"人化"程度越来越高。因此，我们必须比原来的认识更进一步地看到，当人类及其物质生产活动发展到一定程度的时候，从事物质生产活动的人是同人化自然而非一般意义上的自然更非天然自然相互作用的。这既是人类不断发展的体现，也是人类不断发展的条件。

此，现在的自然和社会高度重合、交叉，只能做逻辑上的区分，而不能在现实中区分它们。我们已经无法分清人化自然尤其"人定自然"是自然还是社会了，只是从不同的维度理解自然和社会时它们才具有单纯的性质，可以同对方分离开来。从自然、自然科学、自然哲学的角度看它的时候，它是自然；而从社会历史、社会历史科学、社会历史哲学的角度看它的时候，它又是社会。更准确地说，和人一样，人化自然尤其是"人定自然"既具有自然的属性，同时更具有深刻的社会的性质。从而，尽管自然并不完全是一个社会历史的概念，也永远不可能和社会历史完全等同，但的确如施密特所说，自然为社会所中介。事实上，马克思就已经开始了对自然和社会历史的关系的这种看法，"如果说在黑格尔那里的确'物质的自然界同样影响了世界历史'，那么马克思伊始以社会范畴去理解自然界"。① 当然，反对旧唯物主义将社会历史和自然割裂开来、二元化，主张社会历史和自然高度统一的马克思并不认为社会历史和自然的统一是像黑格尔所认为的绝对的无限的统一，而是相对的有限的统一。总而言之，如果只是简单地将现实世界二分成自然和社会历史，而不去做更为深入具体的分析无论如何也不能正确认识现实世界，而只会割裂自然和社会历史的内在相通和密切关系，阻碍对社会历史和自然的正确理解。

其次，恩格斯认为人们关于自然界的思想观念是对自然界的反映和抽象的观点也是值得商榷的。在一般的意义上，人们对自然的认识的确是对自然的反映。但是，人们认识的过程和结果是否完全或主要受自然决定呢？这需要具体分析。面对同一个对象——自然，为什么人们对自然的认识总是不断变化呢？而且，面对同一个对象——自然，为什么不同人们的认识各不相同呢？在马克思看来，这是由于人与自然的关系（主要是生产力）和人与人的关系（主要是生产关系）及其矛盾运动以及物质活动决定的。同自然界受人类社会和人类实践影响和中介一样，人们对自然的认识也深受社会和实践的影响和中介，归根结底受生产力与生产关系、物质活动的中介和决定。

学术界已经深入地讨论了这个问题。道理也不复杂。举一个简单的例子来说，在是否保护自然环境的问题上，人们的思想观念并不主要由人们

---

① ［德］柯尔施：《卡尔·马克思》，熊子云、翁延真译，重庆出版社1993年版，第112页。

对自然环境的认识、自然科学的研究决定，而是由人与自然的关系（主要是生产力）和人与人的关系（主要是生产关系）及其矛盾运动归根结底地决定的。人类只有在人与自然的关系（主要是生产力）和人与人的关系（主要是生产关系）达到高度发展的程度上才能真正认识和实践对自然环境的保护。在马克思看来，在前资本主义社会中，生产力的发展程度还不足以让人们真正认识和实践保护自然环境。而在资本主义社会中，虽然生产力已经发展到了相当的高度，已经有条件和能力认识和实践对自然环境的保护，然而由于资本主义制度，作为资本人格化身的资本家出于自己的利益，尽管明明知道人类必须保护自然环境，但还是不愿意至少不自愿保护自然环境，依然还是控制工人阶级大肆掠夺和破坏自然资源和自然环境。只有生产力高度发展，并且推翻资本主义制度，人与人的关系成为和谐的关系，每个人全面自由发展，才能最终真正完全实现对自然环境的保护。可见，人们关于自然界的思想观念并不仅仅像恩格斯晚年认为的那样只是对自然界的反映和抽象，而是深层地受人类生产力和生产关系及其矛盾运动的影响甚至决定。除了生产力和生产关系，人们对于自然界的认识、关于自然界的思想观念也受物质活动的深层影响甚至决定。诚如经典作家所言，人的思维（包括对自然的认识）的最本质和最切近的基础，正是人所引起的自然界的变化，而不仅仅是自然界本身；人在怎样的程度上学会改变自然界，人的智力就在怎样的程度上发展起来。

不难看出，对于自然以及人们对自然的认识，恩格斯主要是从自然科学、自然哲学的角度和意义出发进行理解的。可以从不同的角度理解自然。然而，从这些不同的角度理解的自然是大不相同的。比如，从自然科学、自然哲学和社会历史科学、社会历史哲学这两种不同的角度出发理解的自然就大不相同。马克思主要在社会历史科学、社会历史哲学的角度和意义上思考和谈论自然；而恩格斯主要在自然科学、自然哲学的角度和意义上思考和谈论自然。尽管恩格斯有时也论述人类劳动对自然界的作用，人类社会和自然的相互作用，但恩格斯晚年更多的还是从自然科学、自然哲学的角度出发理解自然。

从这两种不同的角度出发导致恩格斯和马克思对自然的研究和思想产生差别。恩格斯着重研究的是全部自然，而马克思着重研究的是人化自然；恩格斯所说的人们对于自然的认识、关于自然的思想观念主要是对自然科学的认识，而马克思则主要是从社会历史的角度看关于自然的思想观念。在对自然科学认识问题上，恩格斯自然观上的唯物主义的确是有效的，因为对自然科学的认识在内容上的确是直接决定于认识对象的，只在深层受人类社会历史、物质生产力与生产关系、物质活动的影响。然而，一旦超出这个范围，涉及其他问题，恩格斯的这种自然观上的唯物主义也就无能为力了。人们对自然科学的认识只是人类对自然认识的一部分、一方面。在对自然科学的认识之外，人们对自然的认识不仅在深层的意义上受人类社会历史、物质生产力与生产关系、物质活动的影响，甚至由它们直接决定。可见，认识到人对于自然的认识是人对自然的反映，仅揭示出人对自然的认识的一般对象、一般内容，并没有揭示出人对自然的认识的最根本的决定因素，并没有发现决定人对自然的认识的最根本的唯物主义因素，从而没有达到历史唯物主义的水平。显然，恩格斯的这种自然观上的唯物主义更适合于对自然科学的研究，对从自然科学、自然哲学的角度出发认识自然具有重要意义，但它并不适合于从社会历史、社会历史科学、社会历史哲学的角度出发看待自然。

需要注意的是，恩格斯晚年的这种自然观上的唯物主义，接近于马克思在《资本论》中批评的自然科学的唯物主义。依照马克思的思想，这种自然观上的唯物主义如果没有历史唯物主义——总的思想、总的世界观作为基础和指引的话，一旦越出它的适用范围，很容易产生抽象的和意识形态的观念。事实上，马克思和恩格斯早年都是对自然科学进行历史唯物主义理解的。正如他们所指出的，"如果没有工业和商业，哪里会有自然科学呢？甚至这个'纯粹的'自然科学也只是由于商业和工业，由于人们的感性活动才达到自己的目的和获得自己的材料的"。① 可见，在早年的马克思和恩格斯看来，即使像自然科学这样的科学认识也并不只由对象——自然界决定，也受物质生产力与生产关系及其矛盾运动、物质活动的影响和制约。专门研究自然、从事自然科学的研究很容易把人及其观念看作自然的产物而不是社会的产物，不把人及其观念看作本质上是在社会历史中生成的，而认为它们就是在对自然的认识中生成的，就是对自然的反映。恩格斯晚年也或多或少地受了这种影响，虽然他对唯物史观有深刻理解。恩格斯力图科学地揭示和阐发自然界中的唯物主义的辩证法，并且很好地做到了这一点。然而，在这一过程中，恩格斯也把新唯物主义的历

① 《德意志意识形态》（节选本），中央编译局编译，人民出版社 2003 年版，第 21 页。

史唯物主义的基本原则和含义扩大到自然界，而且主要是自然科学和自然哲学意义上的自然界，将新唯物主义的历史唯物主义的基本原则和含义普遍化和泛化了。

或许学者们会反驳说，马克思也赞同恩格斯的自然辩证法啊。是的，马克思的确同意恩格斯的自然辩证法。但是，必须注意到，马克思是在自然科学、自然观、辩证法的意义上同意的。笔者也认为，在自然科学、自然哲学的意义上，自然辩证法确实可以成立并具有重要的理论价值和意义。然而，必须强调，在马克思那里，新唯物主义世界观只是历史唯物主义而不是自然观上的唯物主义再加上历史观上的唯物主义，更不可能只是自然观上的唯物主义。自然观上的唯物主义、自然辩证法只有建立在历史唯物主义的基础之上才是科学的；不以历史唯物主义为基础的自然观上的唯物主义、自然辩证法甚至有可能像马克思所批评的自然科学的唯物主义那样越出它的专业范围就陷入意识形态的和唯心主义的深渊。可见，马克思也赞同自然辩证法并不能作为恩格斯晚年所阐述的这种自然观上的唯物主义也是新唯物主义世界观基本原则的组成部分的依据。

而且也不能完全排除这样的可能：或许考虑到马克思和恩格斯之间长久而深厚的友谊，他们作为国际工人运动领导人的十分重要的地位和作用，恩格斯长期提供的经济上的支持和帮助，马克思对恩格斯同自己的一些不是根本性的思想差异就不明确提出了。甚至还有这样的可能：对于他们之间的一些较为具体的差别，对恩格斯十分信任、认为恩格斯在总的思想方向上肯定和自己一致的马克思如果没有特别留心的话也难以看出。要事缠身且精力逐渐衰退的马克思，不可能跟研究者一样做细致的观察、思考、分析和揣摩，"尽精微"甚至"过度诠释"。再退一步说，即使马克思晚年完全同意恩格斯这种自然观上的唯物主义并将其作为新唯物主义世界观的基本原则，也不能认为恩格斯的一些并不完全科学的观点是马克思主义新唯物主义世界观的基本原则。因为，我们已经证明这些观点并不符合马克思主义的基本思想、原则和精神。而判断思想观点是否是马克思主义的，最主要的应该是看这种思想观点是否符合马克思主义的基本思想、原则和精神，而非简单地看马克思是否同意。

或许学者们还会提出这样的疑问：马克思自己不也使用过现实世界、现实是思想观念的基础，决定思想观念这样的表述方式阐发新唯物主义的基本观点和含义吗？恩格斯晚年的表述难道和马克思的这种表述不完全一致吗？的确，马克思有时也使用现实世界、现实是思想观念的基础，决定思想观念这样的表述方式阐述新唯物主义的基本观点和含义，但是，正如上文指出的那样，在马克思的著作中，"现实世界"和"现实"概念经常是特指的、狭义的。例如，在《德意志意识形态》中，马克思这样批评德国历史学家道："对于德国历史编纂学来说，问题完全不在于现实的利益，甚至不在于政治的利益，而在于纯粹的思想。"① 仔细品读这句话，可以看出，马克思所说的现实和我们现在一般说的现实并不相同，指的只是经济的、物质的方面。马克思还批评施蒂纳"把实际的冲突（即个人和实际生活条件之间的冲突）变成思想的冲突（即这些个人和个人自己产生的或自己塞进自己头脑中去的那些观念之间的冲突）……他在这里又使现实冲突在思想上的反映离开了这些冲突本身并使这种思想上的反映成为独立存在的东西。……他就狡猾地把现实的冲突，即它在思想上的反映的原型，变成这个思想上的假象的结果了"。② 在这段话中，马克思指出现实（现实的冲突）是思想（思想的冲突）的原型和基础，思想（思想的冲突）是现实（现实的冲突）的反映和表现。乍看起来，马克思的这个观点和恩格斯晚年的理解非常相似。但是，更深入地思考就会发现马克思在此所说的现实、现实的冲突其实是特指的现实、现实的冲突，即"个人和实际生活条件之间的冲突"。这种现实的冲突是人们在生产生活过程中形成的，归根结底是由物质生产力与生产关系及其矛盾运动、物质活动决定的经济性、物质性的冲突。可见，马克思所说的现实、现实世界指的是人们的实际生产生活过程尤其是物质生产力与生产关系及其矛盾运动、物质活动，而非恩格斯所说的自然界和历史的总和。也就是说，即使马克思用现实世界、现实决定思想观念这样的命题表述新唯物主义含义的时候，新唯物主义的基本含义也还是上文所概括的物质生产力与生产关系及其矛盾运动、物质活动是思想观念和上层建筑的现实基础。

综上所述，恩格斯晚年对新唯物主义及其含义的理解和阐释和马克思并不完全一致。指出了恩格斯和马克思的差异，也简单分析了一下造成这种差异的原因。除了客观原因之外，笔者以为，一个非常重要的深层原因是，恩格斯所遗存的某些传统哲学观尤其是黑格尔的哲学观。受传统哲学

① 《德意志意识形态》（节选本），中央编译局编译，人民出版社 2003 年版，第 38 页。
② 《马克思恩格斯全集》第三卷，中央编译局编译，人民出版社 1960 年版，第 324 页。

观的影响，恩格斯希望建构一个完整统一的马克思主义的唯物主义世界观。为此，他把新唯物主义世界观的基本原则和观点扩展到全部世界（自然界和历史），使之适用于全部世界并系统化。或许恩格斯还有更为宏伟的考虑：自然科学、自然辩证法是对自然界的科学认识，历史科学和历史辩证法是对人类社会历史的科学认识，思维科学和思维辩证法是对人类思维的科学认识，作为自然辩证法、历史辩证法和思维辩证法总括的唯物辩证法概括了包括自然、历史和思维在内的全部世界的最一般规律，而辩证唯物主义则是全部世界的统一的新唯物主义世界观，这样就形成了以马克思主义为核心和最高原则的对全部世界的科学认识和说明。然而很遗憾，恩格斯这个建构完整统一的理论体系的努力——恩格斯确实过于希望建构这种理论体系了——并不符合马克思主义的思想和精神。①

在研究自然辩证法、写作《反杜林论》之前，恩格斯对新唯物主义世界观和唯物史观的理解与定位是同马克思一致的。和马克思一样，当时的恩格斯也认为唯物主义历史观就是新唯物主义世界观。1859 年为介绍马克思新著而作的书评《卡尔·马克思〈政治经济学批判〉第一分册》清楚显示了晚年之前的恩格斯和马克思的高度一致。恩格斯写道："这个划时代的历史观（指黑格尔的历史观——引者注）是新的唯物主义观点的直接的理论前提。"② 我们看到，恩格斯认为黑格尔的辩证的"有巨大的历史感作基础"的尽管唯心的历史观是新的唯物主义观点即马克思主义的直接理论前提。这就是说，在此时的恩格斯看来，马克思主义的理论基础——新唯物主义的主要内容就是唯物史观。

恩格斯又说，唯物辩证法的制定"是一个其意义不亚于唯物主义基本观点的成果"。③ 此时尚未研究自然辩证法的恩格斯和马克思所形成的唯物主义观点只有唯物主义历史观。可见，在这里恩格斯也像马克思那样把唯物史观看作新唯物主义的基本观点，亦即总的新唯物主义世界观。恩格斯指出，唯物史观的基本观点"像一根红线贯穿着党的一切文献。在

---

① 在黑格尔那里达到成熟形态的思维、自然和历史的三分法成为后来正统理解模式的深层理论框架和分析框架。传统教科书理解模式不加分析地沿用黑格尔这个理论框架和分析框架，导致了很多严重问题的产生。

② 《马克思恩格斯选集》（第二版）第二卷，中央编译局编译，人民出版社 1995 年版，第42 页。

③ 同上书，第43 页。

所有这些文献中，每个场合都证明，每次行动怎样从直接的物质动因产生，而不是从伴随着物质动因的词句产生，相反地，政治词句和法律词句正像政治行动及其结果一样，倒是从物质动因产生的。"① 显然，恩格斯非常明确地告诉人们，唯物史观是无产阶级政党的全部理论的指导思想。尚未研究自然辩证法的恩格斯对唯物史观的理解和定位同马克思的一致还有更为直接有力的证据。这就是恩格斯于 1859 年 8 月 3 日致马克思的信。在这封信中，恩格斯对马克思说道："《政治经济学批判》用唯物主义世界观的某些令人信服的例子来代替二月革命的那些缺乏说服力的例子是适当的。"② 在这里，恩格斯直接把马克思在《政治经济学批判》中所阐述的此时他们的主要理论观点——唯物史观称作唯物主义世界观。可以看出，这个时候的马克思和恩格斯共同把唯物史观看作新唯物主义世界观。

于是，在书评的开首，引证了马克思在《政治经济学批判》序言中对唯物史观的经典论述之后，恩格斯写道："人们的意识决定于人们的存在而不是相反……这个原理的最初结论就给一切唯心主义，甚至给最隐蔽的唯心主义当头一棒。……因此，新的世界观不仅必然遭到资产阶级代表人物的反对，而且也必然遭到一群想靠自由、平等、博爱的符咒来翻转世界的法国社会主义者的反对。这种世界观激起了德国庸俗的民主主义空喊家极大的愤怒。"③ 再明显不过的是，恩格斯把唯物史观当作同一切唯心主义相对立并战而胜之的新唯物主义世界观。

综上可见，尚未研究自然辩证法的恩格斯对新唯物主义、唯物史观的理解和定位同马克思完全一致。然而，由于深受传统哲学尤其黑格尔哲学观的影响，恩格斯晚年对新唯物主义世界观的基本原则和含义做了扩展。这在一定程度上误导了传统教科书理解模式对于新唯物主义及其含义的理解。

---

① 《马克思恩格斯选集》（第二版）第二卷，中央编译局编译，人民出版社 1995 年版，第 39 页。

② 《马克思恩格斯全集》第二十九卷，中央编译局编译，人民出版社 1960 年版，第 451 页。

③ 《马克思恩格斯选集》（第二版）第二卷，中央编译局编译，人民出版社 1995 年版，第 39 页。

第二节 对列宁观点的分析与评价

在马克思主义哲学史上，列宁上承普列汉诺夫，下启斯大林，从正统唯物主义的意义上理解马克思的新唯物主义及其含义，将新唯物主义的含义理解为和正统唯物主义完全相同的含义。列宁的观点是后来传统教科书理解模式对新唯物主义含义的辩证唯物主义理解的一个重要促成因素。

一 普列汉诺夫的观点

普列汉诺夫对新唯物主义含义的理解是列宁观点的先驱。应该说，在对新唯物主义的本质和含义的辩证唯物主义理解模式的形成和发展过程中，普列汉诺夫的作用和影响是重大的，甚至是开创性的。

针对人们认为马克思主义没有哲学基础，纷纷为马克思主义补充哲学基础，结果把马克思主义同各种资产阶级哲学相黏合，普列汉诺夫强调，现代唯物主义世界观——马克思主义（包括哲学唯物主义和历史、经济方面）是有哲学基础的，这就是主要由费尔巴哈发展起来、最终战胜唯心主义的哲学唯物主义。普列汉诺夫提出，马克思和恩格斯从费尔巴哈那里获得了哲学唯物主义，并将其作为马克思主义的哲学基础："费尔巴哈是马克思的直接的哲学前辈，而且在很大程度上还奠定了马克思和恩格斯的世界观的哲学基础。"[1] 在普列汉诺夫看来，费尔巴哈的唯物主义就是其在《关于哲学改造的临时纲要》一文中对思维和存在关系的观点：存在是主体，思维是客体。

普列汉诺夫认为，"这种对存在和思维的关系的观点被马克思和恩格斯当作唯物主义历史观的基础"[2]。哲学唯物主义就是对思维和存在、主体和客体关系问题的上述唯物主义的回答。"会思想的不是抽象的实体，而正是这个现实的实体，即身体。这样，正和唯心主义者所说的相反，现实的、物质的实体变为主体，思维成了客体。这就是解决存在和思维间的

---

① ［俄］普列汉诺夫：《马克思主义的基本问题》，张仲实译，生活·读书·新知三联书店1961年版，第4页。

② 同上书，第6页。

矛盾的唯一可能的方法。"① 和唯心主义主张思维是主体，存在、现实的物质的实体是客体不同，唯物主义主张存在、现实的物质的实体是主体，思维是客体。这就是普列汉诺夫所理解的唯物主义含义。在普列汉诺夫心中，马克思新唯物主义以及费尔巴哈唯物主义的含义和唯物主义的这种正统含义完全相同，都是存在、物质第一性，思维、意识第二性。

显然，普列汉诺夫严重误解了新唯物主义及其含义。普列汉诺夫对新唯物主义及其含义理解的最大的问题和失误的根源是从正统唯物主义的意义上理解马克思和费尔巴哈的唯物主义及其含义，把马克思和费尔巴哈的唯物主义理解成同正统唯物主义完全相同的唯物主义形态。在普列汉诺夫看来，和正统唯物主义一样，新唯物主义同唯心主义争论的焦点也是思维和存在、物质和意识的关系问题。从而，新唯物主义的主要观点和含义也是和正统唯物主义一样的存在、物质第一性，思维、意识第二性。还值得一提的是，普列汉诺夫所说的物质是在心灵之外真实存在的并可以通过感官感知的物质性实体，而非传统教科书所主张的那种具有最高普遍性、最大普适性和最高抽象性的物质。由于列宁对物质的理解和普列汉诺夫相一致，而列宁观点的影响力又大得多，因此分析和评价列宁的时候再论述这个问题。

在这里，笔者想着重指出的是，事实上，不是恩格斯，而是普列汉诺夫正式开启了对新唯物主义的本质与含义的辩证唯物主义理解的先河。他的观点对列宁以及后来的一大批马克思主义哲学家造成了很大的影响，促成了辩证唯物主义理解模式的形成和确立。并且，也正是普列汉诺夫，和车尔尼雪夫斯基一道开始了对费尔巴哈哲学和唯物主义的长期误解，把费尔巴哈哲学和唯物主义的本质误解为自然唯物主义，完全没有看出费尔巴哈哲学和唯物主义的人本主义的感性唯物主义本质。其实，他本想澄清和强调费尔巴哈的哲学贡献，但实际上反而将费尔巴哈哲学推向了旧哲学的深渊。普列汉诺夫未曾看到和想到，费尔巴哈本人早就严正驳斥了像他这样将其哲学思想归结为思维和存在及其关系的做法。

---

① ［俄］普列汉诺夫：《马克思主义的基本问题》，张仲实译，生活·读书·新知三联书店1961年版，第8页。

二　重新理解和评价列宁观点

在阐发马克思主义的唯物主义思想的主要著作《唯物主义和经验批判主义》中，列宁在批判其主要论战对象——经验批判主义的过程中详细阐述了他对马克思主义的唯物主义及其含义的理解。列宁的观点十分清晰明确。在他看来，马克思主义的唯物主义的含义和一般唯物主义的含义是完全一致的。"这也就是唯物主义：物质作用于我们的感官而引起感觉。感觉依赖于大脑、神经、视网膜等，也就是说，依赖于按一定方式组成的物质。物质的存在不依赖于感觉。物质是第一性的。感觉、思想、意识是按特殊方式组成的物质的高级产物。这就是一般唯物主义的观点，特别是马克思和恩格斯的观点。"① 显然，在列宁看来，新唯物主义及其含义和一般唯物主义（正统唯物主义）一致。当然，无须赘言，列宁也正确地认识到并且强调了马克思主义的唯物主义同旧唯物主义的重大差别。然而，在唯物主义的含义这个问题上，列宁的确认为新唯物主义是和以往的唯物主义一致的。

列宁对包括新唯物主义在内的全部唯物主义的含义及其同唯心主义的对立做了大量近似的论述："是否把自然界、物质、物理的东西、外部世界看作第一性的东西，而把意识、精神、感觉、心理的东西等看作第二性的东西，这是一个实际上仍然把哲学家划分为两大阵营的根本问题。"②"唯物主义者和唯心主义哲学信徒的基本区别在于：唯物主义者把感觉、知觉、表象，总之，把人的意识看作是客观实在的映象。"③ "物、世界、环境是不依赖于我们而存在的。我们的感觉、我们的意识只是外部世界的映象；……没有被反映者，就不能有反映，但是被反映者是不依赖于反映者而存在的。唯物主义自觉地把人类的'素朴的'信念作为自己的认识论的基础。"④ 概括这些论述，列宁是这样理解新唯物主义的含义的：物质、自然界、外部世界不依赖于意识而存在，是意识、感觉、思想的原型和基础；意识、感觉、思想依赖于物质而存在，是物质、自然界、外部世

① 　[苏] 列宁：《唯物主义和经验批判主义》，中央编译局译，人民出版社 1998 年版，第49 页。

② 　同上书，第 351 页。

③ 　同上书，第 280 页。

④ 　同上书，第 65 页。

界的模写和映象，是物质的高级属性。物质、自然界、外部世界第一性，意识、感觉、思想第二性。

可见，和普列汉诺夫一样，列宁对新唯物主义含义的理解也不同于马克思对新唯物主义含义的规定。并且可以看出，列宁对新唯物主义及其含义的理解和普列汉诺夫很接近。虽然强烈批评普列汉诺夫在其他问题上的一些缺点，但是在新唯物主义的含义问题上，列宁却是赞同普列汉诺夫观点的，对包括《马克思主义的基本问题》在内的普列汉诺夫阐述马克思主义"辩证唯物主义"世界观的著作持肯定态度。和普列汉诺夫一样，列宁对新唯物主义理解的最需要反思的地方，也是从正统唯物主义的意义上理解新唯物主义及其含义，把新唯物主义理解成和正统唯物主义完全一致的唯物主义形态，把新唯物主义的含义理解成和唯物主义的正统含义完全一致的含义。列宁和普列汉诺夫一样地认为，和正统唯物主义相同，新唯物主义同唯心主义争论的主要问题也是思维和存在、物质和意识、自然和精神的关系问题，新唯物主义的主要观点和含义也是存在、物质、自然第一性，思维、意识、精神第二性。从而，在列宁看来，新唯物主义的含义和正统唯物主义完全一致。如果说有什么差别的话，就是马克思比正统唯物主义更加坚定地主张以上这些唯物主义世界观的基本观点和原则，更加坚定地坚持唯物主义的含义。更为重要的是，列宁所理解和规定的物质和近代哲学家们理解和规定的物质完全一致，是心灵之外真实存在的并可以通过感官感知的物质性实体。这一观点或许会令很多人惊讶并被认定为奇谈怪论。

在传统教科书理解模式看来，古代唯物主义把特定的具体物质认作世界的本原，是一种自发的朴素的唯物主义思想；而近代唯物主义把当时自然科学发现的原子看作世界的本原，仍然把世界的本原归结为某种特定的具体物质即物质个别，并没有从根本上超越古代朴素唯物主义的物质观，因而也不能真正地、科学地说明世界的物质性。只有在辩证唯物主义产生之后，物质概念才得到了正确的理解，世界的物质性才得到了合理的说明。列宁对物质概念的科学定义正是辩证唯物主义科学的物质观的集中体现。在他们看来，列宁的物质定义科学地抓住了一切物质的共性，把作为共性的物质一般和具体的物质形态区分开来。物质的具体形态多种多样，但它们具有一个共同的特性——客观实在性，即不依赖于意识而存在。这种客观实在性是每一个具体物质都具有的属性，是从全部具体物质中抽象出来的共性。把握了全部物质的这一根本特性，就把自然界和人类社会的全部客观实在都概括于自身之中。

由此，传统教科书认为，和近代哲学、古代哲学的物质不同，列宁的物质包括了自然界和人类社会的全部客观实在，是对这全部客观实在的最高抽象，不再是具体物质、物质个别，而是最高的物质一般。除此之外，传统教科书还一直有意无意地把列宁的物质——客观实在理解为或误变成全部物质共同的根本性质——"客观实在性"，试图与之不同以往的物质定义区别开来。各式各样的马克思主义哲学原理教科书常常有诸如此类的阐述，如说列宁的物质范畴是对"一切可以直接或间接从感觉上感知的事物的共同的本质属性的抽象。"① 这实际上是把物质等同为客观实在性。然而，事实上，传统理解模式的上述观点并不能成立。列宁的物质不是最高的物质一般，而是可感物质实体一般。

近代哲学的物质是可感物质实体一般。传统教科书理解模式对近代哲学的物质概念的含义的理解并不正确。如上所述，在传统教科书理解模式看来，近代唯物主义的物质是个别的物质。经常有人说近代唯物主义是原子本体论，把物质理解成原子、宇宙之砖。然而，实际上，近代哲学家们一般使用的物质并不是这种物质个别，而是心灵之外的真实存在的并可以通过感官感知的物质性实体。这也就是说，近代哲学的物质也是一种相当程度的物质一般，至少概括了全部可感的物质性实体，尽管并不是最高程度的物质一般。大部分近代哲学家都是这样理解和规定物质概念的。

霍布斯对物质作了很好的论述，他提出："物体是不依赖于我们思想的东西，与空间的某个部分相合，或具有同样的广延。""由于它有广延，我们一般称它为物体；由于它不依赖我们的思想，我们说它是一个自己存在的东西；它也是存在的，因为它在我们以外，最后，它……可以为感觉所知觉，并且为理性所了解。"② 可见，霍布斯指出了物体（和物质一致）的三个基本特点：客观实在性、广延性和可知性。很明显，他所说的物质是全部可知的具有广延性的物体，并不是某种特定的具体物质形态，已经达到了相当的普遍和抽象程度。有理由说，霍布斯这段论述实际上已经基

---

① 陈先达、杨耕：《马克思主义哲学原理》，中国人民大学出版社 2003 年版，第 51 页。

② 《西方哲学原著选读》上卷，北京大学哲学系外国哲学史教研室编译，商务印书馆 1981 年版，第 391—392 页。

本上提出了传统教科书理解模式所说的列宁对于物质的经典定义。

斯宾诺莎（和物质一致）说道："物体，我理解为在某种一定的方式下表示神的本质的样式，但就神被认作一个有广延之物而言。"① 按照斯宾诺莎的思想，也就是说，物体是作为有广延之物的神的分殊，亦即在他物内通过他物而被认识的、本身是作为唯一的实体的神的东西。可见，斯宾诺莎的物体是一个集合概念，并不是某种特定的具体物质形态。爱尔维修更为明确地说："物质并不是一件东西，自然中只有一些我们称之为形体的个体，物质这个名词只能了解为那些为一切实体所固有的特性的集合。"② 显然，爱尔维修界定的这个物质概念也是一个集合概念，物质是所有有形实体的集合。霍尔巴赫指出："物质一般地就是一切以任何一种方式刺激我们感官的东西；我们归之于各种不同物质的那些特性，是以物质在我们内部所造成的不同的印象或变化为基础的。"③ 很显然，霍尔巴赫的物质也决不是什么原子，而是全部可认识并刺激认识的物质。

不光唯物主义哲学家，近代唯心主义哲学家们也如此理解物质。例如，卢梭说："我把我所感觉到的在我身外对我的感官发生作用的东西都称为'物质'。"④ 可见，卢梭所理解的物质也不是原子，而是物质性的东西，也是一个集合概念。以上这些物质概念指的都是全部物质性的东西。近代哲学家们大多如此定义物质概念。另外，在近代哲学中，心灵和物质的区分同心理的东西和物理的东西的区分是一致的，物质和物理的东西是等同的。由此也可看出近代哲学的物质是全部物质性的东西。

可见，尽管近代哲学的物质的确是具体的物质形态，不是当然也不需要传统教科书理解模式所说的那种具有最高普遍性和抽象性的最高物质一般，但它并不是特定的个别的物质形态。最像原子、最能给人们造成幻觉的莱布尼茨的"单子"并不是物质，而是心灵，它的唯一性质是知觉。按照传统教科书理解模式的观点和术语来说，近代哲学的物质也具有相当程度的普遍性和抽象性，也是一种物质一般。或许也可以借用黑格尔"一般、特殊和个别"的区分，将这种物质称为物质特殊。

---

① ［荷］斯宾诺莎：《伦理学》，贺麟译，商务印书馆 1983 年版，第 44 页。

② 《西方哲学原著选读》下卷，北京大学哲学系外国哲学史教研室编译，商务印书馆 1981 年版，第 177 页。

③ ［法］霍尔巴赫：《自然的体系》上卷，管士滨译，商务印书馆 1964 年版，第 35 页。

④ ［法］卢梭：《爱弥儿》下卷，李平沤译，商务印书馆 1978 年版，第 384 页。

　　必须强调的是，近代哲学的物质并不泛指心灵之外的全部外部世界，而是特指真实可感的物质性实体。也就是说，近代哲学的物质实际上只是像星球、水、房子、桌子和身体这样真实可感的物质性实体。这一点可以从近代哲学对物质基本性质的理解和规定清楚看出。近代哲学家们一般认为，和心灵的基本性质——思维不同，物质的基本性质是广延，即占有一定的空间。而占有一定空间的东西必然是可感的实体性的东西。另外，物质还具有其他一些重要的性质，如运动、形状、体积、密度、重量、引力、可分性、坚固性等，这些都是可以通过感官感知的物质性实体的性质，而并非心灵之外的全部事物都具有的性质。综上可见，近代哲学的物质是心灵之外的真实存在的并可以通过感官感知的物质性实体，是可感物质实体一般。

　　综观其有关物质的论述，列宁所理解的物质实际上并非传统教科书理解模式所认为的作为全部客观事物统称的具有最高普遍性和抽象性的物质一般，而就是近代哲学一般理解的物质——可感物质实体一般。列宁的一些论述十分清晰地表明了他对物质的这种理解。"唯物主义和自然科学完全一致，认为物质是第一性的东西，意识、思维、感觉是第二性的东西，因为以明显形式表现出的感觉只和物质的高级形式（有机物质）有联系，而'在物质大厦本身的基础中'只能假定有一种和感觉相似的能力。"[①]在这里，列宁认为只有高级形式的物质才有感觉的能力，低级形式的物质至多只有和感觉相似的能力。显然，这种有感觉能力和类似感觉能力的物质必定是感性的可感的实体性的具体物质，而不是具有最高普遍性和抽象性的全部客观事物，更不可能是全部物质的共同性质——客观实在性。

　　并且，列宁还明确地说，物质的高级形式是有机物质，这无疑表明列宁的物质根本不包括人类社会和人，并不是包括全部自然物质和人类社会的最高物质，更不是什么物质的共同属性。列宁在其他地方还把物质区分为"完全没有感觉的物质"和"由同样原子（或电子）构成但却具有明显表现出来的感觉能力的物质"。[②] 这个区分和上一区分显然是一致的，同样表明这两种物质是感性的可感的实体性的物质而非具有最高普遍性和

---

　　①　[苏] 列宁：《唯物主义和经验批判主义》，中央编译局译，人民出版社 1998 年版，第39 页。

　　②　同上书，第40 页。

抽象性的物质一般，是物质的实体而非物质的属性。既然物质是由原子或电子构成的，那么物质不是感性的可感的实体性的物质还能是什么？不是具体物质还能是什么？这两个典型的例子十分清楚地说明，列宁所说的物质就是近代哲学家们所说的心灵之外真实存在的并可以通过感官感知的物质性实体。

事实上，在《唯物主义和经验批判主义》中，列宁都是把物质、物和物体在相同的含义上并提或者交替使用的。很明显，列宁的"物质"就是和物、物体相同的东西，决非所谓最高的"物质一般"。其实，列宁在他对物质的经典定义中所使用的"客观实在"所指的也就是这种心灵之外真实存在的并可以通过感官感知的物质性实体，而根本不是人们后来所认为的包括全部客观实在的最高的物质一般，更不是客观实在性。它不是最高的物质一般，而是一种非最高的物质一般；不包括全部客观实在，而只包括全部可感物质实体；不是物质的共同属性，而是物质的实体。

综上可见，列宁所说的物质和近代哲学所说的物质是相同的，都是心灵之外真实存在的并可以通过感官感知的物质实体。上文的考察可以让我们明显感受到列宁的物质观和近代哲学家尤其是近代唯物主义哲学家们物质观的相似性。其实，列宁的物质观就是在继承近代哲学物质观的基础上提出的。和近代哲学的物质一样，列宁的物质也达不到传统教科书理解模式所推崇和要求的最高普遍性和抽象性。在这一问题上，列宁并没有什么可责备的，他在学术界的一般意义和用法上使用物质概念是无可厚非的。事实上，尽管传统教科书理解模式一直强调列宁的物质概念实现了革命变革，但列宁本人从来没有说过自己在这点上超越了正统唯物主义。可是，依然有研究者批评列宁的"物质"概念仍然不够普遍，没有把全部客观事物都包括进来。例如，有学者认为，列宁的"客观实在"只概括了人之外的物亦即"外物"，而不包括人类自身即"人物"，没有把实践的主体这种实践的存在物或人类这一特殊的物质放到客观实在的范围之内。[①]然而，列宁就是按照近代哲学的传统将物质概念作为心灵之外可感的客观存在的物质性实体提出的。因此，按照西方哲学尤其是近代哲学的传统，列宁的物质概念并没有问题。更重要的是，马克思主义哲学实际上也不需

---

①　参见贺祥林《以实践思维方式重释列宁的物质定义及其意义》，《哲学研究》2007 年第 9 期，第 13—18 页。

要传统教科书理解模式所追求的具有最高普遍性和抽象性的物质概念。

　　并且，列宁对物质的这种理解和规定也是和恩格斯一致的。恩格斯的物质也不是传统教科书理解模式所以为的物质的共同属性——客观实在性，而是感性的具体物质。恩格斯经常被引用的这段著名论述十分清晰地表明了这一点："物质本身和运动本身还没有人看到过或在其他场合下体验过；只有现实地存在着的各种物和运动形式才能看到或体验到。物、物质无非是各种物的总和，而这个概念就是从这一总和中抽象出来的，运动无非是一切感官可感知的运动形式的总和；'物质'和'运动'这样的词无非是简称，我们就用这种简称把感官可感知的许多不同的事物依照其共同的属性概括起来。"[①] 在此，恩格斯已经说得很明确了，物、物质是各种物的总和，是对具有共同属性的各种物的统称。必须注意，恩格斯这里所说的"抽象""概括"不是人们以为的从各种物中概括出它们的共同属性，而是对具有这些共同属性的各种物进行统称、命名。因此，恩格斯所说的物质也不是属性而是实体，是具有共同属性的实体。所以，问题并不出在列宁身上，而恰恰出在传统教科书理解模式身上，出在它对列宁物质概念的错误理解和诠释上。

　　可以看出，和从正统唯物主义的意义上理解新唯物主义相一致，列宁也从正统唯物主义的意义上理解和规定马克思主义的物质概念。并且，列宁对物质概念的理解，更加清楚地表明他准确地把握了近代哲学中的唯物主义和唯心主义以及它们之间的争论。然而，这也正是造成列宁的理解同马克思产生差异的一个重要原因。正是由于对近代唯物主义太过熟悉，并且由于诸多客观原因没能更加全面地阅读马克思论述新唯物主义的论著，从而没能看到新唯物主义同近代唯物主义的异质，列宁才以为新唯物主义也是这种正统的唯物主义形态。

　　确实，像列宁理解的那样，物质、自然同心灵（意识）的关系问题是近代形而上学意义上的唯物主义和唯心主义争论的一个焦点问题。然而，这并不是新唯物主义所关注并同全部唯心主义争论的基本问题。新唯物主义关注并同全部唯心主义根本对立的基本问题是物质生产力与生产关系及其矛盾运动、物质活动同思想观念以及上层建筑之间的关系问题。同

---

① 《马克思恩格斯选集》（第二版）第四卷，中央编译局编译，人民出版社1995年版，第343页。

样，近代哲学所说的作为心灵之外真实存在的并可以通过感官感知的物质性实体的物质也不是新唯物主义的研究对象。上文已经明确，近代哲学的物质只是可感的实体性的物质。当时的哲学所看到的现实世界、现实主要就是这种可感的实体性物质，而看不到或者不理解现实世界、现实并不只是这种可感的实体性的东西，并且在现实世界、现实中最核心、最关键的往往不是这种可感的实体性的东西。马克思早就明确否定了这种可感的实体性物质作为马克思主义研究对象的可能性。

在《关于费尔巴哈的提纲》中，马克思指出，费尔巴哈式的直观是无法把握新唯物主义的研究对象的。在《资本论》第一卷第一版序言中，马克思再次指出，既不能用显微镜，也不能用化学试剂，而必须用抽象力分析资本主义社会的经济形式。可见，在马克思看来，单纯依靠感官的感觉（这恰恰是列宁反复强调的）、单是依靠费尔巴哈式的直观（感觉、感受）是无论如何也不能正确把握新唯物主义的研究对象的，还必须通过理性思维分析才能把握新唯物主义的研究对象。由此可知，列宁所说的这种可感的实体性物质并不是马克思的研究对象。即使说马克思也研究"物质"，但也决不是这种可感的物质实体，而是人类社会历史中的功能性的物质因素。这种功能性的物质因素一方面为社会历史实践所规定；另一方面又规定了社会历史实践。可见，列宁对马克思主义物质概念的理解也不符合马克思思想。既然这种物质连新唯物主义的研究对象都不是，更谈不上新唯物主义的核心观点是这种物质第一性，意识第二性了。

综上所述，笔者认为，在《唯物主义和经验批判主义》中，列宁从近代正统唯物主义的意义上理解新唯物主义及其含义，把新唯物主义的含义理解成近代正统唯物主义的含义：可感物质实体第一性，意识第二性，从而没有正确理解新唯物主义的含义。在后来的《哲学笔记》中，列宁也没有根本改变对新唯物主义含义的这种正统唯物主义的理解，尽管他系统研究了唯物辩证法。说列宁的唯物主义同近代唯物主义一致可能会引来很多反对声音。在不少人们心中，列宁的形象无比崇高，这样的看法可能会令他们暂时难以接受。列宁的辩证唯物主义怎么会和机械的近代唯物主义一样呢？（下文将论述，其实近代唯物主义并不都是机械的）但是，只能以事实和严肃的学术探讨为依据，而不能以先入为主的情感为准绳。列宁理应受到尊敬的伟大方面和诸多贡献当然为我们所钦佩，他对马克思主义的准确和独到的见解也决不能被抹煞。不过，作为真诚的马克思主义者，同样需要发现列宁的不足之处并加以改进。在我们看来，在新唯物主义的含义这个问题上，列宁的观点和马克思的观点确实并不一致。这决非故意贬低列宁，而是遵循马克思主义实事求是的精神和原则所作的严肃学术探讨。当然，如果认为本书的观点和论证错误，完全可以严肃认真地作进一步的学术讨论。这也正是科学理解和阐发列宁的思想及其贡献的正确途径。

同样，简要分析一下造成列宁这种理解的原因。由于论题的限制，这里仅分析一个以往很少被注意和论及的造成列宁的唯物主义思想和马克思的唯物主义思想差别的重要原因：列宁和马克思所理解和批判的唯心主义具有重大区别。主要理论对手——唯心主义的不同在相当大程度上使列宁的唯物主义思想和马克思的唯物主义思想朝不同的方向发展。

思想的发展离不开批判，新思想往往是思想家们在批判旧思想的过程中形成和发展起来的。也正因此，批判的对象往往会对新思想产生重要影响。这是由于旧的思想观点能够一定程度地确定和引导后来者思考问题的方向、领域、方式和内容。如果论战和批判对象不同，即使同一思想阵营的思想家所形成的思想也会有所差异。尤其在唯物主义和唯心主义这种直接对立的思想观点上，论战和批判的对象及其差异对新思想的影响更大。马克思和列宁在唯物主义思想上产生差异，也是如此。马克思和列宁的一生是战斗的一生，他们的思想都是战斗的思想。而唯心主义则是他们一个共同的主要战斗对象，他们的思想都是在对唯心主义的批判战斗中逐渐产生和发展起来的。然而，在近代哲学中实际上存在几种含义不同的唯心主义，而马克思和列宁所针对和批判的唯心主义恰恰就有重大区别。

马克思主要针对和批判的唯心主义是黑格尔和青年黑格尔派的唯心主义。黑格尔和青年黑格尔派的唯心主义的主要观点是：思想观念产生、统治和决定现实世界，现实世界是思想观念的产物。错误的思想观念是造成不合理的现实的根本原因，人们受到错误的思想观念的统治，只要批判这些错误的思想观念而代之以正确的思想观念就可以消灭现存的东西，将人们解放出来。

列宁所针对和批判的唯心主义是贝克莱和马赫的唯心主义（列宁直接批判的对象——俄国马赫主义者的思想源自此二人）。贝克莱主张"存在即是被感知"。物质的存在就在于它被心灵感知，因此，物质依赖于心灵才能存在，而不能在心灵之外独立存在。换言之，在心灵之外不可能有物独立存在。贝克莱还提出了更为极端的命题——"物是感觉的复合"，主张物质根本就不存在，人们所以为的物质实际上只是人们关于物质的感觉。这当然是典型的唯心主义。而马赫则提出了一个和贝克莱十分相似的命题："物是要素的复合。"因此，尽管马赫反复强调他并不否认物质的存在、他并不是唯心主义者，但是在列宁看来，马赫和贝克莱都取消了物质的客观存在，都否认物质不依赖于人的心灵、意识而存在。所以，针对这种唯心主义，列宁特别强调物质不依赖于意识而存在，是意识、感觉、思想的原型和基础；意识、感觉、思想依赖于物质而存在，是物质、自然界、外部世界的摹写和映象，是物质的高级属性。物质、自然界、外部世界第一性，意识、感觉、思想第二性。

比较马克思和列宁主要针对和批判的这两种唯心主义，可以看出，二者在主要问题、提问方式、思想观点和性质特征等重要方面存在重大差异，可以说这是两种不同类型的唯心主义。黑格尔和青年黑格尔派的唯心主义特别是马克思所理解的黑格尔和青年黑格尔派的唯心主义，更接近于历史的唯心主义；而贝克莱和马赫的唯心主义特别是列宁所理解的贝克莱和马赫的唯心主义，是正统的近代形而上学意义上的唯心主义。

作为主要论战对手和批判对象的唯心主义的不同，在一定程度上导致了马克思和列宁走向不同的唯物主义。黑格尔和青年黑格尔派的历史唯心主义促成马克思走向历史唯物主义。为了反对黑格尔和青年黑格尔派最主要的观点，马克思强调的不是思想观念产生、统治和决定现实世界，而是以物质生产力与生产关系及其矛盾运动、物质活动为根本的现实世界产生、决定思想观念；现实世界不是思想观念的产物而是思想观念的原型和基础；并非错误的思想观念而是不合理的生产关系，才是造成资本主义社会不合理的现实的原因，因此应当以现实的活动改变现存世界。可见，黑格尔和青年黑格尔派的这种唯心主义的确在一定程度上对马克思走向历史唯物主义产生推动作用。并且，黑格尔的一些观点也使得马克思没有走向自然唯物主义。比如说，黑格尔的唯心主义并不否认时间在先意义上的自然界先在，他承认近代自然科学和自然科学的唯物主义的这个基本观点，从而马克思不会在这个问题上和黑格尔争论，不会走向自然科学的唯物主义和自然唯物主义。而列宁同贝克莱、马赫争论的焦点问题则更接近于近代哲学正统唯心主义和正统唯物主义争论的焦点问题——形而上学意义上的心灵和物质、思维和存在的关系问题。当列宁进入了这个问题域，接受了他的论战对手所提出的这个争论的基本问题及其提问方式，并按照这种形而上学的回答方式回答这个问题，那么列宁的唯物主义就很自然地进入正统唯物主义、近代哲学的框架之中了。

斯大林对辩证唯物主义理解模式的形成起了直接作用。在对马克思主义哲学的发展产生重大历史影响的《论辩证唯物主义和历史唯物主义》中，斯大林明确阐述了他对马克思主义的唯物主义的本质和含义的理解。斯大林认为，马克思主义哲学的唯物主义有三大特征即三大基本观点：第一，"世界按其本质说来是物质的；世界上形形色色的现象是运动着的物质的不同形态"①；第二，"物质、自然界、存在，是在意识以外、不依赖意识而存在的客观实在；物质是第一性的，因为它是感觉、表象、意识的来源；而意识是第二性的，是派生的，因为它是物质的反映，存在的反映；思维是发展到高度完善的物质的产物，即人脑的产物，而人脑是思维的器官"②；第三，"世界及其规律完全可以认识"。③ 显而易见，斯大林对于新唯物主义的主要思想观点的这些看法和列宁完全相同，没有什么新观点，只是更为系统化。斯大林也没有正确理解新唯物主义及其含义。和列宁、普列汉诺夫一样，斯大林最大的问题与失误的根源也是从正统唯物主义的意义上理解新唯物主义及其含义，把新唯物主义理解成和正统唯物主义完全一致的唯物主义形态，把新唯物主义的含义理解成和唯物主义的正统含义完全相同的含义。斯大林的观点直接促成了传统教科书理解模式的形成和确立。

第三节　对传统教科书观点的分析与评价

经由恩格斯、普列汉诺夫、列宁和斯大林，在传统教科书理解模式中逐渐形成和确立了对新唯物主义含义的辩证唯物主义理解。对新唯物主义含义的这种理解，在马克思主义阵营中长期居于正统地位。

---

① ［苏］斯大林：《斯大林选集》上卷，中央编译局编译，人民出版社 1979 年版，第 431 页。

② 同上书，第 432 页。

③ 同上书，第 434 页。

一　传统教科书观点的不足

传统教科书理解模式主要由普列汉诺夫、列宁和斯大林的观点以及他们所理解的恩格斯的观点综合而成，从而不可避免地带上了上述三位理论家的一般缺点。和他们一样，传统教科书的辩证唯物主义理解模式也把新唯物主义及其含义理解成正统意义上的唯物主义形态和含义，把新唯物主义理解成和正统唯物主义完全一致的唯物主义形态，把新唯物主义的含义理解成和正统唯物主义完全一致的含义：世界的本体是物质，意识是派生的；物质第一性，意识第二性；物质决定意识。这严重违背了马克思的思想。

传统教科书理解模式没有看出列宁等理论家由于诸多客观因素才对新唯物主义及其含义进行正统唯物主义理解，仍然在新的社会历史条件下不加分析地照搬了三位理论家的思想，依旧从近代正统唯物主义的意义上理解新唯物主义及其含义。沿用近代哲学尤其是近代形而上学的分析框架和说明路径，传统教科书把全部世界划分为物质和意识两个方面，并且指出这是两个具有最高普遍性和概括力的概念，囊括了整个世界的全部事物，只要对这两个对象及它们的关系作出唯物主义的解释，就可以对全部世界包括旧唯物主义者未能坚持唯物主义原则的社会历史领域作出完整、统一的唯物主义的说明。传统教科书就这样建构起了马克思主义的全新唯物主义世界观。这就是说，传统教科书理解模式仍然把近代形而上学、正统唯物主义和唯心主义的基本问题——思维和存在、物质和意识的关系作为新唯物主义和整个马克思主义哲学具有决定意义和统摄力的最基本、最核心和最高的问题。

然而，上文的分析表明，近代形而上学的这个基本问题并不是马克思哲学的问题，更不是马克思哲学最基本、最核心、最高的问题。新唯物主义同以往全部哲学最主要的分歧和对立焦点在于物质生产力与生产关系及其矛盾运动、物质活动同思想观念以及上层建筑的关系问题。新唯物主义对以往全部唯心主义（以费尔巴哈感性唯物主义为最高代表的全部旧唯物主义也都在这种唯心主义之列）的最根本的批判和超越告诉我们：在马克思那里，同思想观念相对立并作为思想观念现实基础和根本原因的并不是传统本体论意义上的物质，而是物质生产力与生产关系及其矛盾运动、物质活动。在思想成熟之后，马克思所论述的存在和意识都不是传统哲学意义上抽象的存在和意识，而是现实的、历史的、具体的存在和意识。存在和意识都是社会历史性的，现实的社会历史性是存在和意识的根本性质。新唯物主义中的存在、人们的社会（性的）存在①指的是人们的物质活动，人们的现实生活过程；而新唯物主义中的意识、思想观念实际上也是具有强社会性、阶级性的意识、思想观念。事实上，马克思所论述的意识、思想观念是以这类具有强社会性、阶级性的意识、思想观念为原型的，当然也主要适用于这类意识、思想观念。

传统哲学的一个根本弊端在于撇开现实的、具体的社会历史因素抽象地谈论问题，而马克思对传统哲学的一个根本超越和对人类思想的一个伟大贡献就在于始终在现实的社会历史中，从现实的社会历史的具体的历史的因素出发分析问题，让哲学的分析不再仅仅停留于抽象和空洞的层面上。需要牢记的是，对于马克思来说，思想观念、意识的根源和决定性事物并不是物质本体，而是现实的物质生产力和生产关系及其矛盾运动、物质活动。甚至，传统教科书所热衷的这种传统本体论意义上的物质在马克思看来同样是应该被戳穿的唯心主义思想观念。可见，如果把马克思主义哲学按照意识和物质的关系展开，那就是把它倒推到近代哲学的水平。和马克思的努力相近，绝大多数西方现代哲学也都不同程度地意识到并超越了传统哲学的这一理论范式。然而，传统教科书理解模式却没有能够理解西方传统哲学的这一重大理论缺陷和马克思对西方传统哲学的这一伟大超越，依然追求像传统思辨哲学那样在形而上学的层面上最为抽象地思考和谈论问题。它们总说西方传统哲学是抽象的哲学，殊不知，它们自己的科学的哲学、它们的最普遍原理同样是抽象的。

传统教科书理解模式或许会反驳说，经过它们重新诠释了的物质不仅将自然界而且把人类社会甚至人类实践也囊括进来了，从而物质是作为自然界和人类社会全部物质性的事物的总和而决定意识的。这样的物质已经不是抽象的物质了，而是一个包含了最丰富内容的具有最高普遍性和最大普适性的概念。但是，马克思的物质生产力与生产关系及其矛盾运动、物

---

①　从马克思的思想和德文原文看，马克思在《政治经济学批判》序言中对唯物史观的那段经典论述中的"人们的社会存在"实际上指的并不是我们一直认为的"社会存在"，而就是人的存在，亦即人们的实践、感性活动尤其是物质生产活动。因此，现行中译本的这个"人们的社会存在"实际上应译为人们的社会（性）的存在。在译法之外，更重要的问题是，"社会存在"是否是马克思使用过的和是否符合马克思思想的概念都需要认真考察。

质活动是不能普遍化和泛化为这种带有浓厚传统本体论色彩的物质的。

首先，最直接的疑问是，作为现代哲学的马克思主义哲学为什么一定要用一个近代哲学的概念和术语，而不用马克思主义哲学自己独特的、具有马克思主义哲学鲜明特质的概念和术语构成自己理论的基石呢？而且还以泛化物质概念的含义为代价？其次，把物质和意识的区分作为全部世界的最基本也是最高的区分方式衡量全部事物，对"社会存在"、实践等进行物质或意识的分类，并归之为物质也是不合理的。这种抽空对象丰富的具体内容的简单化的区分方式不适用于马克思的这些主要研究对象。最后，最为重要的是，正如本书在分析恩格斯晚年对新唯物主义含义的理解时指出的那样，将物质生产力与生产关系及其矛盾运动、物质活动普遍化和泛化为包括自然界和历史的全部世界的存在和物质严重违背马克思的思想。这种具有最高普遍性和最大普适性的无所不包的物质实际上仍然是抽象和空洞的。

或许赞同辩证唯物主义理解模式的学者们还会提出这样的反对意见：马克思不也曾在物质和意识的关系的意义上论述过新唯物主义和唯心主义的对立，阐发过新唯物主义的基本观点吗？学者们提出的主要依据是马克思的这段话："我的辩证方法，从根本上来说，不仅和黑格尔的辩证方法不同，而且和它截然相反。在黑格尔看来，思维过程，即他称为观念而甚至把它变成独立主体的思维过程，是现实事物的创造主，而现实事物只是思维过程的外部表现。我的看法则相反，观念的东西不外是移入人的头脑并在人的头脑中改造过的物质的东西而已。"[①] 在这段论述中，马克思阐述了自己的辩证法的唯物主义基础同黑格尔辩证法的唯心主义基础的对立。虽然这段话并没有出现唯物主义和唯心主义的字样，但它论述的内容实际上就是马克思辩证法的唯物主义基础同黑格尔辩证法的唯心主义基础的对立。而且，马克思在 1868 年致库格曼的信中曾经写过非常相近的一段话，上引《资本论》第一卷第二版跋中的这段话可能就是由此改写而来的。在那段话中，马克思明确强调："我是唯物主义者，而黑格尔是唯

---

① 《马克思恩格斯全集》（第二版）第四十四卷，中央编译局编译，人民出版社 2001 年版，第 22 页。

心主义者。"① 因此，跋中的这段话实际上是马克思在《资本论》这一马克思主义最重要的著作中对自己的唯物主义同黑格尔的唯心主义的区别和对立所做的郑重阐述。对于这一点，绝大多数学者都同意。

在这里，争论的焦点也是问题的关键在于，应当如何理解马克思在这里阐述的唯物主义的含义，如何理解"观念的东西不外是移入人的头脑并在人的头脑中改造过的物质的东西而已"这句话，尤其是"物质的东西"这一关键词。在持辩证唯物主义观点的学者们看来，"物质的东西"就是"物质"，因此，马克思也和他们一样主张物质决定意识。从而，持辩证唯物主义理解模式观点的论者把这句话当作他们观点的重要论据大加引用。而持历史唯物主义观点的一些学者认为，这里的"物质的"是一个形容词，因此，"物质的东西"并不是传统教科书理解模式所认为的抽象的、一般的"物质"，而应该理解为具体的社会性的物质性东西，从而，马克思的意思是具体的社会性的物质决定人们观念的东西。所以，马克思的唯物主义是历史唯物主义。

本书认为，马克思所说的这个"物质的东西"当然不是形而上学意义上思辨的、抽象的物质一般，不过也不应泛泛理解为具体的社会性的物质；它指的是人类社会历史过程中的物质性因素，最主要的就是物质生产力与生产关系及其矛盾运动、物质活动。在马克思看来，人们的思想观念是由一定物质生产力基础上的生产关系、物质活动决定的，是对生产关系及其所产生的阶级关系、阶级地位和阶级利益等的反映。可见，"移入人的头脑并在人的头脑中改造过的物质的东西"指的是物质生产力与生产关系及其矛盾运动、物质活动以及由生产关系所产生的阶级关系、阶级地位和阶级利益等这些物质性的社会历史因素。这样，我们就可以明白，马克思在这句话中所表述的观点同样也是历史唯物主义的基本观点。马克思使用了带有明显比喻性质的论述方法，但人们未能透过表面的语言深入理解他所表达的意思，造成了对这句话长期的深度误解，并阻碍了对新唯物主义及其含义的正确理解。

传统教科书不仅违背马克思的思想而且也并不符合列宁和斯大林的观点。较之普列汉诺夫、列宁和斯大林，传统教科书的"辩证唯物主义"

---

① 《马克思恩格斯全集》第三十二卷，中央编译局编译，人民出版社 1975 年版，第 526页。

理解模式有一个更为严重的弊病，这就是他们错误地建构了一个具有最高普遍性和最大普适性的最高的马克思主义的唯物主义世界观。

在辩证唯物主义理解模式看来，作为实现了哲学史上伟大变革的唯一科学世界观和方法论的马克思主义哲学必须对全部世界（包括自然界和人类社会历史）作出有史以来第一次统一的、具有最高普遍性和最大普适性的唯物主义的说明。因此，除了像近代唯物主义那样在自然观上作出唯物主义的说明，像唯物史观那样在历史观上作出唯物主义的说明，还必须在自然观和历史观的唯物主义之上进一步抽象，建构统一的具有最高普遍性和最大普适性的唯物主义世界观。然而，事实上，不仅马克思不想创建这样一个唯物主义世界观，而且连人们一向认为对马克思主义唯物主义世界观做了这种理解和诠释的列宁和斯大林实际上也没有做过这种理解和诠释。

列宁从正统唯物主义的意义上理解马克思新唯物主义，把新唯物主义理解为同正统唯物主义完全一致的唯物主义形态。因此，列宁并没有提出一个在自然观和社会历史观之上、高于自然观和社会历史观的具有最高普遍性和最大普适性的最高的唯物主义世界观。甚至可以说，列宁只是像近代正统唯物主义那样提出了"自然"观上的唯物主义。当然，列宁认为这种"自然"观上的唯物主义亦即自然唯物主义是整个马克思主义的理论基础并且可以推广到社会历史领域。

和列宁一样，斯大林也没有像传统教科书那样试图提出具有最高普遍性和最大普适性的最高的马克思主义的唯物主义世界观。在斯大林看来："辩证唯物主义是马克思列宁主义党的世界观。它之所以叫作辩证唯物主义，是因为它对自然界现象的看法、它研究自然界现象的方法、它认识这些现象的方法是辩证的，而它对自然界现象的解释、它对自然界现象的了解、它的理论是唯物主义的。"① 我们看到，斯大林主张，马克思主义的世界观之所以是唯物主义，是因为它对自然界现象的理解和解释是唯物主义的。可见，斯大林也认为马克思主义的唯物主义是对自然界的唯物主义解释，甚至整个马克思主义的辩证唯物主义世界观都只是对自然界的辩证唯物主义的解释，而历史唯物主义是这种辩证唯物主义世界观推广应用于

---

① ［苏］斯大林：《斯大林选集》上卷，中央编译局编译，人民出版社 1979 年版，第 424 页。

社会历史领域的结果。

可以看出，斯大林也没有追求在唯物主义的自然观和社会历史观之上建构起具有更高普遍性和更大普适性、更为高级的统一的唯物主义世界观，而是把自然观上的唯物主义（自然唯物主义）作为马克思主义的唯物主义世界观的。应该说，在这点上斯大林是比较准确地理解了列宁的。为什么斯大林说马克思主义的唯物主义世界观是对自然界的现象和事物的唯物主义解释而不是对全部世界的现象和事物的唯物主义解释呢？一个重要的原因就是斯大林看出列宁只是在"自然"观的范围和意义上论述唯物主义原则的。因此，斯大林依照列宁的说法做了上引论述。另外，列宁、斯大林之前的普列汉诺夫也是如此理解马克思主义的唯物主义世界观的。

三位理论家对包括马克思主义的唯物主义世界观在内的全部唯物主义世界观的这种理解，同正统唯物主义是一致的。正统的唯物主义形态——近代形而上学意义上的唯物主义从心灵之外真实存在的并可以通过感官感知的物质性实体出发理解和说明心灵和观念的东西。需要注意，在西方传统哲学中，自然的第二个含义是可感的物质性实体，不仅包括自然界中的可感的实体性的物质存在物，也包括社会中的可感的实体性的物质存在物。因此，在传统哲学中，自然并不只是过去一般认为的自然界，也包括人类社会甚至人本身的自然。马克思在《1844 年经济学哲学手稿》中多次使用的人的自然的提法，说的就是这种自然。近代哲学也经常用"自然"概念统称心灵之外真实存在的并可以通过感官感知的物质性实体。在这个意义上，可以说近代唯物主义是"自然"唯物主义。

因此，传统教科书理解模式认为近代唯物主义只关注自然界（传统教科书理解模式所理解的）并不准确。近代唯物主义的真正局限并不在此，而在于它们只认识到一般的实体性的事物，没有深入理解根本的实体性事物和关系、活动。普列汉诺夫、列宁和斯大林也从这种"自然"——心灵之外真实存在的并可以通过感官感知的物质性实体出发理解和说明心灵和观念的东西，从"自然"唯物主义的立场出发理解新唯物主义，从而将新唯物主义理解成和正统唯物主义完全相同的"自然"唯物主义。造成三位理论家从正统唯物主义的意义上理解全部唯物主义世界观的一个原因就在于他们所接受和掌握的唯物主义就是这种正统的唯物主义形态。

综上所述，传统教科书对新唯物主义世界观的理解的核心观点也并不和列宁、斯大林以及普列汉诺夫完全一致。在这个意义上，传统教科书的"辩证唯物主义"理解模式和列宁、斯大林以及普列汉诺夫的"辩证唯物主义"理解模式实际上存在不小的差别。① 它倒是同恩格斯晚年对自然观和社会历史观相统一的新唯物主义解释的努力更为接近。恩格斯试图在自然观和社会历史观上都把马克思主义的唯物主义观点贯彻进去，用现实世界——存在（包括自然界和社会历史两方面）是思想观念的原型和基础概括新唯物主义的含义。这实际上是在为建构统一的马克思主义的唯物主义世界观做努力。可见，传统教科书理解模式的做法更接近于恩格斯晚年的做法。

在列宁等人的观点不完全符合自己的理论目标和观点的情况下，传统教科书不得不有意无意地对他们的观点进行过度诠释。上文分析过的教科书理解模式对列宁物质概念的过度诠释就是一个很典型的例子。为了建构具有最高普遍性和最大普适性的统一的最高的辩证唯物主义世界观，传统教科书理解模式必须求得一个具有最高普遍性和最大普适性的物质概念，以区别于全部具体的物质个别。因此，它们必须把列宁的物质朝具有最高普遍性和最大普适性的物质的方向理解，把列宁的物质——客观实在即心灵之外真实存在的并可以通过感官感知的物质性实体理解和解释为包括自然界和人类社会的全部客观实在的最高的物质一般，甚至是这些物质性的东西的共同属性——客观实在性。

同样的道理，传统教科书理解模式也把恩格斯晚年的物质概念朝具有最高普遍性和最大普适性的物质一般的方向理解。在他们看来，和列宁一样，恩格斯的物质也是全部客观事物的总和，甚至是这些客观事物最根本的性质——客观实在性。但是，如上文所分析的那样，恩格斯的物质也不是这种为持实践唯物主义、历史唯物主义观点的论者激烈诟病的"最高物质"和"抽象物质"。恩格斯主要使用"存在"概念表示新唯物主义同唯心主义的思想、观念、精神的对立，并且"存在"指的是现实世界，

----

① 在这点上，相比我们中国的马克思主义哲学原理教科书，苏联的教科书可能更为接近列宁和斯大林的理解。例如，在米丁等人那里，辩证唯物主义并非马克思主义统一的、最高的唯物主义世界观，不包括唯物主义历史观，而只是唯物主义自然观。这和后来我们国家教科书的做法不同。

包括自然界和历史两方面。对于"物质"，恩格斯主要在自然观、自然辩证法的范围内和意义上使用，其含义是可感的物质性实体。将恩格斯非常明确的物质概念理解和诠释成"客观实在性"有可能是传统教科书理解模式在给它们所认为的列宁科学的物质定义艰难地寻找和确立思想来源。这一工作注定无法一帆风顺。事实上，传统教科书理解模式也经常在论述过程中把客观实在性替换成客观实在，否则它们的论证无法进行下去。因为，只有作为实体及其总和的客观实在才能作用于意识，而作为性质的客观实在性显然是不可能作用于意识的。

出于同样的目的，传统教科书理解模式也必须创造出一个辩证唯物主义世界观科学的物质概念——物质一般超越的对象：物质个别。为此，它们将近代唯物主义实际上也具有相当普遍性和抽象性的物质理解成了这种个别物质。从严重的方面说，这是对近代唯物主义的无知甚至贬低，其目的是为在传统教科书理解模式所理解的新唯物主义世界观和近代唯物主义之间拉开距离，为"辩证唯物主义"世界观确定批判和超越的靶子。因此，传统教科书理解模式并没有正确理解和把握近代唯物主义。事实上，很多持传统教科书理解模式观点的论者是在对近代唯物主义很不了解的情况下就对近代唯物主义展开猛烈批判。他们的目的是凸显辩证唯物主义的伟大变革和科学性。然而，殊不知，正如第一章所见，传统教科书所阐释的马克思主义唯物主义世界观的主要思想，近代唯物主义尤其是近代形而上学意义上的唯物主义几乎都已经论述过了。

另外，传统教科书一直认为近代唯物主义是机械的唯物主义，一提到近代唯物主义，就在它前面加上"机械"二字。然而，实际上近代唯物主义在自然观上同样包含了丰富的辩证思想，真正机械的只是极个别哲学家。事实上，传统教科书这方面原理的主要来源者——恩格斯也没有说全部近代唯物主义都是形而上学的、机械的。例如，在《反杜林论》中，恩格斯提出，尽管近代哲学后来由于英国经验论的影响日益陷入形而上学的思维方式，但近代哲学同样也有辩证法的卓越代表，如笛卡儿和斯宾诺莎。① 在传统教科书看来，斯宾诺莎是近代机械唯物主义的典型代表。然而在恩格斯的心目中，他非但不是机械唯物主义的代表，而且还是辩证法

① 《马克思恩格斯选集》（第二版）第三卷，中央编译局编译，人民出版社 1995 年版，第358—359 页。

的卓越代表！而且，如果实在要论机械的话，大部分近代唯心主义实际上也好不到哪里去。因此，近代唯物主义是机械的、近代唯心主义是辩证的，这样的定论并不能成立。这向我们严肃地提出了重新理解近代唯物主义的任务。

除了上述根本的弊端之外，传统教科书理解模式还有不少其他问题和不足。例如，传统教科书对新唯物主义含义的解释并不明确、清晰。正如一些学者指出的那样，传统教科书理解模式界定新唯物主义含义所使用的"第一性""第二性""本原""派生"和"决定"等概念在语义上是含糊的，具有多义性甚至歧义性。

此外，传统教科书理解模式把是否承认物质的客观实在性看作区分唯物主义和唯心主义的主要标准之一。在他们看来，唯心主义都否定物质的客观实在，因此，全部唯物主义包括新唯物主义的一个重要观点和使命就是强调物质的客观实在性，强调物质是在人的心灵、意识之外客观地存在着的。然而，正如第一章的考察所表明的那样，实际上绝大多数的近代唯心主义者并不否定物质的真实存在，只有极少数最为极端的唯心主义者例如贝克莱才否定物质的真实存在。因此，是否承认物质的客观实在并不能成为判断唯物主义和唯心主义的标准。与此相近，传统教科书理解模式也一直把是否承认自然界是先在的，而且是时间在先意义上的先在作为判断唯物主义和唯心主义的标准之一。在传统教科书理解模式看来，唯物主义的一个重要观点就是主张自然界是先在的，而唯心主义却否认自然界的先在性。然而，实际上大多数的唯心主义者依据当时自然科学的结论，也认为自然界是先在的。比如，黑格尔就认为自然界在时间上是在先的，尽管他主张精神在本质上是在先的。因此，是否承认自然界时间在先意义上的先在并不能成为区分唯物主义和唯心主义的标准。根据当时自然科学的认识成果，马克思当然也认为外部自然界先于人类社会和人及其精神而存在，但是，他并不以此作为区分唯物主义和唯心主义的标准。因而，承认自然界的先在也不是新唯物主义的含义。另外，上文已经分析过，即使恩格斯晚年也不把时间在先意义上的自然界的先在看作是成为新唯物主义的观点的充分条件。

综上所述，传统教科书理解模式不仅没有准确理解马克思，而且也没有准确理解恩格斯和列宁等人的唯物主义思想，甚至对近代形而上学意义上的唯物主义的理解也不准确。

二　造成不足的哲学观根源

只有找到并消除造成传统教科书理解模式缺点的根源，我们才能根本地避免其不足。这种正统理解模式为什么会对新唯物主义及其含义乃至整个马克思主义哲学和全部唯物主义哲学持辩证唯物主义的理解呢？原因是多种多样并相互作用的。笔者认为，在这当中，一个极其重要的深层理论根源是他们同马克思背道而驰的传统认识型哲学观。俞吾金先生曾深刻地提出："知识论哲学传统的视域仍然从根本上规约着研究者们的思想，使他们自觉地或不自觉地从知识论哲学的基本立场出发来理解并阐释马克思主义哲学。换言之，他们不但没有领悟马克思主义哲学与知识论哲学传统之间的差异，而且把马克思主义哲学知识论哲学化了……传统的马克思主义哲学研究的根本性的失误在这里。"① 正是这种一直存在于并控制了传统教科书理解模式头脑的认识型哲学观，把传统教科书理解模式引向了错误的方向，深层地决定了传统教科书理解模式对于马克思主义哲学乃至全部哲学的基本理解，也深层地决定了传统教科书理解模式必然对新唯物主义及其含义进行辩证唯物主义的理解。

传统教科书理解模式一直坚信，只有它们的哲学观才是科学的哲学观。然而，在我们看来，传统教科书理解模式的哲学观不仅不是科学的、先进的哲学观，而且恰恰相反，实质上是存在诸多问题、亟须被超越的传统认识型哲学观。导论做过分析，这种哲学观主张，哲学最主要的目的是理论上总体地根本地理解和说明全部世界（包括人）的面貌和性质，获取系统的理性知识和真理；哲学的研究对象和领域是全部世界、整个宇宙；哲学的主要问题是全部世界（包括人）的总体图景、基本性质、内在本质和运动规律；哲学的主要研究方法和工具是理性思辨和逻辑推理。简言之，哲学是人类运用理性对全部世界的总体图景、基本性质、内在本质和运动规律进行认识以获取系统的理性知识和真理并作出科学说明的活动，是由系统性的理性知识和真理构成的体系。

传统教科书理解模式一贯坚持，哲学是理论化、系统化的世界观，哲学应该对全部世界的总体图景、基本性质、内在本质和运动规律等作出科

---

① 俞吾金：《知识论哲学的谱系及其对马克思主义哲学研究的影响》，《马克思主义与现实》1997 年第 2 期，第 10 页。

学说明，从而应该是关于全部世界总体图景、基本性质、内在本质和运动规律的理论化、系统化的知识和真理。可见，传统教科书理解模式的哲学观和传统认识型哲学观是十分一致的。即使在加入不少新的思想观念的最新修订的第五版中，教科书的代表——《辩证唯物主义和历史唯物主义原理》也仍然提出，哲学是"通过概念、原理等逻辑形式以反映现象运动规律的知识体系"。① 这明确认为哲学是一种知识体系，是由具有最高普遍性、适用性和抽象性的知识组成的知识体系，尽管它也提出哲学又是一种意识形态。

有的教科书还提出："哲学把无限世界的整体作为自己探讨的对象，因而追求一种最普遍、最一般的知识，然后以最普遍、最一般的知识作为世界观和方法论，构成最高的思维方式，用它去观照对于有限的、特殊的对象的认识，由此形成哲学思维。"② 这种说法更明确地认为哲学追求的是最普遍、最一般的知识。对哲学的定义，清楚显示了传统教科书理解模式的哲学观同传统认识型哲学观的一致性。下文将看到传统教科书理解模式的哲学观同认识型哲学观有着太多的共同点。可是，传统教科书不是一直在强调它们的哲学观的科学性及其同传统哲学观的差别吗？的确，传统教科书理解模式也意识到并规避了传统认识型哲学观的某些缺陷，在一些方面和一定程度上超越了传统认识型哲学观，但是，传统教科书理解模式的哲学观并没有完全脱离传统认识型哲学观的窠臼，在总体上和根本上仍然属于这种亟须被超越的哲学观。

在传统教科书理解模式的这种认识型哲学观存在着的诸多问题中，本书想着重分析和批评直接造成其对新唯物主义及其含义进行辩证唯物主义理解的以下四个最主要的问题：错误地以为马克思主义哲学追求具有最高普遍性和最大普适性的最高真理、错误地把全部世界作为马克思主义哲学的研究领域、错误地将本体论问题等具有最高普遍性和最大普适性的问题作为马克思主义哲学的最高问题和错误地进行不科学的最高抽象。

第一，在理论目的上，传统教科书理解模式的认识型哲学观错误地以

① 李秀林、王于、李淮春：《辩证唯物主义和历史唯物主义原理》（第五版），中国人民大学出版社 2004 年版，第 3 页。
② 赵家祥、聂锦芳、张立波：《马克思主义哲学教程》，北京大学出版社 2003 年版，第 6 页。

为包括马克思主义哲学在内的全部哲学都追求也都必须追求具有最高普遍性和最大普适性的最高真理。或许是感觉到了传统哲学观将哲学理解为具有系统性的知识和真理的弊端，为了在哲学观上实现变革，同传统哲学观拉开距离，传统教科书理解模式特别强调哲学并不是知识的总和、科学的总汇，也不是知识的知识、科学的科学，而是对自然知识、社会知识和思维知识的概括和总结，是自然、社会和思维的最普遍、最一般的规律。在它们看来，各门具体科学研究世界的各个领域的具体规律，哲学研究全部世界的最普遍、最一般的规律。这就是传统教科书理解模式对哲学含义的"概括总结说"和"普遍规律说"。这"两说"表明，传统教科书理解模式以为，在关于全部世界的总体图景、基本性质、内在本质和运动规律的系统性真理的基础上，包括马克思主义哲学在内的全部哲学都应当追求而且也都追求具有最高普遍性和最大普适性的最高真理。更为重要的是，在传统教科书理解模式看来，追求这种最高真理是包括马克思主义哲学在内的全部哲学最核心、最高的任务，也是全部哲学最重要的理论功能。这导致传统教科书理解模式非常热切甚至不遗余力地追求最高真理，而全部世界的最普遍、最一般的规律就是它们所认为的最高真理。为此，纵使当代中国马克思主义哲学界已经逐步意识到"概括总结说"和"普遍规律说"的严重弊病，传统教科书理解模式还是必须提出"概括总结说"和"普遍规律说"。

最具代表性的是，尽管也在第五版中做了不小的调整和弱化，《辩证唯物主义和历史唯物主义原理》一书，还是提出了"概括总结说"：人们关于自然、社会和思维的知识"经过加工整理归入不同层次的具体科学；而所有这些知识又成为哲学在更高层次上进行加工整理的材料，作为世界观的理论形态，哲学就是对这些材料作进一步抽象概括而得到的关于人与世界关系的一般结论。"① 既然一般的哲学追求并获得的真理都是具有最高普遍性和最大普适性的最高真理，那么作为科学的哲学的马克思主义哲学当然也必须把握那最高真理。"以世界的整体及其普遍规律和一般特征为研究对象……在这一点上马克思主义哲学与历史上的其他哲学形态是一

---

① 李秀林、王于、李淮春：《辩证唯物主义和历史唯物主义原理》（第五版），中国人民大学出版社 2004 年版，第 4 页。

致的"。① 并且，按照传统教科书理解模式的理论逻辑，作为全部哲学的最科学的形态，马克思主义哲学必然是迄今为止最为科学地把握了最高真理的哲学。于是，传统教科书就在唯物主义自然观和唯物主义历史观的基础上，沿用传统哲学的物质和心灵（意识）的区分，建构起了一个统一的最高的辩证唯物主义世界观：世界的本体是物质，意识是派生的；物质第一性，意识第二性；物质决定意识。这就是马克思主义哲学——辩证唯物主义的最高原理。

第二，在研究领域上，传统教科书理解模式错误地把全部世界作为包括马克思主义哲学在内的全部哲学的研究领域。对哲学的目的的理解直接影响了传统教科书理解模式对哲学研究领域的看法。为了实现把握全部世界的最高真理，建构完整统一的世界观，对全部世界作出最高的终极解释的这个最高目标，为了总体地根本地把握和说明全部世界的图景和性质，传统教科书理解模式当然必须把全部世界、整个宇宙都纳入研究和说明的范围之内。这样就造成了传统教科书理解模式把包括马克思主义哲学在内的全部哲学的研究领域定为全部世界。在传统教科书理解模式看来，全部哲学都是也都必须对全部世界进行研究和说明。将全部世界作为马克思主义哲学的研究对象和领域直接导致了传统教科书理解模式对新唯物主义进行辩证唯物主义的理解。

传统教科书理解模式认为，全部世界分为客观世界和主观世界，客观世界又分为自然界和社会历史两大领域。既然哲学需要对这两个世界和两大领域作出正确的说明和解释，那么科学的唯物主义哲学就应该在这两个世界、两大领域中都正确地坚持唯物主义。因此，马克思主义的新唯物主义除了马克思和恩格斯早年创立的历史唯物主义之外，还包括恩格斯晚年形成的唯物主义自然观——自然观上的唯物主义。并且，由于以往的唯物主义哲学只能在自然观上坚持唯物主义，只有马克思主义哲学既在自然观上坚持唯物主义，又在社会历史观上坚持唯物主义，实现了唯物主义自然观和历史观的统一，从而在自然观和社会历史观上都坚持唯物主义不仅是唯物主义的最高理论要求，而且也是马克思主义哲学优越于其他唯物主义哲学的重要之点。所以，马克思主义的唯物主义世界观绝不能丢下唯物主

---

① 赵家祥、聂锦芳、张立波：《马克思主义哲学教程》，北京大学出版社 2003 年版，第 30 页。

义自然观不顾，唯物主义的自然观和唯物主义的历史观一道都是马克思主义唯物主义世界观的重要组成部分，共同组成了新唯物主义世界观的"一块整钢"。

第三，在理论问题上，传统教科书理解模式错误地将本体论问题等具有最高普遍性和最大普适性的问题作为包括马克思主义哲学在内的全部哲学的最高问题。对哲学的目的的理解也直接影响了传统教科书理解模式对哲学问题的看法。出于其理解的哲学的目的，传统教科书理解模式必然合乎逻辑地认为哲学的问题都是具有高度普遍性和抽象性甚至是最高普遍性和抽象性的问题。在传统教科书理解模式看来，哲学就是研究具有高度普遍性和普适性的问题的，只有具有高度普遍性和普适性的问题才是哲学的问题，因为只有具有高度普遍性和普适性的问题才能提炼出具有高度普遍性和普适性的真理来。在这其中，本体论问题又是全部哲学问题中具有最高普遍性和最大普适性的最高问题。从而，传统教科书理解模式又势所必然地强调传统本体论问题对于获取具有最高普遍性和最大普适性真理的作用、对于哲学理论的极端重要性，并认为对本体论问题的不同回答是区分包括新唯物主义在内的全部唯物主义和唯心主义的主要标准。于是，本体论问题就成为全部哲学的核心问题。在传统教科书理解模式看来，全部哲学都必须回答本体论问题，也都或显或隐地回答了本体论问题。本体论问题对于任何一种哲学理论都具有决定意义。那些所谓拒斥或逃避本体论问题的哲学理论实际上也都对本体论问题进行了回答，并且逃脱不出本体论问题对于它们的决定作用。简言之，为了获取具有最高普遍性和最大普适性的最高真理，传统教科书必然要让包括马克思主义哲学在内的全部哲学，将注意力集中在像本体论问题这样具有最高普遍性和最大普适性的问题上。于是，物质和意识何者为本体的问题仍然还是马克思主义哲学最基本的问题。

第四，在理论方法上，传统教科书理解模式错误地以为进行最高的抽象是包括马克思主义哲学在内的全部哲学所必需的方法。为了获取具有最高普遍性和最大普适性的最高真理，传统教科书理解模式不仅要研究最大最广的对象和领域——全部世界、整个宇宙和最高的问题——本体论问题，而且还必须对关于它们的观点进行最高的抽象。为此，除了热烈追求"大全"和"本体"外，传统教科书理解模式还热烈追求"最高的抽象"。在传统教科书理解模式看来，这种最高的抽象不仅是必须的，而且也是可能的。根据它们所熟练掌握和运用的辩证法的要求，全部哲学都需要而且可以从众多的特殊和个别中把握一般和共性，并且是最高的一般和共性。这就是哲学将问题和观点引向最普遍、最抽象的层次分析，进行高度抽象乃至最高抽象的过程。

在这样的思想观念的指引下，传统教科书理解模式总是把"对象、现实、感性"，把一切物质性的因素都抽象成具有最高普遍性和最大普适性的"物质"，把一切思想性的因素都抽象成具有最高普遍性和最大普适性的"意识"，并试图以对这种"物质"和"意识"的关系问题的回答来总体地、根本地解决世界观问题。传统教科书理解模式以为，只要正确把握了这种最高抽象层次上的"物质"和"意识"的关系：世界的本体是"物质"，"意识"是派生的；"物质"第一性，"意识"第二性；"物质"决定意识，就获得和坚持了科学的唯物主义世界观。这样，辩证唯物主义世界观的最高原理就诞生出来了。对于那些认为不能做这种最高的抽象的观点，传统教科书理解模式一律斥之为不懂得辩证法。

按照上述基本观点和理论预设，传统教科书理解模式认为，马克思主义必须而且可以在已经创立的唯物主义自然观和唯物主义历史观之上建构统一的具有最高普遍性和最大普适性的最高的唯物主义世界观。于是，传统教科书理解模式就建构出了一个这样的世界观——辩证唯物主义的世界观：在自然观上，自然存在、自然物质决定人们对自然物质的意识；在社会历史观上，社会存在、社会物质决定人们的社会意识；在自然观和历史观之上，在总的最高世界观上，物质决定意识。这样，一个崭新的唯物主义世界观就傲然矗立在哲学最高殿堂上了。可见，传统教科书理解模式以上述认识型哲学观理解哲学、哲学史、马克思哲学、现代哲学，必然会对哲学、哲学史、马克思哲学和现代哲学做认识型哲学的理解；以这种认识型哲学观理解新唯物主义及其含义，必然会对新唯物主义及其含义做辩证唯物主义的理解。上述四个基本观点和做法正是传统教科书理解模式从其哲学观出发对新唯物主义及其含义进行辩证唯物主义理解的四大理论支柱。

但是，非常遗憾，传统教科书理解模式建构是上述这个宏伟体系的理论前提——仍然根本没有脱离传统哲学观的认识型哲学观实际上存在诸多严重问题，同马克思的哲学观格格不入，甚至南辕北辙，正是马克思所要批判和超越的。

第一，在理论目的上，将追求具有最高普遍性和最大普适性的最高真理作为包括马克思主义哲学在内的全部哲学的最高目标是错误的，也严重违背了马克思主义哲学的根本目的和精神。在传统教科书理解模式看来，如此规定全部哲学的目的最为科学地规定了哲学的目的，同时也科学解决了哲学和科学的关系问题，是一个重大的理论创新。然而，事实并非如此。

首先，传统教科书理解模式这个自认为科学超越了传统哲学观的哲学观其实带有深深的传统哲学观烙印。事实上，传统哲学观尤其是德国古典哲学的哲学观早就热衷于追求具有最高普遍必然性的真理了。在渴望把握整个世界的全部真理的同时，传统哲学从古代就已经开始渴望获取世界的最高真理，认为这是实现哲学目的的最高途径和最佳手段。亚里士多德以降，西方哲学把获取最高真理作为形而上学的主要理论任务，把形而上学作为获取最高真理的哲学部门，形而上学因而在之后的两千多年中一直保持第一哲学的地位。

随着西方哲学的发展，近代哲学越发强调具有最高普遍性和最大普适性的最高真理。孔狄亚克将他的代表作《人类知识起源论》的副标题定为"把一切与理解有关的东西全部归之于唯一真理的著作"就极为鲜明地表达了近代哲学的这种渴求。作为西方传统哲学最后发展阶段的德国古典哲学最为强调哲学和真理的普遍性。在主要著作《全部知识学的基础》中，费希特开宗明义地提出了他的目标："我们必须找出人类一切知识的绝对第一的、无条件的原理。"[1] 谢林也道出了德国古典哲学家们的心声："既然人们可以正当地要求每个参与一般哲学研究的人有能力作任何抽象，善于用最高的普遍性——具体事物全然消失在这种普遍性中，而且它如果真是最高的普遍性，确实也就预先包含了对于一切可能有的课题的解决——去把握那些原理，那么，在开始建立体系时避免做任何陷入具体事物的探讨，而仅仅提炼和毋庸置疑地确立必要的最根本的东西或原理，这就是自然而然的事情了。"[2] 就像谢林所表达的那样，具有最高普遍性和

---

① ［德］费希特：《全部知识学的基础》，王玖兴译，商务印书馆1986年版，第6页。
② ［德］谢林：《先验唯心论体系》，梁志学、石泉译，商务印书馆1976年版，前言第1页。

最大普适性的最高真理是传统哲学尤其德国古典哲学最为强调的哲学内容，追求普遍真理乃至最高的普遍真理是传统哲学尤其德国古典哲学最为显著的特点之一。

作为德国古典哲学的最大代表，黑格尔也热衷于这种最高真理："哲学的目的在于认识那不变的、永恒的、自在自为的。"[①]"哲学的目的就在于认识这唯一的真理。"[②] 显然，在黑格尔看来，哲学的目的是获取普遍的、永恒的、唯一的、最高的真理（思想、原则）。可以看出，传统教科书理解模式受到黑格尔哲学观的深刻影响，他们所接受的哲学观正是这种以黑格尔为典型代表的最高真理的哲学观。事实上，黑格尔也一直就是教科书理解模式哲学观的最大榜样和思想来源。可见，传统教科书理解模式非常推崇和追求的这种最高真理实际上早已在传统哲学中出现了，传统教科书对哲学的理论目的的这种规定并不新鲜。

其次，尽管这种哲学观在西方哲学史上非常兴盛，但是对哲学理论目的的这种规定也无法完全总结概括哲学史上无数哲学家及其哲学辛勤工作的目的，最多只能指出哲学的一个努力方向。的确，哲学常常比现代实证科学思考更具普遍性、一般性的问题，提出具有高度普遍性和适用性的思想观点。但是，最高真理决非哲学思想的全部，追求最高真理也决非哲学思考的全部。事实上，并不是所有哲学家都热衷于这种具有最高普遍性和最大普适性的真理。除了这种最高真理外，哲学家们还努力探求各个层次、多种多样的知识和真理。更何况，除了知识和真理之外，哲学家们还探索和提出了大量情感的、审美的、信仰的思想观点。因此，在哲学史上，普遍性和适用性不那么高的思想观点同样也是哲学。显然，过于强调最高真理会轻视这些普遍性和适用性不那么高的思想观点，甚至会否定它们的哲学性质，认为它们不是哲学。

最后，最为重要的是，试图以具有最高普遍性和最大普适性的最高真理一劳永逸地总体地、根本地理解和解释全部世界是严重错误和十分危险的。我们知道，传统形而上学尤其传统本体论总是试图寻找一个最高的实体、提出一个最高的真理以总体地、根本地、绝对地、终极地、一劳永逸

---

① ［德］黑格尔：《哲学史讲演录》第一卷，贺麟、王太庆译，商务印书馆 1959 年版，第 15 页。

② 同上书，第 28 页。

地理解和解释全部世界，但都无一例外地失败了。因为这永远都不可能完成。普遍性高以致最高的理论的确可能具有重大的、比普遍性程度低一些的理论更大的作用和价值。但是，任何具有科学性的理论（概念、命题、观点）都具有一定的普遍性和适用性（适用的层次和范围），不同的理论具有不同程度的普遍性和适用性。这些具有不同程度普遍性和适用性、处于不同层面的理论有各自不同的理论作用与价值和不同的适用对象、层面、范围与界限。

并不是普遍性、适用性越高，理论作用与价值就必然越高；也不是普遍性、适用性最高，理论作用与价值就必然最高；更不是只有具有高度普遍性的理论观点才有价值，普遍性不高的认识同样具有价值。把原先尚不完全清晰的、普遍的、一般的认识向特殊、个别、具体的方向深化，是推进认识的一个重要途径、方式、步骤、阶段、方面和类型，也是认识进步的一种重要表现。普遍性和适用性最高的理论决不是万能的，决不是只要有这种理论就可以掌握和解释整个世界。最高真理的理论作用不仅是有限的，而且还是有条件的。任何理论都有解释力不同的层次和领域，有最具解释力的层次和领域，也有解释力不强甚至没有解释力的层次和领域。简单地说，任何理论都有其主要的适用范围，一旦超出适用范围，其有效性就会削减甚至走向真理的反面。

在这一点上，即使具有最高普遍性和最大普适性的理论也不例外。在适用的层次和领域上，这种理论仿佛具有解释一切的能力，但同时必须清醒地看到，这种理论理解和解释具体事物的能力和作用实际上相当有限，这就是这种具有最高普遍性和最大普适性的理论的适用范围和界限。因此，对于理论，要十分注意它所能作用的最佳的层次和领域，而不是认为它能无差别地完全适用于一切层次和领域。换个角度说，不同的问题和对象，适用的是不同普遍程度和层次的理论；对于特定的问题和对象，有最适合于它的普遍程度和层次的理论。分析特定的问题和对象时所运用的理论的普遍程度和层次必须合理；只有运用普遍程度和层次合理的理论分析对象和问题才能得到正确的结论和良好的结果。

任何理论的理解力和说服力都不是无限而是有限的，都不是适用于一切范围而是有其特定范围的。即使最高真理也是如此，它的理论作用同样也是有限的，同样也有特定的适用范围。普遍程度、层次最高的理论只有和其他普遍程度、层次的理论结合起来，只有把各种具有不同普遍性、适用性和解释力，不同层次的理论结合起来，才能真正科学地理解、说明以至改变世界，最好地发挥理论的作用，也才能建构真正科学的理论和理论群。认为只要以具有最高普遍性和最大普适性的最高真理就能理解、说明和解决全部问题当然是异想天开，而如果试图以这种最高真理强行理解、说明和解决全部问题，那必将造成严重的后果。

可是，传统教科书内心深处似乎就有这样的想法。我们的教科书好像比较满足于用这种最高真理和其他具有高度普遍性和适用性的真理分析和解决各种问题，而不去更为深入具体地分析问题，也不去探寻更为具体深入的理论。尽管也很强调普遍性和特殊性的辩证统一，强调具体问题具体分析是马克思主义活的灵魂，但在世界观上，传统教科书总是只强调普遍性而忽视特殊性，总是忘记进行具体分析，经常只在普遍、一般、抽象的层面上理解和解释全部世界，而没有深入到更为特殊、个别和具体的层面上。这种做法永远都不可能科学地理解和说明世界。并且，只重视普遍真理，当然就不会重视特殊的、具体的真理，也就谈不上普遍真理和特殊真理的有机结合。可见，如果仅在最普遍、最一般亦即最抽象的层面上，而不结合其他层面的话，那么理论的理解力和解释力必然不仅有限，而且有害。

传统教科书这种具有最高普遍性和最大普适性的最高真理无疑还有传统形而上学的各种毛病。唯一、超验、普适、终极、永恒、不变、最高，这是从前的一切形而上学尤其形而上学最高真理的基本特征，也是其基本症状。这种唯一、超验、普适、终极、永恒、不变的最高真理极易被教条化、固定化、僵化。因为，既然最高真理这个万用良方能解决一切问题，那么它理当受到歌功颂德以至崇拜。而它无疑也是不能也不可能被随意改变的，哪怕只是一点点，否则它就不是唯一的永恒的最高的终极真理了。这样，最高真理就成了永恒的最高金科玉律而受到顶礼膜拜。显然，传统教科书理解模式就被形而上学化了，带上了传统形而上学的各种症状。

当然，传统教科书的确也一定程度地意识到了这种形而上学的最高真理的严重弊病，并且也一定程度地努力规避和减少它的弊病。比如说，传统教科书一直强调黑格尔和马克思都强调的真理是具体的。"真理是具体的而不是抽象的。真理的具体性指的是具体的主观和客观在具体的条件和范围内的一致。任何真理都有自己特定的对象、范围和条件"。① 然而，尽管很强调真理的具体性，但在传统教科书理解模式看来，具有最高普遍性和最大普适性的亦即具有最大抽象性的真理始终是最高级的真理。

并且，更要紧的是，在阐发它们所认为的最高真理的时候，传统教科书始终不去考虑最高真理的"特定的对象、范围和条件"——这是全部真理都具有的甚至构成全部真理存在和发展的条件。可以说，传统教科书理解模式所推崇的最普遍、最一般的真理是超时空、超历史、超越一切具体现实的。本体论、辩证法、实践观和认识论，这些教科书理解体系的主要内容在很大程度上都是如此。甚至可以说，传统教科书就是想创造出适用于一切"对象、范围和条件"亦即超越一切"对象、范围和条件"的普遍真理。传统教科书的实际做法是多么不符合它们自己的真理观啊！可见，传统教科书理解模式也相当程度地被形而上学化了，带上了传统形而上学的各种症状。并且，和传统形而上学必然被教条化、固定化、僵化相似，传统教科书的原理也相当程度地被教条化、固定化和僵化了。不得不说，传统教科书理解模式始终没有完全脱离传统形而上学的窠臼。

传统教科书理解模式对哲学的理论目的的这种理解和规定并不合理，也无法概括和代表现代哲学的发展方向。事实上，这种追求具有高度普遍性和普适性乃至最高真理的做法，仍然囿于传统认识型哲学尤其是近代认识论哲学范围内，背离了现代学术的方向。社会学对传统哲学的批评并从中独立出来就是一个典型例子。涂尔干强调，社会学不能像哲学那样仅仅关注普遍，而应该研究具体、现实。因此，社会学不能仅仅作为哲学的一种，而必须从追求普遍的哲学中脱离出来。不仅社会学这样的学科从外部（曾经的内部）否定传统哲学的这种哲学观，而且现代哲学更是从内部否定、超越了这种传统哲学观。马克思就是这样一位重要代表。

认为马克思主义哲学也追求甚至必须追求具有最高普遍性和最大普适性的最高真理严重违背了马克思的思想。马克思决不追求这种最高真理。事实上，马克思多次明确指出他们的理论坚决反对这种一直以来为无数哲学家孜孜以求的普遍必然、永恒不变的最高真理。在《德意志意识形态》

---

① 李秀林、王于、李淮春：《辩证唯物主义和历史唯物主义原理》（第五版），中国人民大学出版社 2004 年版，第 298 页。

中，马克思提出他们的理论研究"不过是从对人类历史发展的考察中抽象出来的最一般的结果的概括。……这些抽象与哲学不同，它们绝不提供可以适用于各个历史时代的药方或公式。"① 很显然，新唯物主义世界观绝不提供传统哲学妄图提供的普遍必然、永恒不变、可以适用于一切历史时代的最高真理。

在《给"祖国纪事"杂志编辑部的信》中，马克思更为严厉和明确地批判了对新唯物主义世界观的这种错误诠释。"他一定要把我关于西欧资本主义起源的历史概述彻底变成一般发展道路的历史哲学理论，一切民族，不管他们所处的历史环境如何，都注定要走这条道路，……他这样做，会给我过多的荣誉，同时也会给我过多的侮辱。"② 显然，晚年的马克思更加明确地告诉人们，他的理论从来不妄图提供具有最高普遍性和最大普适性的真理，把他的理论进行这种"米海诺夫斯基"式的推广是严重错误的。这种推广表面上将马克思的理论抬上了科学之王的至高宝座，实际上是把马克思的理论打下传统哲学的万丈深渊。可是，传统教科书理解模式却一直在把马克思的哲学理解和解释成这种为马克思反复批判的传统哲学所追求的最高真理。

马克思主义的最高理想和目的决不是总体地根本地理解和解释全部世界、整个宇宙的总体图景、基本性质、内在本质和运动规律，而是实现无产阶级和全人类的解放和自由，实现每个人的全面自由发展。为此，马克思并不像传统教科书那样热衷于获取适用于全部世界、整个宇宙的最高真理，而只是全身心地投入实现无产阶级和全人类解放和自由的事业中。因为，对于马克思，这才是最重要的，而这也就足够了。可见，传统教科书理解模式把马克思主义哲学解释成具有最高普遍性和最大普适性的真理体系是严重错误的。作为理论形态，哲学的确离不开认识和理论系统。同样，作为理论的马克思哲学也需要思想和观念系统。但是，将建构具有最高普遍性和最大普适性的理论体系作为马克思主义哲学的最高目标同马克思主义的根本思想和精神完全相悖。

还值得一提的是，作为传统教科书对马克思主义哲学目的这种规定重要理论来源之一的"普遍规律说"，是传统教科书理解模式错误借用和推

① 《德意志意识形态》（节选本），中央编译局编译，人民出版社 2003 年版，第 18 页。
② 《马克思恩格斯全集》第十九卷，中央编译局编译，人民出版社 1963 年版，第 130 页。

广恩格斯对辩证法的界定得出的。恩格斯说辩证法是自然界、历史和人类思维最一般的规律。但对于这种"普遍规律",恩格斯是就辩证法而不是全部哲学说的。因此,即使恩格斯对于辩证法的这个说法是正确的,也不能把这个说法简单挪用到全部哲学上。实际上,传统教科书追求全部世界的最普遍、最一般的规律和真理的愿望和努力即使在它们自己建构的马克思主义哲学体系中也并没有实现。在教科书的原理体系中,只有本体论、辩证法和认识论符合教科书这一要求,而占教科书一半篇幅的唯物史观尽管是人类社会历史的一般规律,但按照教科书理解模式自己的看法也够不上全部世界的最普遍、最一般的规律。这样,把唯物史观当作马克思主义哲学的重要内容,不是和教科书理解模式自己的观点相悖吗?按照传统教科书理解模式的哲学观,唯物史观是算不上哲学的,毋宁说更接近于社会科学。当年被冠以"分家论"而遭到批判的刘丹岩和高清海二位先生虽然持和传统教科书相同的哲学观,但他们无疑真诚而彻底地坚持了自己所赞同的哲学观。可见,即使传统教科书自己也不能(根本不可能)在自己的马克思主义哲学体系中研究和提出最普遍、最一般、最高的真理,也得研究一些并非最普遍、最一般、最高的问题,提出一些并非最普遍、最一般、最高的观点。认为因为哲学所揭示的真理具有最高普遍性和最大普适性所以具有最高价值,这正是和"经济学帝国主义"异曲同工的"哲学帝国主义"——哲学拥有最高的真理,是最高的学科——产生的一个主要原因。这种观念毫无疑问地属于培根所说的"洞穴假相",犹如井底之蛙坐井观天。

第二,在研究领域上,把全部世界、整个宇宙作为包括马克思主义哲学在内的全部哲学的研究领域是错误的,也严重违背了马克思主义哲学的根本目的和精神。将全部世界作为哲学的研究领域也是传统认识型哲学观的传统。黑格尔是持辩证唯物主义理解的学者们对于哲学的研究对象和领域观点的一个极为重要的思想来源。在黑格尔看来,"特殊科学的对象只是有限的对象和现象","只是有限范围的一些对象"①,与此不同,哲学的对象则是无限的对象。传统理解模式接受了黑格尔的这种观点,认为各门具体科学研究世界的各个具体领域,而哲学以全部世界为研究的对象和

①　[德]黑格尔:《哲学史讲演录》第一卷,贺麟、王太庆译,商务印书馆1959年版,第66页。

领域。另一方面，这种看法显然也不合理。事实上，哲学史上的各种哲学思想并非都是以全部世界为对象，都研究全部世界的，因为并非全部哲学都想获取具有最高普遍性和最大普适性的最高真理，对全部世界作出终极的解释。甚至有不少哲学家根本不想研究全部世界。对于他们，只要研究最为关心的问题和领域就已经足够了。

觉察到自己说法的不妥，传统教科书理解模式也做了一些改变，提出它们不是把全部世界而是把人与世界的关系作为自己的研究对象。传统教科书反复强调："与具体科学不同，哲学的对象是人与世界的关系，重在从整体上把握人与世界关系的一般内容和普遍形式。"① "哲学不同于科学，它不是把'整个世界'作为自己的研究对象，而是把人与世界的关系作为自己反思的对象。"② 但是，传统教科书理解模式实际上仍然一直在偷偷地研究全部世界。传统教科书理解模式一直在研究全部世界的各个组成部分——自然界、社会历史和人及其思维以及整个世界的普遍规律，而并没有真的把它们让给各门具体科学。难道可以把全部世界包括自然界、社会历史和人及其思维以及它们发展的普遍规律列入人与世界的关系的范围之内吗？显然，传统教科书无法自圆其说。而且，即使按照它们的说法的确也应该研究全部世界及其各个组成部分。因为，要科学把握和说明人与世界的关系，不研究全部世界怎么可能呢？可见，传统教科书理解模式还是把全部世界作为自己研究的对象和领域。

另外，尽管传统教科书认为自己把哲学的研究问题和对象定为"人和世界的关系"是一个重大的进步，但笔者以为这仍然并不合理。因为，哲学研究的问题和对象是多样而复杂的，无法用一个问题和对象即使是具有根本性的问题和对象概括、统摄全部哲学问题和对象。思维和存在的关系问题不行，人和世界的关系问题也不行。当然，把包括马克思主义哲学的全部哲学的研究对象定为人和世界的关系，传统教科书也有苦衷。自然科学和社会科学等实证科学快速发展，纷纷从哲学的母体中分化脱离出去，并带走以往属于哲学的问题和对象，占据以往属于哲学的研究领域。哲学似乎无事可做了，面临"失业"的危机。为了给哲学找到一份"工

---

① 李秀林、王于、李淮春：《辩证唯物主义和历史唯物主义原理》（第五版），中国人民大学出版社 2004 年版，第 3 页。

② 同上书，第 4 页。

作"，传统教科书理解模式就让哲学研究人和世界（全部世界）的关系，因而总是把全部世界作为包括马克思主义哲学在内的全部哲学的研究对象。可是，尽管原属于哲学的许多问题和问题域都转到了实证科学门下，我们时代的哲学实际上还保留着并开拓了诸多自己独有的问题和问题域。而且更为重要的是，哲学完全可以从自己独特的角度、路径和方式研究实证科学所研究的问题。因此，我们不必太过慌张。

马克思哲学的研究领域并不是全部世界、整个宇宙，而只是现实世界、人类世界。马克思的目的深层地决定了这一点。马克思并不试图总体地、根本地理解和解释全部世界、整个宇宙的面貌和性质，而只是实现无产阶级和全人类的解放和自由，实现每个人的全面自由发展。因此，马克思的主要研究领域不是也不可能再是近代哲学的全部世界、整个宇宙，不再包括尚未置于人的统治之下的自然界，而转向了同人类的生存和发展直接相关的现实世界、人类世界、世俗世界（即现实的社会历史）。在马克思看来，随着现代自然科学的高度发展，像宇宙的起源、地球的演化这样传统哲学研究的问题应交给自然科学研究和回答。对这些问题的认识，马克思都是基于自然科学的认识成果的，没有也不可能对这些问题做出独立的研究和回答。

因而，自然科学的对象和领域决不是马克思的主要研究对象和领域。现实世界、人类世界、世俗世界（即现实的社会历史）已经包含了并且只有现实世界、人类世界、世俗世界才包含同"现实的人及其发展"最为相关的关键问题。因此，马克思的主要研究领域只能是现实世界、人类世界、世俗世界（即现实的社会历史），没有必要、也不应该把马克思哲学的主要研究领域扩展到全部世界、整个宇宙中去。总之，由于马克思主义的目的、主题和精神实质是探求实现无产阶级和全人类解放和自由的现实道路，而非建构理论化、系统化的世界观，因此马克思主义哲学没有必要也不能把全部世界、整个宇宙作为自己的主要研究领域。遗憾的是，尽管传统教科书懂得马克思主义的真正目的、主题和精神实质，但却仍然还是把马克思主义哲学理解成和一些哲学形态完全相同的理论化、系统化的世界观。

造成传统教科书理解模式这种错误的一个重要原因在于它们对马克思的"世界"概念不正确的理解。其实，马克思所研究的世界是现实世界、人类世界、世俗世界而不是全部世界、整个宇宙。马克思甚至还经常直接把世界和社会等同起来，在社会的意义上使用世界概念，古代世界就是古代社会，而现代世界就是现代社会。因此，现实世界和社会历史是一致的，唯物史观也就是对现实世界的科学研究和说明。或者也可以这样说，马克思所研究的世界是社会历史科学和社会历史哲学意义上的世界。即使对人化自然，马克思也主要从社会历史科学和社会历史哲学的意义上看待和研究。传统教科书理解模式误以为马克思的"世界"概念和传统哲学中的世界概念一致，也是全部世界，从而认为马克思也要研究全部世界，马克思主义哲学的研究对象和领域也是全部世界。

另外，一些持传统教科书理解模式观点的学者还有一些更不可取的观点，如认为宇宙观、自然观比社会历史观更重要。因为，宇宙、自然界的范围要比人类社会大得多，地球只不过是宇宙中一颗普通的行星，人在苍茫宇宙中只不过是微不足道的一分子而已。[①] 但是，对于马克思，虽然在时空上人类社会历史比宇宙和自然界小得多，但人类的生活和意义却都集中在人类世界、人化自然、人类社会历史之中。宇宙和自在自然再大，对于人的意义也相对较小。

第三，在理论问题上，将本体论问题等具有最高普遍性和最大普适性的最抽象问题作为包括马克思主义哲学在内的全部哲学的最高问题和理论主题是不合理的，也严重违背了马克思主义哲学的根本目的和精神。传统教科书理解模式对于哲学问题的看法值得商榷。的确，哲学的问题都具有一定的普遍性和抽象性，哲学经常需要在普遍的层面上讨论问题，提出具有高度普遍性和抽象性的思想。甚至，任何一种理论的问题都具有一定的普遍性和抽象性。但是，认为哲学的问题都是高度普遍和抽象的甚至是最为普遍和抽象的问题并不合理。

从历史维度看，哲学史上的哲学并不都是普遍的、抽象的和理性的哲学，同样也有大量个别的、具体的和感性的哲学存在。无论是古希腊罗马、中世纪还是近代，都有特殊、具体、非理性的问题、思想和哲学家。然而，传统教科书理解模式对这些视而不见，不把这些问题看作是哲学问题，不把这些思想看作是哲学，不把思考这些问题、形成这些思想的思想家认定为哲学家。对于古希腊哲学家们的大量问题和丰富思想，传统教科

---

① 可参见黄楠森《必须坚持辩证唯物主义》，《北京大学学报》（社会科学版）1998 年第 2 期，第 162—169 页。

书理解模式总是只注意本体论问题和唯物唯心思想，而对其提出的诸多人生、社会、国家甚至认识论问题，大量对人生、社会、国家的思考甚至对于认识论问题的思考都视而不见。同样，在传统教科书理解模式眼中，近代哲学只有认识论问题，只有经验论和唯理论、法国启蒙思想家的理性主义哲学、德国哲学的理性主义哲学和哲学家，严重忽视了近代哲学中同样存在的其他诸多重要问题甚至包括本体论问题和像蒙田、帕斯卡尔、德国浪漫主义哲学家等十分重要而且著名的非理性主义哲学家及其思想。

并且，即使对理性主义哲学家们的问题和思想，传统教科书理解模式也只是重视其普遍、抽象和理性方面的问题和思想，忽视其特殊、具体和非理性方面的问题和思想。哲学史上的哲学问题和思想丰富多样，但传统教科书理解模式只是按照其"四大块"的四个主要问题域确定和划分：哲学问题与非哲学问题、哲学思想与非哲学思想。更严重的问题还在于，传统教科书理解模式还以它们这种不合理的看法剪裁哲学史和哲学史料，使哲学史料符合它们对哲学的看法。后人如果不加注意，只阅读传统教科书理解模式给定的哲学史料和哲学史，就会形成和传统教科书理解模式一致的看法。在这样长期反复的误解和误读中，传统教科书理解模式的哲学观、哲学思想和哲学史、哲学史料便被固定和确信下来了。

从理论维度看，哲学不应该只研究理性的、普遍的和抽象的问题，也应该研究感性的、个别的和具体的问题。哲学不仅应该思考传统教科书理解模式经常强调的理性方面的问题，而且也应该重视和人密切相关的非理性方面的问题。现代西方哲学重视和强调人的非理性方面，无疑具有很大的合理性和意义，尽管有些过度强调了。粗略而言，我们时代的哲学主要有两大类问题：一类是其他学科也研究的对象中具有普遍性、总体性、根本性、前提性、基础性和恒久性甚至永恒性的问题；另一类是其他学科不研究或基本不研究，专由哲学研究，亦即哲学独有的个别的、具体的对象和问题。这两类问题对于哲学都很重要，哲学都应该关注。

和对哲学问题和思想的认识相一致，在传统教科书理解模式看来，哲学研究的方法和工具只是理性思辨、逻辑推理。的确，作为理论形态，任何类型的哲学都需要理性、思维的作用。但是，理性思维是否是全部哲学主要的甚至唯一的工具和运思方法呢？显然不是。哲学并不只通过理性、思维把握世界，也需要情感、感受和想象等发挥作用，也通过直观、感觉、体验、直觉等诸多工具和途径把握世界。另外，不少哲学问题不应该也无法以理性思辨、逻辑推理作为主要研究方法和工具。虽然哲学作为理论一定需要理性、思维发挥作用，甚至一定要以理性思维为基础，但在一定问题、领域和范围内，它们可以不是并且事实上也不是主要的方法、工具和途径。

马克思的目的也深层决定了像传统本体论问题这样的传统哲学问题不可能成为马克思哲学的主题。为了实现无产阶级和全人类的解放和自由，实现每个人的全面自由发展，马克思最为关心和集中思考的问题必然不会是像全部世界、整个宇宙的本体是什么这样的问题，而是同实现无产阶级和全人类解放和自由最为相关的下述问题：人类社会历史发展的基本结构和规律是什么？现代资本主义社会的运行机制和规律是什么？未来理想社会的基本面貌和运行机制是什么？并且，传统本体论问题根本不可能成为马克思哲学的问题，因为它同马克思主义的根本思想和精神完全相悖。

传统哲学之所以特别重视和推崇本体论问题，一个主要原因在于，它们试图以本体论的形式获得最高的终极真理，一劳永逸地给予全部世界终极解释。然而，传统哲学的这种简单化的尝试已经一次又一次地失败了，并将继续一次又一次地失败，因为这种终极真理和终极解释不可能存在和实现。可见，传统本体论及其思维方式必须被超越，而且事实上也早已被超越了。马克思早就否定和超越了传统本体论及其思维方式，论述新唯物主义总体特征时笔者对此做过简要分析。值得在此说明的是，新唯物主义的基本问题——物质生产力与生产关系及其矛盾运动同思想观念以及上层建筑的关系问题在马克思哲学中虽然也具有基础性和前提性的作用，但也并不像传统本体论问题在传统哲学尤其是近代哲学和传统教科书理解模式中那样对全部哲学问题和整个哲学体系具有决定意义和统摄作用。

第四，在理论方法上，认为进行最高的抽象是包括马克思主义哲学在内的全部哲学追求具有最高普遍性和最大普适性的真理所必需的方法是不合理的，也严重违背了马克思主义哲学的根本目的和精神。

显然，传统教科书理解模式所热衷的最高的抽象也不是新创的，进行最高抽象的方法在传统哲学中早已盛行。拿本体论问题来说，传统哲学中的本体、存在、物质、意识等也显然都是做了最高抽象得到的结果。事实上，传统教科书理解模式的这种最高的抽象受了传统哲学的深刻影响，甚至可以说是对传统哲学做法的延续。另一方面，即使在传统哲学中，也并不是所有哲学家在对所有哲学问题的研究中都使用这种最高的抽象，如上文提到的主要研究感性的问题的感性哲学家们就不使用这种方法。可见，进行最高的抽象并不是全部哲学都采用的方法和程序。之所以如此，是因为各种各样的哲学并不都必须使用这种最高的抽象。如上所述，具有高度普遍性和适用性的理论观点的理论作用也有限和有条件，甚至可能存在弊端。并不必要非得把所有的理论观点都引向最普遍、最一般、最抽象的层次，弄出最具抽象性的最高原理出来。从而，这种最高抽象的方法也是有限的和有条件的。更重要的是，不合理地进行这种最高的抽象是错误而有害的。不顾理论的适用范围和条件一味地对理论做最高的抽象使之成为最高的原理，不仅会降低甚至磨灭理论的实际作用和意义，而且还会使科学的理论走向反面，成为没有任何实际意义内容却自以为可以包治百病的僵死教条。

　　的确，任何理论都具有一定的抽象性，也都需要抽象；但是，抽象是有科学和不科学、合理和不合理之分的。只有在合理的范围、层次和程度上，抽象才能是科学的；超过合理的范围、层次和程度，抽象只能是不科学的抽象。传统教科书理解模式一味追求的最高抽象就是这样一种不科学的抽象，因为它超出了合理的范围、层次和程度。"只要再多走一小步，仿佛是向同一方向迈的一小步，真理便会变成错误。"① 最高的抽象看起来好像也是在做同科学的抽象一样的事情，然而它却比科学的抽象向前多走了那么一小步。例如，传统教科书理解模式把"对象、现实、感性"，一切物质性的因素都抽象成具有最高普遍性和最大普适性的"物质"，把一切思想性的因素都抽象成具有最高普遍性和最大普适性的"意识"，严重超出合理的范围、层次和程度，由此产生了诸多理论错误和理论困难。

　　马克思批评布鲁诺·鲍威尔的例子就有力说明了把思维的主体从"人"变成"物质"绝对不能准确说明思维的真正主体，从而这种抽象和分析是不科学的。而且，事实上，传统教科书理解模式也不能把它们所推崇的这种最高的抽象贯彻到底。因为，如果把这一逻辑贯彻到底，完全可以把教科书理解模式的两大最高实体——物质、精神进一步抽象成存在同非存在相对，但这样就超出了传统教科书理解模式的解释框架。持传统教科书理解模式观点的论者尖锐地反对这样的做法，并举出恩格斯反对杜林的说法说明不能把物质和意识抽象成存在。可是，他们为什么不想一想，

---

① 《列宁选集》第四卷，中央编译局编译，人民出版社1972年版，第257页。

按照他们自己的逻辑，这是完全可以并且有意义的啊。或许，他们也模糊地意识到了，抽象应该是适度的。有可能是这样的，传统教科书理解模式也认识到抽象必须在合理的范围、层次和程度上进行，不过他们认为对于说明全部世界来说，物质和意识就是合理的范围、层次和程度。但是，我们已经证明，这个范围、层次和程度并不合理，而且也违背了马克思的思想。

因此，笔者坚决反对这种不科学的最高抽象。这种最高的抽象不仅不像它们认为的那样科学运用了辩证法；相反，在深层上却违反了辩证法。顺便提及，既然这种最高的抽象并不科学，那么最高的真理是否还能是真理也很值得怀疑。因为，最高的抽象是最高的真理赖以形成和成立的方法和条件之一，通过在不合理的范围、层次和程度上进行不科学的最高抽象而获得的最高真理当然也不可能科学。传统教科书理解模式所做的这种最高的抽象也不符合马克思的思想。马克思（还有恩格斯）明确反对和批判传统教科书理解模式特别重视的这种所谓深刻懂得并体现辩证法的最高抽象，认为这种最高抽象错误而有害。马克思一贯强调，理论要准确说明对象，就必须在不同的层次上科学把握和说明对象，既要在一般的共性的层面上把握和说明对象，又要在特殊的个性的层面上把握和说明对象。而且，比较而言，马克思还更为重视后者。

在《政治经济学批判导言》中，马克思以生产为例阐发了他的上述思想。马克思提出，生产在一切时代有某些共同标志、共同规定，概括这些共同标志和共同规定的生产一般是一个抽象，只要真正把共同点提出来、定下来，免得重复，就是一个合理的抽象。但是，马克思随即强调："这个一般，或者说，经过比较而抽出来的共同点，本身就是有许多组成部分的、分为不同规定的东西。……对生产一般适用的种种规定所以要抽出来，也正是为了不致因为有了统一而忘记本质的差别。"[1] 这番论述告诉我们：合理地抽象出来的一般、共同点是有意义的，但是，特殊和区别也非常重要，甚至是一个事物的本质特征，是和其他事物区别开来的质点。

因此，理论研究不能只重视共同点、一般而忽视差别和特殊，在肯定

---

[1] 《马克思恩格斯选集》（第二版）第二卷，中央编译局编译，人民出版社1995年版，第3页。

共同点和一般的同时必须分析出本质差别。马克思甚至指出，资产阶级经济学家的错误就在于无视这种本质的差别："那些证明现存社会关系永存与和谐的现代经济学家的全部智慧，就在于忘记这种差别。"① 可见，在马克思看来，理论研究如果单纯强调抽象甚至最高的抽象以获得普遍的一般的东西乃至最普遍、最一般的东西，而不考察各个事物的特点和本质差别，那么这种抽象是不科学的抽象，这种考察和分析是错误的考察和分析。

马克思和恩格斯一生中多次严厉批判了这种不科学的抽象和不科学的分析。他们曾经十分机智而准确地讽刺了只追求一般和共性而忽视差别和个性的做法："为什么要分什么人、兽、植物、石头呢？我们都是物体！"② 这个风趣却鞭辟入里的批评真的需要传统教科书理解模式好好反思。传统教科书理解模式不也总是喜欢和强调把全部事物甚至包括人都抽象为物质吗？它们的做法和马克思、恩格斯所批评的这种做法何其一致啊！

马克思还对蒲鲁东和传统教科书理解模式极其相似的做法作了更为深刻严厉的分析和批评。马克思指出，不科学的抽象把一切现实事物都抽象成了逻辑范畴。"在最后的抽象中，一切事物都成为逻辑范畴，这用得着奇怪吗？如果我们逐步抽掉构成某座房屋个性的一切，抽掉构成这座房屋的材料和这座房屋特有的形式，结果只剩下一个物体；如果把这一物体的界限也抽去，结果就只有空间了；如果再把这个空间的向度抽去，最后我们就只有纯粹的量这个逻辑范畴了……用这种方法抽去每一个主体的一切有生命的或无生命的所谓偶性，人或物，……在最后的抽象中，作为实体的将是一些逻辑范畴。……他们在进行这些抽象时，自以为在进行分析，他们越来越远离物体，而自以为越来越接近，以至于深入物体。"③

同样，不科学的抽象也把一切现实的运动抽象成逻辑的运动。"只要抽去各种各样的运动的一切特征，就可得到抽象形态的运动，纯粹形式上的运动，运动的纯粹逻辑公式。既然我们把逻辑范畴看做一切事物的实体，那末也就不难设想，我们在运动的逻辑公式中已找到了一种绝对方

① 《马克思恩格斯选集》（第二版）第二卷，中央编译局编译，人民出版社 1995 年版，第 3 页。

② 《马克思恩格斯全集》第三卷，中央编译局编译，人民出版社 1960 年版，第 551 页。

③ 《马克思恩格斯选集》（第二版）第一卷，中央编译局编译，人民出版社 1995 年版，第 138—139 页。

法，它不仅说明每一个事物，而且本身就包含每个事物的运动。"① 显然，在马克思看来，蒲鲁东这种不科学的"抽象"抽象掉了各种事物和运动赖以成为它自身并区别于他物的具体的特征，犯下了严重错误。这种做法实际上和黑格尔唯心主义的形而上学完全一致，将政治经济学导向了唯心主义的形而上学。"既然把任何一种事物都归结为逻辑范畴，任何一个运动、任何一种生产行为都归结为方法，那末，由此自然得出一个结论，产品和生产、对象和运动的任何总和都可以归结为应用的形而上学。黑格尔为宗教、法等做过的事情，蒲鲁东先生也想在政治经济学上如法炮制。"②

综上所述，传统教科书理解模式的认识型哲学观存在诸多严重问题，同马克思的新哲学观有重大区别和对立。从而，以这种哲学观进行理解的整个阐释体系也不可能在性质上和主导思想上符合马克思的思想。至此，可以确信传统教科书理解模式对新唯物主义及其含义进行辩证唯物主义理解的理论前提和致思逻辑是不能成立的。传统教科书理解模式的理论前提和致思逻辑是这样的：全部哲学都是对全部世界的总体图景、基本性质、内在本质和运动规律的总体的根本的研究和解释，试图获取系统性的真理，追求具有最高普遍性和最大普适性的最高真理。为此，需要对全部世界以及人和全部世界的关系进行说明。而最根本的就是对本体论问题——物质、存在和意识、思维何者为本体这一全部哲学的最高问题做出回答。唯物主义和唯心主义正是对本体论问题的回答，对本体论问题的不同回答形成了唯物主义和唯心主义这两种对立的世界观。并且，由于唯物主义和唯心主义是对本体论这一普遍性和抽象性最高的问题的回答，是通过最高的抽象得出的具有最高普遍性和抽象性的最高命题，因而需要使用具有最高普遍性和抽象性的概念表述。

按照传统教科书理解模式的这些观点和逻辑，作为唯一科学的哲学的马克思主义哲学也要研究和解释全部世界的总体图景、基本性质、内在本质和运动规律，并且是最为科学的研究和解释，获得具有最高普遍性和最大普适性的最高真理。这一任务同样需要通过回答本体论问题这一最高问题来实现。马克思主义的新唯物主义正是对本体论问题——物质和意识何

---

① 《马克思恩格斯选集》（第二版）第一卷，中央编译局编译，人民出版社 1995 年版，第139 页。

② 同上书，第140 页。

者为本体这一问题的回答，因此，新唯物主义的观点和含义同以往的全部唯物主义是一致的，当然新唯物主义的观点和含义是最为科学的。这就是传统教科书理解模式对唯物主义、新唯物主义及其含义进行辩证唯物主义理解的理论前提和致思逻辑。

　　然而，本书已经证明了传统教科书理解模式这一理论前提和致思逻辑对新唯物主义并不能成立。首先，马克思的目的并不是为了从理论上总体地根本地把握全部世界的总体图景、基本性质、内在本质和运动规律，获得具有最高普遍性和最大普适性的最高真理，而是为了实现无产阶级和全人类的解放和自由，实现每个人的全面自由发展。其次，马克思的研究领域也不是全部世界、整个宇宙，而只是现实世界、人类世界、世俗世界，并且是社会历史科学和社会历史哲学意义上的现实世界、人类世界、世俗世界（亦即人类社会历史）。再次，马克思的目的决定了传统本体论问题并不是马克思哲学的重要理论问题，更不用说是理论主题，甚至在马克思看来传统本体论问题并不是一个科学的问题，必须被扬弃。

　　并且，唯物主义和唯心主义并不一定就是对世界"本体"问题的回答，对其他问题的回答也完全可以产生唯物主义和唯心主义思想。新唯物主义并不是对"本体"问题的回答，而是对思想观念以及上层建筑同物质生产力与生产关系及其矛盾运动、物质活动的关系问题的回答。同样，道德意义上的唯物主义、费尔巴哈人本主义的感性唯物主义、重视物质因素作用的唯物主义甚至自然科学的唯物主义也都是如此。再其次，马克思反对进行不科学的最高抽象。最后，从形式上说，也并非必须使用具有最高普遍性和最大普适性的概念才能表达唯物主义思想。物质主义的物质利益、物质享受，费尔巴哈的感性、直观，马克思的物质生产力与生产关系、物质活动甚至自然科学的唯物主义的自然都不是也不必须是具有最高普遍性和最大普适性的概念。并且，像恩格斯批评施达克的那样，马克思主义反对不合理地使用抽象的思辨哲学的语言，而强调使用现实的语言。

　　综上可见，传统教科书理解模式的理论前提和致思逻辑决不适用于新唯物主义，而只适用于正统唯物主义。这样，就从根基上否定了传统教科书理解模式对新唯物主义的本质和含义的辩证唯物主义理解。再也不能以传统认识型哲学观理解马克思的新哲学了！只要赞同上述认识型哲学观的基本观点，就会赞成传统教科书理解模式的基本理解；只有根除这些基本的哲学观，才能形成和确立对马克思新哲学的正确理解。如果继续以这种传统哲学观理解马克思新哲学的话，那么我们就将永远把自己束缚在传统教科书理解模式的牢笼之中动弹不得，最多只能在原有框架中做一些小修小补，在牢笼中跳舞，永远无法准确理解和把握马克思哲学的真实面貌和精神。就如孙悟空再闹也逃不出贴上符咒的五行山。

对新唯物主义含义的辩证唯物主义理解在马克思主义阵营内部对新唯物主义含义的理解中长期占据正统地位，影响巨大。正如导论所述，尽管当代中国马克思主义哲学界对新唯物主义本质的主流观点发生了重大改变，由"辩证唯物主义"转变为"实践唯物主义""历史唯物主义"等，但是，即使这些学者也没有实现对新唯物主义含义理解的相应变化，而是仍旧对新唯物主义的含义进行辩证唯物主义的理解。这种状况到了需要改变的时候。这个已经重压了我们一百多年的隐形"五行山"该动摇了。

第四节　对西方马克思主义观点的分析与评价

正当辩证唯物主义理解模式凯歌行进的时候，它的反对者也奋勇地登上了历史舞台。西方马克思主义理论家们高举历史唯物主义的大旗对苏联东欧的辩证唯物主义理解模式展开了激烈的论争。他们正确地强调，马克思新唯物主义的本质决不是所谓的辩证唯物主义而是历史唯物主义。然而遗憾的是，西方马克思主义理论家们很少对新唯物主义的含义进行专门的系统深入的研究，也没有明确提出对新唯物主义含义的新界说，而只是一定程度地触及新唯物主义的独特含义。

在西方马克思主义之前，梅林、拉布里奥拉等第二国际的马克思主义哲学家们也把新唯物主义的本质理解为历史唯物主义。对新唯物主义本质的这种理解当然是正确的。不过可惜的是，尽管有这个正确的理解前提，但他们却没有深入思考新唯物主义的含义。例如，在代表作《保卫马克思主义》中，梅林只是复述了恩格斯的观点："唯心主义和唯物主义是对于思维与存在的关系、精神与自然界哪一个是本源的这一哲学上重大的基本问题的互相敌对的答案"，[①] 而没有进行专门的研究，提出自己独立的新观点。

---

① ［德］梅林：《保卫马克思主义》，吉洪译，人民出版社1982年版，第16页。

　　和第二国际的理论家们一样，西方马克思主义的开山鼻祖卢卡奇也正确理解了新唯物主义的本质，无论是早年的《历史和阶级意识》还是晚年的《社会存在本体论》，卢卡奇都坚定地认为马克思的哲学是历史唯物主义。不过，对于新唯物主义的含义，卢卡奇却没有进行更多的具体研究和阐发。这或许预示了西方马克思主义理论家们对新唯物主义含义理解的一般状况。

　　西方马克思主义的"亚圣"柯尔施反对苏联对马克思新唯物主义的理解，尖锐批评了辩证唯物主义理解模式："马克思的唯物主义的社会科学作为对一定的历史社会形态的严格经验的研究，不需要这种哲学基础。……马克思的社会研究不仅超过了唯心主义的哲学，而且总的说来超过了任何哲学的思维方法。……他们在防止对马克思主义作唯心主义的修正时，最后在一切主要观点上甚至重新陷入敌对者的立场。……这个派别居领导地位的代表人物、哲学唯物主义者和正统的马克思主义者普列汉诺夫，在他热衷于探讨为马克思主义提供基础的'哲学'，最终陷入了把马克思主义阐述为一种……斯宾诺莎主义。"① 显然，在柯尔施看来，用传统哲学唯物主义解释马克思的唯物主义实际上是把马克思主义倒推到传统哲学的水平，甚至陷入了马克思主义反对者观点的深渊。

　　柯尔施强调，马克思主义早已超越了这种哲学唯物主义。"唯物主义哲学家马克思和恩格斯从他们发展的一定点上起抛开包括唯物主义在内的任何哲学。其唯一的原因在于，他们希图通过直接唯物主义的科学与实践超越哲学唯物主义。"② 柯尔施还批评了列宁对新唯物主义的理解："列宁把从黑格尔的唯心主义辩证法到马克思和恩格斯的辩证唯物主义的转变仅仅看作这样一种转变：由不再是'唯心主义的'而是'唯物主义的'新的哲学世界观取代植根于黑格尔辩证法的唯心主义世界观。他看来并没有意识到，对黑格尔唯心主义哲学的这种'唯物主义的颠倒'至多只涉及到一种术语上的变化，用所谓'物质'的绝对存在取代所谓'精神'的绝对存在。"③ 显然，在柯尔施看来，列宁只是从物质对精神的颠倒的角

---

　　① ［德］柯尔施：《卡尔·马克思》，熊子云、翁延真译，重庆出版社1993年版，第128—129页。

　　② 同上书，第180页。

　　③ ［德］柯尔施：《马克思主义和哲学》，王南湜、荣新海译，重庆出版社1989年版，第81页。

度理解新唯物主义的革命变革，并没有抓住新唯物主义革命变革的实质，甚至仍然囿于传统唯物主义的框架之中。

"列宁的唯物主义甚至有一个更为严重的缺点。因为他不仅取消了马克思和恩格斯对黑格尔辩证法的唯物主义的颠倒；而且他把唯物主义和唯心主义的全部争论拖回到从康德到黑格尔的德国唯心主义已经超越了的历史阶段。"① 这再次表明，在柯尔施看来，马克思主义世界观的革命变革决不仅仅是这种唯物主义对唯心主义、物质对精神的颠倒。那么，实现了革命变革的新唯物主义是怎样的一种唯物主义呢？"与费尔巴哈的抽象——科学的唯物主义和所有其他抽象的唯物主义相对照，马克思主义的唯物主义首先是历史的和辩证的唯物主义。"② "马克思和恩格斯对黑格尔唯心辩证法的唯物主义颠倒只不过在于把这种辩证法从他的最后的神秘外壳中解放出来。在'观念'辩证的'自我运动'下面发现了历史的现实的运动，并把这一历史的革命运动宣布为唯一'绝对的'存在。"③ 显然，柯尔施主张，新唯物主义的本质是历史唯物主义，马克思主义并不是用传统形而上学的物质概念代替传统形而上学的精神概念，而是发现了历史的现实的运动，用历史的现实的运动说明人们的思想观念。

另外，柯尔施还十分正确地强调了新唯物主义的实践原则，即具体地和现实地改变资产阶级的具体和现实的世界。"理论上的批判和实践上的推翻在这里是不可分离的活动，这不是在任何抽象的意义上说的，而是具体的和现实的改变资产阶级的具体和现实的世界。这就是马克思和恩格斯的科学社会主义的新唯物主义原则的最精确的表达。"④ 综上，柯尔施准确理解了新唯物主义的本质。不过，柯尔施并没有深入研究新唯物主义的含义，也没有准确全面地揭示新唯物主义的含义。

西方马克思主义第一代的另一位主将葛兰西对苏联辩证唯物主义理解模式的批判更加猛烈。在葛兰西看来，辩证唯物主义理解模式把马克思主义哲学——实践哲学变成了"形而上学的或机械论的唯物主义"，甚至"颠倒的唯心主义"。"实践哲学被认为分裂成两个要素，一方面，它被认

---

① 〔德〕柯尔施：《马克思主义和哲学》，王南湜、荣新海译，重庆出版社 1989 年版，第 81 页。

② 同上书，第 38 页。

③ 同上书，第 81 页。

④ 同上书，第 52—53 页。

为是社会学的历史和政治理论——即一种能按照自然科学方法加以构造（在最粗俗的实证主义意义上的实验的）要素；另一方面是哲学本身，这就是哲学唯物主义——它的别名是形而上学的或机械的（庸俗的）唯物主义。"① "暗含在《通俗手册》中的哲学就是一种颠倒的唯心主义。"② 为了反对辩证唯物主义理解模式的观点，葛兰西甚至提出马克思主义哲学——实践哲学不是唯物主义。

　　葛兰西正确地指出，唯物主义在西方哲学史上是有严格含义的，"无论以何种名目，新哲学不可能同任何过去的体系相一致。术语相同并不意味着概念相同。朗格对唯物主义有一个十分精确、明晰和有限定的概念，所以，令某些人（比如普列汉诺夫）感到十分惊讶、甚至十分愤怒的是，它既不把历史唯物主义，又不把费尔巴哈的哲学当作是唯物主义。"③ 显然，在葛兰西看来，新唯物主义并不是这种有着严格含义的正统的哲学唯物主义。唯物主义"是一个费尔巴哈的概念，而不是马克思主义的概念。"④ 葛兰西还提出："实践哲学的创始人从来不曾把自己的概念称作唯物主义。当写到法国唯物主义的时候，他批判它，并且断言这个批判应该更加彻底全面。"⑤ 无疑，葛兰西对新唯物主义本质的理解也是正确的，并且正确强调了正统唯物主义具有严格的含义以及马克思主义哲学和这种正统唯物主义的异质。然而，对这一异质的强调竟然把葛兰西引向错误地否定为马克思主义创始人无数次地强调过的他们的学说是唯物主义的学说这一重大事实。而葛兰西之所以犯这个错误的原因还是在于没有系统深入研究从而也没能准确理解新唯物主义的含义。尽管葛兰西认识到"同一顶帽子下可能有不同的脑袋"，但他却没有考虑到马克思主义这个"脑袋"也有可能放在唯物主义这顶"帽子"之下，不知道马克思转变了唯物主义的含义。

　　西方马克思主义第二代的理论家们继承了前辈们的思想，同样正确地主张马克思主义的本质不是辩证唯物主义而是历史唯物主义。不过，他们

---

　　① ［意］葛兰西：《狱中札记》，曹雷雨、姜丽、张跣译，中国社会科学出版社 2000 年版，第 351—352 页。

　　② 同上书，第 353 页。

　　③ 同上书，第 374 页。

　　④ 同上书，第 375 页。

　　⑤ 同上书，第 374 页。

依然没能准确全面地理解马克思新唯物主义的含义。在此，笔者以有着鲜明观点的霍克海默、弗洛姆和施密特为例予以分析。

霍克海默指出，在西方哲学史上，唯物主义"被归结为这样一个简单的论断：唯有物质及其运动才是真实的。无论做出这种攻击的哲学家是唯心论者还是实在论者，他都会断然摒弃唯物论论题。唯物主义或是被人们理解为一种试图把任何精神事物、尤其是意识和理性看作纯属虚构的企图（与理性本身最内在的冲动相矛盾），或是被人们理解为借助人为假定和对未来科学发现达成问题的寄托而把精神东西剥离物质过程的企图。"① 霍克海默强调，不能把唯物主义理解为形而上学的"只承认物质及其运动"的学说。因为，形而上学，无论是唯心主义的形而上学还是唯物主义的形而上学，其实质都是唯心主义。事实上，唯物主义真正关注的是可以使人们获得幸福的条件。"唯物主义的兴趣并不在世界观或人的灵魂。它所关注的是变革人由之受苦受难的具体条件。"②

霍克海默还正确地指出，唯物主义并不是固定不变的，而是不断变化的。唯物主义的当代形态——马克思的新唯物主义强调的是经济关系的根本性作用。"在今天，经济关系的根本性历史作用是唯物主义立场的标志。"③ "当代唯物主义的根本特点，并不在于它与唯心主义形而上学相对立的那些形式化特质。它的特点毋宁说是在其内容：即社会的经济理论。"④ 显然，霍克海默对新唯物主义的本质的理解是正确的，也初步触摸到了新唯物主义的含义。不过，应该说他的研究还只是初步的，对新唯物主义含义的理解尚不够准确全面，甚至也没有明确提出对新唯物主义含义的界说，当然已经相当不易了。

弗洛姆在多部著作中阐述了他对于唯物主义与唯心主义的含义和马克思的唯物主义的看法。弗洛姆提出，有两种不同的唯物主义和唯心主义。"由于被运用的场合不同，'唯物主义'以及与此相对应的'唯心主义'，具有两种完全不同的含义。在说明人的态度时，'唯物主义者'主要地是指满足于物质追求的那种人，'唯心主义者'则指受一种思想，也即是受

---

① [德] 霍克海默：《批判理论》，李小兵译，重庆出版社 1989 年版，第 12 页。
② 同上书，第 43 页。
③ 同上书，第 23 页。
④ 同上书，第 43 页。

一种精神的或道德的动机所驱使的那种人。"① 与此不同，弗洛姆认为，作为哲学术语的 "唯心主义指的是这样一种哲学观点：即认为思想是基本的实在，我们通过感官所看到的物质世界是不实在的。十九世纪末所盛行的唯物主义认为，真实的存在是物质，而不是思想。"②

弗洛姆强调，马克思的历史唯物主义和这种 19 世纪流行的唯物主义是根本不同的："与这种机械唯物主义相反，马克思并不注意物质与精神之间的因果关系，而是把一切现象都理解为现实的人类活动的结果。"③ 19 世纪流行的唯物主义认为，"物质现象造成了精神现象"。而马克思则认为，"思想和精神的现象应当理解为整个生活实践的产物，是个人与他人及自然的相当关系的结果"。④ 弗洛姆在其他多部著作中的看法也大致如此。不难看出，弗洛姆对于唯物主义和唯心主义的含义的看法还是比较正确的，虽然认为哲学唯物主义仅盛行于 19 世纪不太符合实际，对唯物主义和唯心主义的含义的认识也有待更深入的研究。弗洛姆认为新唯物主义的本质是历史唯物主义、新唯物主义的含义根本不同于一般唯物主义的看法也都是正确的。可惜，和其他西方马克思主义思想家一样，弗洛姆对新唯物主义含义的研究和说明也需要进一步的深入。

施密特在其博士论文《马克思的自然概念》中较为细致地研究和阐发了马克思的唯物主义思想。同他的老师和前辈们一样，施密特批评了苏联东欧对新唯物主义所作的抽象唯物主义世界观、抽象物质本体论的解释，认为这样解释的新唯物主义实际上是一种唯心主义。"如果马克思的唯物主义像今天仍在苏联和东欧盛行的那样，只是作为一种抽象的世界观的表白的话，那末首先注意：这一来它就和那种低劣的唯心主义毫无二致了。不是所谓物质这种抽象体，而是社会事件的具体性才是唯物主义理论的直接对象和出发点。"⑤ "把辩证唯物主义和黑格尔的辩证的唯心主义相

---

① ［美］弗洛姆：《在幻想锁链的彼岸——我所理解的马克思和弗洛伊德》，张燕译，湖南人民出版社 1986 年版，第 40 页。

② 同上。

③ 同上。

④ ［美］弗洛姆：《健全的社会》，孙恺详译，国际文化出版公司 1988 年版，第 258 页。

⑤ ［德］施密特：《马克思的自然概念》，欧力同、吴仲昉译，商务印书馆 1988 年版，第 31 页。

比，称他为'本体哲学'这是站不住脚的。辩证唯物主义并不承认有什么脱离具体的规定而独立存在的自在实体。至于所谓本源物质、存在物的本源根据之类，并不存在。和精神同样，物质也不是用来解释世界的绝对'根本的'、统一的说明原理。"①

施密特指出，马克思的唯物主义和以往的哲学唯物主义的真实关系是这样的：历史唯物主义以哲学唯物主义为前提，但又超越了哲学唯物主义。在施密特看来，"认为决定社会历史前进的根本因素乃是人类直接生活的生产与再生产的方式这理论，是以哲学唯物主义为前提的。"② 但是，马克思的新唯物主义决不等同于这种哲学唯物主义。和他的老师霍克海默一样，施密特也强调唯物主义是随历史的发展而不断变化的。"如果在唯物主义里找同一的概念，把唯物主义的历史纯粹看作是一种内在思想的发展，那末这种人一开始就走错了道……唯物主义在他的方法上、在他的特殊兴趣上、最后在他的内容的重要特征等方面，都会随着历史的变化而变化。"③

在施密特看来，和以往的哲学唯物主义不同，马克思主义哲学的本质是历史唯物主义。它以辩证的社会理论和经济理论扬弃了哲学唯物主义的抽象本体论性质，从而超越了哲学唯物主义。"十七、十八世纪的唯物主义把物理学或生理学的规定性上的物质作为主要对象"，而新唯物主义是以政治经济学批判为本质内容的。④ "在马克思那里，任何属于唯物主义基本命题的东西，都有其地位。当然，他们……是通过被辩证的社会理论所扬弃，才能作为完全理解的东西。"⑤ "马克思把自然和一切关于自然的意识都同社会的生活过程联系起来，由此克服了这种一元论的抽象的本体论性质。"⑥ 显然，施密特也正确理解了新唯物主义的本质。然而，施密特对新唯物主义和哲学唯物主义的关系的观点是错误的，新唯物主义决不是以这种哲学唯物主义为基础的，并不需要这种哲学唯物主义基础。另

---

① ［德］施密特：《马克思的自然概念》，欧力同、吴仲昉译，商务印书馆1988年版，第24页。
② 同上书，第6页。
③ 同上书，第21页。
④ 同上书，第21—22页。
⑤ 同上书，第54页。
⑥ 同上书，第17页。

外，施密特也同样没有明确地界说新唯物主义的含义。

以上几位西方马克思主义著名代表人物的见解，代表了西方马克思主义的一般观点。西方马克思主义正确理解和把握了新唯物主义乃至马克思主义哲学的历史唯物主义本质，也在一定程度上触及了新唯物主义的含义。可惜他们并没有对新唯物主义的含义展开系统深入的研究，从而不能准确全面地理解新唯物主义的含义，甚至没有明确概括出新唯物主义的含义。在这一点上，他们需要做的显然还很多。

苏联东欧的辩证唯物主义理解模式同西方马克思主义的历史唯物主义理解模式对马克思主义的唯物主义及其含义的激烈争论长久、广泛而深刻地影响了整个马克思主义世界，也延续进和再现于改革开放后的中国马克思主义哲学界，直到现在。在思想解放之后的中国马克思主义哲学界，辩证唯物主义理解模式同实践唯物主义理解模式、历史唯物主义理解模式对马克思新唯物主义、马克思主义哲学本质的争论，同苏联东欧的辩证唯物主义理解模式和西方马克思主义的历史唯物主义理解模式的争论有着密切的联系。同样，对于新唯物主义的含义，国内马克思主义哲学界的争论也同国际上对新唯物主义含义的辩证唯物主义理解和历史唯物主义理解的争论是一致的。有所差别的是，正如导论所指出的，在当代中国马克思主义哲学界，不仅对新唯物主义的本质持辩证唯物主义理解的学者对新唯物主义含义的理解都是辩证唯物主义的，而且大多数对新唯物主义的本质持实践唯物主义、历史唯物主义理解的学者对新唯物主义含义的理解也是辩证唯物主义的。这就是说，尽管他们改变了对马克思新唯物主义、马克思主义哲学本质的理解，却仍然没有改变对马克思新唯物主义含义的观点。这是很让人为之扼腕叹息的，同时也是促使笔者研究和写作本书最重要的直接原因。

不过，也必须看到，国内一些马克思主义哲学学者在西方马克思主义的见解的基础上艰辛探索、勇敢前行，提出了不少很有意义的对于新唯物主义含义的新观点。刘纲纪先生提出，"在哲学史上，与唯心主义相对立的唯物主义有其特定的含义"，而马克思的唯物主义并不是简单地主张这种唯物主义思想的一般观点：物质第一性，精神第二性；精神是物质的产物和反映；物质决定精神。从而，"马克思的哲学虽然继承了唯物主义的思想，但又已超出了哲学史上所公认的唯物主义这一概念的范围，不能再仅仅称之为唯物主义了。"① 虽然认为不能把新唯物主义"归结为唯物主义的一种形态"从而未能认识到马克思赋予了唯物主义一种新的含义，虽然对新唯物主义本质的理解仍然带有明显的"折中"色彩，但是刘先生对唯物主义概念的正统含义和新唯物主义的基本主张与含义的见解和探索是相当正确和可贵的。刘先生于 1989 年发表的《对马克思主义哲学中的唯物主义问题的重新考察》，是迄今为止笔者见过的中国学者对新唯物主义含义问题研究得最好的作品。

在探讨马克思唯物主义学说基本特征的时候，俞吾金先生相当程度地触摸到了新唯物主义最核心的观点。俞先生提出："马克思的唯物主义学说从不抽象地谈论'物质决定意识'的空话，而是注重从每代人所已然接受的历史遗产——生产力、资金和社会交往形式的总和出发去揭示他们的观念的实质。"② 俞先生还初步正确认识到了马克思对唯物主义的两个不同阶段的理解：在费尔巴哈影响下的感性唯物主义理解和思想变革之后的历史唯物主义理解。"在《提纲》写作之前，马克思把主张精神与物质的分离、自然科学与人的生活的分离的唯物主义称之为'抽象的唯物主义'，而把费尔巴哈的'和人道主义相吻合的唯物主义'看作是真正的唯物主义。……可是，在《提纲》写作以后，特别是在《德意志意识形态》中，马克思开始把当时他自己也赞成的、费尔巴哈式的'和人道主义相吻合的唯物主义'也归入到'抽象的唯物主义'的概念中。"③

刘福森先生也提出了对于新唯物主义的许多独到见解。刘先生正确地指出，历史唯物主义就是马克思的新世界观、新唯物主义，因而新唯物主义的含义和以往唯物主义的含义是不同的。"由于马克思实现了哲学观和哲学主题的变革和转换，因此，虽然马克思仍然把他的哲学世界观称为唯物主义，但这种唯物主义的含义已同旧哲学观解释框架下的唯物主义的含义大相径庭了。新唯物主义所关注的已不是世界的抽象本体，而是自然、人、人与自然的关系、意识的社会历史性，是实现人的生存、发展和解放

---

① 刘纲纪：《对马克思主义哲学中的唯物主义问题的重新考察》，《天津社会科学》1989 年第 3 期，第 38 页。

② 俞吾金：《论马克思的唯物主义学说的基本特征》，《上海行政学院学报》2001 年第 1 期，第 6 页。

③ 俞吾金：《马克思的实践唯物主义及其当代发展趋向》，《江苏社会科学》2000 年第 6 期，第 44 页。

的客观历史必然性。正是从这个意义上说马克思的哲学仍然是唯物主义的。"① 刘先生对新旧唯物主义之异质的这种强调无疑是有意义的。

王南湜先生提出，马克思唯物主义的基本含义是："人的物质性活动对于精神性活动具有基础性的制约作用。"② 这一论断从物质活动的角度揭示了新唯物主义的含义。另外，在专著《后主体性哲学的视域——马克思唯物主义的当代阐释》第二章中，王先生还对唯物主义在西方哲学史上的含义做了相当出色的考察和分析，尽管笔者不完全同意他分析的路径。显然，以上这些新观点在一定程度上初步揭示了新唯物主义的含义，把中国马克思主义者对新唯物主义含义的认识大为推向前进，尽管没有能够准确全面地理解新唯物主义的独特含义。

国内马克思主义哲学界的一些学者还提出了另外一些观点，对于探索新唯物主义的含义同样做出了有益的努力和贡献。孙伯鍨先生认为，唯物主义的含义是和实事求是一致的。在孙先生看来，唯物主义和唯心主义的区别在于"他们各自所遵循的思想路线和方法在原则上是不同的。""和唯心主义不同，唯物主义者主张从现实的运动中引出合乎理想的目的，把理想目的作为现实运动的合乎规律的结果而宣示出来。""从'现实'即实际出发合乎规律地引出'应当确立的状况'，还是从纯粹的理想出发要求现实与之相适应，这是唯物主义和唯心主义、马克思主义和康德主义在思想路线上的根本区别。"③ 马拥军先生提出，马克思的唯物主义实际上是现实主义。他认为，马克思的"'唯物'，其实是'唯现实'。在马克思和恩格斯的话语系统中，'物质'与'现实'两概念是通用的，而'对象、现实、感性'又是同一回事。马克思的唯物主义其实是'现实主义'。"④

张建军先生主张，在《路德维希·费尔巴哈和德国古典哲学的终结》中实际上有两个含义不同的唯物主义概念，其中一个唯物主义概念是

---

① 刘福森、胡金凤：《马克思的新哲学观和新世界观》，《学习与探索》1998 年第 1 期，第 73 页。

② 王南湜：《追寻哲学的精神——走向实践哲学之路》，北京师范大学出版社 2006 年版，第 99 页。

③ 孙伯鍨：《唯物主义和实事求是——为纪念恩格斯逝世 100 周年而作》，《江苏社会科学》1995 年第 4 期，第 85 页。

④ 马拥军：《现实主义还是抽象的唯物主义？》，《华侨大学学报》2001 年第 1 期，第 2 页。

"哲学"的唯物主义的概念，其含义是存在第一性，思维第二性；而另一个唯物主义概念才是马克思和恩格斯所主张的唯物主义，其含义是"按照现实世界的本来面目来理解"。① 张杰先生也认为，唯物主义在马克思主义哲学中的含义是"从事实本身把握事实"。② 这些观点虽然都没有能够准确全面地理解新唯物主义的含义，但是对于突破对新唯物主义含义的传统认识无疑具有重要的积极作用。

综上所述，在新唯物主义诞生之后的一百多年中，我们马克思主义阵营并没有能够准确全面地理解新唯物主义的含义。众多马克思主义哲学家都没有从正确的方向理解新唯物主义的含义，严重误解了新唯物主义的含义；一些马克思主义哲学家尽管不同程度地接近了新唯物主义的含义，但也都没有能够准确全面地理解和阐释新唯物主义的独特含义。这是值得我们马克思主义者自我反思的。

我们马克思主义者没有能够准确全面地理解新唯物主义的含义，倒是马克思主义阵营外的一些哲学家比较正确地理解了新唯物主义及其含义，值得我们这些信仰马克思主义哲学并以研究它为主要工作的人借鉴和学习。现代西方哲学的三位著名代表人物：海德格尔、罗素和蒂利希，都对马克思的新唯物主义及其含义颇有独到理解。在《关于人道主义的书信》中，海德格尔为马克思辩护道："唯物主义的本质并不在于它主张一切都只是质料"，而倒是在于"一切存在者都表现为劳动的材料"这个形而上学的规定之中。③ 应该承认，海德格尔理解唯物主义的方向同马克思是较为接近的。

罗素更是给了笔者耳目一新的感觉，他强调马克思的唯物主义不是一般的唯物主义，而是一种崭新的唯物主义。"马克思把自己叫做唯物主义者，但不是十八世纪的那种唯物主义者。……这种唯物主义同传统的唯物主义有很重要的不同"④。"马克思根本改变了它的含义。"⑤ "给唯物主义

---

① 张建军：《论〈费尔巴哈论〉中"唯物主义"的双重语义——为恩格斯辩护》，《江海学刊》2004 年第 6 期，第 17—22 页。

② 张杰：《唯物主义在马克思主义哲学中的含义》，《延安大学学报》1996 年第 4 期，第 13—15 页。

③ ［德］海德格尔：《路标》，孙周兴译，商务印书馆 2000 年版，第 401 页。

④ ［美］罗素：《西方哲学史》下卷，马元德译，商务印书馆 1976 年版，第 338 页。

⑤ 同上书，第 342 页。

加上新的解释，使它和人类历史有了新的关联。"① 罗素更深刻的见解在于："在马克思看来，推进力不是精神而是物质。然而，那是一种以上所谈的特别意义的物质，并不是原子论者讲的完全非人化的物质。这就是说，在马克思看来，推进力其实是人对物质的关系，其中最重要的部分是人的生产方式。"② 无须多言，罗素是从正确的方向理解新唯物主义及其含义的。

著名的当代宗教哲学家蒂利希也这样理解新唯物主义。他指出："在马克思看来，唯物主义意指历史进程的一切方面都取决于人再生产自己的存在所采用的方式。它基本上是通过经济生产实现的，所以经济生产对于整个历史发展具有决定性的意义。"③ 不能不说，以上三位哲学家对新唯物主义及其含义的理解比我们的传统教科书理解模式要正确得多，尽管他们也没能准确全面地理解新唯物主义的含义。除了这三位具有很强代表性的哲学家，很多现当代思想家们也比较正确地理解了新唯物主义及其含义，这里不再一一列举。

当然，在新唯物主义产生后，西方思想界也没有能够准确全面地理解新唯物主义的含义。对新唯物主义及其含义的误解和曲解始终是主流，主要是把新唯物主义误解为正统唯物主义，有的是理解为"辩证唯物主义"，更低级的则是将新唯物主义理解为物质主义、实利主义。基于不合理的理解，一些西方思想家对新唯物主义进行了激烈却无效的批评。他们实际的批判对象并非新唯物主义本身，而是远低于新唯物主义。

---

① ［美］罗素：《西方哲学史》下卷，马元德译，商务印书馆 1976 年版，第 336 页。
② 同上书，第 339 页。
③ ［美］蒂利希：《政治期望》，徐钧尧译，四川人民出版社 1989 年版，第 127 页。

结　　语

终于迎来为全书撰写结语的时刻。在系统深入的文本研究和不无艰辛的思想攀登之后，可以较为自信地为全书的研究做出结论并陈述结论和研究过程的意义和启示了，这不能不让笔者热血沸腾。

一　研究的结论

先来回顾本书的研究过程和致思逻辑并为研究作出结论。在导论的开头，我们提出全书研究的问题——马克思新唯物主义的含义。本书的目的就是要研究清楚：在马克思本人看来，什么是唯物主义，唯物主义的含义是什么？因此，本书主要研究的是马克思的唯物主义观，并且只是马克思唯物主义观中的一个问题，而不是马克思的唯物主义思想整体。笔者认为，一百多年中马克思主义阵营对新唯物主义含义的三种主要观点实际上并没有准确全面地理解新唯物主义的含义。新唯物主义的含义亟须重新理解。明确了论题和目的之后，又确定了研究的观念和原则。我们认为，马克思在其论著中所阐发的思想具有独立性和客观性，读者理解和解释的主体性和主观性并不能否定其独立性和客观性。正确理解马克思在其论著中所阐发的思想是必要的和有意义的。相对正确地理解马克思在其论著中所阐发的思想是可能的。我们认识到，只有依据马克思本人的思想，通过系统深入的研究尤其是文本研究，深入分析马克思和其他思想家们关于唯物主义的论述，逐步梳理和把握马克思之前的以及同时代的思想家们赋予唯物主义的含义、马克思对唯物主义含义理解和规定的演进过程和思想成熟时期的马克思赋予新唯物主义的含义才能科学地研究本书的论题，实现本书的目的——准确全面地理解马克思新唯物主义的含义。

按照这一思路，本书依次考察了唯物主义在西方近代思想史上的含义、费尔巴哈感性唯物主义的含义、马克思对唯物主义含义理解和规定的演进过程和马克思新唯物主义的含义。

首先，本书考察了唯物主义在西方近代思想史上的含义。唯物主义在西方近代思想史上的含义包括正统含义和其他次要的含义。作为唯物主义正统形态的近代形而上学意义上的唯物主义的含义是唯物主义概念在西方近代思想史上的正统含义。通过对近代思想家们关于唯心主义和唯物主义的重要论述的分析，我们发现，和传统教科书理解模式认为的唯物主义和唯心主义只有一种统一的含义不同，近代哲学家们即使对正统的形而上学意义上的唯心主义和唯物主义的含义的理解和规定也是"家族相似"的。近代哲学家们赋予唯心主义概念含义的差异尤甚，至少有三种主要类型：（一）否定物质的存在；（二）上帝、理念和精神等起决定性作用；（三）心灵是思想观念的根本原因。近代哲学家们对唯物主义概念含义的理解和规定虽然要一致一些，不过也有差异，我们从中概括出其一般含义：物质是唯一真实存在的实体，上帝和心灵实体并不存在；世界由物质及其运动构成，物质世界及其运动是自为的并具有客观规律，上帝、心灵实体和思想观念不能对物质世界起决定作用；物质而非上帝和心灵实体是思想观念的根本原因。我们发现，恩格斯以及传统教科书理解模式对唯物主义和唯心主义含义的理解和解释并不完全符合近代哲学家们对唯物主义和唯心主义含义的理解和规定。

其次，本书分析了费尔巴哈感性唯物主义的含义。第一，通过对费尔巴哈在《关于哲学改造的临时纲要》和《未来哲学原理》中对唯物主义和唯心主义的重要论述的重新解读，我们发现，在这两部对马克思启发和影响最为重大的著作中，费尔巴哈赋予了唯物主义一种特殊的含义——重视感性和直观的方面，而并不是传统教科书理解模式认为的自然、物质和存在第一性，精神、意识和思维第二性。第二，通过研读费尔巴哈思想成熟时期的论著，我们发现，即使在思想成熟之后，费尔巴哈对唯物主义含义的理解和对唯物主义的态度也不是传统教科书理解模式所认为的始终不变，而是经历了三次重大的转变和四个不同的时期。各种事实表明，费尔巴哈哲学和唯物主义的本质并不是自然唯物主义，而是人本主义的感性唯物主义。

再次，本书梳理了马克思对唯物主义含义理解和规定的演进过程。同样通过研读和分析马克思一生中关于唯物主义的重要论述，我们发现，马克思对唯物主义含义的理解和规定也不是传统教科书理解模式所认为的那样在一生中始终不变，而是变化发展的，大致经历了三个时期：从开始于1840 年下半年的博士论文到 1843 年底的《论犹太人问题》是对唯物主义含义的物质主义理解和规定时期；1844 年的《1844 年经济学哲学手稿》和《神圣家族》是对唯物主义含义的感性唯物主义理解和规定时期；从1845 年春的《关于费尔巴哈的提纲》起直至晚年是对唯物主义含义的历史唯物主义理解和规定时期。

最后，也是最为重要的是，本书考察了马克思新唯物主义的含义。通过对思想成熟时期的马克思关于唯物主义的重要论述进行深入解读，我们发现：马克思实际上赋予了新唯物主义一种和唯物主义的正统含义根本不同的崭新含义——物质生产力与生产关系及其矛盾运动、物质活动是思想观念和上层建筑的现实基础；而并非传统教科书理解模式所认为的和正统唯物主义完全一致的含义——世界的本体是物质，意识是派生的；物质第一性，意识第二性；物质决定意识。新唯物主义的含义是独特的，马克思实际上继费尔巴哈之后再次转变了唯物主义概念的含义。并且，在马克思看来，严格地说，只有主张物质生产力与生产关系及其矛盾运动、物质活动是思想观念和上层建筑现实基础的理论才是真正的唯物主义。也就是说，只有新唯物主义才是唯一真正的唯物主义，而以往的全部旧哲学（包括全部旧唯物主义）实际上都是唯心主义。这是本书最核心的观点和结论。接着，本书又从方法、认识、价值、实践四个维度考察了新唯物主义所包含的重要意蕴。从方法维度看，新唯物主义是分析人类社会历史的唯一科学的方法；从认识维度看，新唯物主义科学地研究和说明现实；从价值维度看，新唯物主义追求崇高的价值和理想；从实践维度看，新唯物主义以现实的活动改变现存世界。新唯物主义这四个重要意蕴也十分鲜明地表达了新唯物主义的重要观点和特征，和新唯物主义基本含义所表达的思想方向是一致的，并且也是新唯物主义独有的，从而和基本含义一道共同构成了新唯物主义的独特含义。在这之后，本书又简要梳理了思想成熟时期的马克思对其他唯物主义含义的理解，包括资产阶级拜物教的唯物主义、庸人的唯物主义、自然科学的唯物主义、注重物质利益和物质因素的唯物主义和费尔巴哈感性唯物主义的含义。本书又简要分析了新唯物主义的含义之所以和唯物主义的其他各种含义尤其是正统含义根本不同的关键原因。还是通过细致研读马克思的若干重要论述，我们发现：马克思实际上就是把唯物史观作为他的新唯物主义世界观的，亦即唯物史观就是马克思的新唯物主义。从而，新唯物主义是一种同唯物主义的正统形态——近代形而上学意义上的唯物主义异质的崭新的唯物主义形态，本质是历史唯物主义。新唯物主义同正统唯物主义的异质造成了新唯物主义的含义和唯物主义的正统含义的大相径庭，因为新唯物主义的含义同其总体特征和本质内在相通、相辅相成。

在通过较为系统深入的研究得出自己的观点之后，本书分析和评价了以往的各种观点尤其是马克思主义阵营内部在一百多年中对马克思新唯物主义含义的三种主要观点。我们发现，除了在《路德维希·费尔巴哈和德国古典哲学的终结》对唯物主义和新唯物主义的著名论述之外，恩格斯晚年实际上在很多地方都对新唯物主义及其含义进行了论述。通过对这些论述的分析和总结，我们认为，恩格斯晚年实际上把新唯物主义的含义理解为现实世界（自然界和历史）是思想观念的原型和基础，思想观念是现实世界（自然界和历史）的反映和表现。并且，恩格斯自觉区分了新唯物主义和近代唯物主义不同的具体含义。总体而言，恩格斯晚年对新唯物主义含义的理解并不完全是近代哲学的，不过的确和马克思存在差异，带有某些近代哲学的色彩。普列汉诺夫、列宁和斯大林等马克思主义理论家把新唯物主义的含义理解成和正统唯物主义的含义完全相同的含义：可感物质实体第一性，意识第二性。传统教科书对这三位理论家的观点进行了最高的抽象，建构了具有最高普遍性和最大普适性的辩证唯物主义世界观，形成了对新唯物主义含义的正统的辩证唯物主义理解：世界的本体是物质，意识是派生的；物质第一性，意识第二性；物质决定意识，严重误解了新唯物主义的含义。与辩证唯物主义理解模式相对的历史唯物主义的理解虽然正确理解了新唯物主义的本质，但是由于没有对新唯物主义的含义进行系统深入的研究，也没有能够准确全面地理解新唯物主义的含义。

二　研究的意义

应该说，本书的研究过程和结论具有一些较为重要的理论意义。最直接、最主要的意义当然是初步准确全面地理解和揭示了马克思新唯物主义的含义。在一百多年中，我们整个马克思主义阵营并没有对新唯物主义的含义进行过系统深入的研究，从而也没能准确全面地揭示新唯物主义的含义。尽管不少马克思主义哲学家和学者都正确提出和论证了新唯物主义的本质是历史唯物主义，但是，即使这些哲学家和学者也没有能够准确全面地揭示新唯物主义的含义。而且，更令人遗憾的是，尽管近年来中国马克思主义哲学界对新唯物主义的本质的主流观点发生了重大改变，由"辩证唯物主义"转变为实践唯物主义、历史唯物主义，但是对新唯物主义含义的认识却没有实现相应的转变，大多数对新唯物主义的本质持实践唯物主义、历史唯物主义理解的学者仍旧对新唯物主义的含义进行传统的辩证唯物主义的理解。在本书中，我们较为系统深入地研究了新唯物主义的含义，从而得以初步准确全面地揭示出了新唯物主义的独特含义，将对新唯物主义的历史唯物主义的理解进行到底，破除一百多年中对新唯物主义的含义占据正统地位却并不正确的传统理解，使马克思的新唯物主义不再痛苦地拖着一条传统唯物主义含义的"尾巴"。以后请不要再说新唯物主义的含义是世界的本体是物质，意识是派生的，物质第一性，意识第二性，物质决定意识；外部世界不依赖于人的意识而客观存在；自然界是优先存在的等诸如此类的话了，这些根本不是新唯物主义的含义。同时，本书的研究及结论也有助于向非马克思主义者呈现新唯物主义的真实面貌，澄清一些长期的不解和误解，驳斥一些长期的曲解，使他们不将新唯物主义及其含义同正统唯物主义以及其他各种唯物主义混为一谈。

对新唯物主义含义的重新理解还解除了学术界长期以来对新唯物主义的本质进行历史唯物主义理解在新唯物主义含义问题上遭受的枷锁和后顾之忧。另外，从马克思对唯物史观自我定位的路径论证唯物史观就是马克思的新唯物主义无疑也加强了学术界对新唯物主义的本质进行历史唯物主义理解的信心，而对新唯物主义的总体特征及其同正统的形而上学意义上的唯物主义和其他各种唯物主义的异质的分析可能也会对此有所助益。并且，由于新唯物主义思想是整个马克思主义哲学的理论基础和主要内容之一，本书对新唯物主义的含义和本质的重新理解显然还有助于从基础上和总体上正确理解整个马克思主义及其哲学，甚至或许还会对我们马克思主义者在新的理解基础上形成对马克思主义及其哲学新的合理的相对一致的理解有所助益。与此同时，本书还较为深入地分析和批判了传统教科书理解模式的观点及其理论前提和致思逻辑，有助于从基础上克服传统教科书理解模式。

此外，本书还对其他一些重要问题进行了考察，得出了一些应该说具有一定价值的新论点。如，对马克思对于唯物主义含义理解和规定的演进过程的考察，改变了传统教科书理解模式认为马克思对唯物主义含义的理解和规定一生不变、始终如一的看法，认识了马克思对唯物主义含义理解和规定的三个不同时期；对费尔巴哈感性唯物主义的含义和思想成熟之后的费尔巴哈对唯物主义含义理解和规定的演变过程的考察，破除了人们对费尔巴哈唯物主义的含义和本质同样长期根深蒂固的严重误解，以后也请不要再说费尔巴哈唯物主义的本质是自然唯物主义，费尔巴哈从自然存在解释意识，费尔巴哈唯物主义的含义是自然、物质和存在第一性，精神、意识和思维第二性等诸如此类的话了；对唯物主义在西方近代思想史上的含义的考察，得出了若干和恩格斯以及传统教科书理解模式不同的观点，唯物主义在西方思想史上并不只有一种含义和形态，而是有多种不同的含义和形态。

总体来说，对新唯物主义含义的重新理解，在理论上，有助于促进人们尤其是当代中国人对新唯物主义乃至整个马克思主义哲学真正本质和精神的正确理解和把握，同时也有助于促进人们尤其是当代中国人对其他有价值的思想理论的正确理解和把握；在实践上，有助于破除陈旧、保守的观念和态度，促进当代中国人的思想解放和实践创新，促进当代中国的改革和发展。

三　研究的启示

除了上述直接的理论意义之外，本书的研究过程和结论应该还对我们今后的马克思主义哲学研究有所启示。以下三点或许是最为重要的：

第一，马克思主义哲学研究应有重新考察哲学和马克思主义哲学的基本概念、观点和原理的自觉意识。唯物主义这个对于马克思主义哲学如此重要的概念我们竟然在一百多年中一直都没有准确全面地理解其含义。这种"日用而不知"的情况给我们敲了警钟：一直以来我们十分确信的对于马克思哲学诸多基础概念的理解有可能也是存在问题的。通过本书的研究和其他研究，笔者认为，诸多我们熟知的哲学基础概念和马克思主义哲学的基本概念、观点乃至原理确实都需要重新考察。我们的马克思主义哲学研究需要形成相对一致的认识，但是，只有在重新清理过的地基和平台上，我们的马克思主义哲学的研究、交流和争论才能更为合理而有效，也才能形成相对一致的并且正确的观点。

第二，马克思主义哲学研究应该超越认识型哲学观。哲学观是哲学思想的内在灵魂，不仅对哲学家提出哲学思想，而且对研究者理解哲学思想都有十分重要的影响。在传统哲学中占据主流地位的是有着诸多问题和局限的认识型哲学观，以这种传统哲学观是无法正确理解作为现代哲学的马克思哲学的。传统教科书理解模式所持的哲学观正是这种传统哲学观，以之理解马克思的新哲学和新唯物主义及其含义，造成了对马克思新哲学和新唯物主义及其含义长期深刻的误解。这启示我们，研究马克思的新哲学，作为研究者的我们只有自觉反思自己的哲学观，确立和马克思一致的现代哲学观，才能正确理解马克思的新哲学。同样，也只有确立现代哲学观，才能正确理解和评价其他现代哲学。

第三，马克思主义哲学研究应该系统深入。只有进行系统深入的研究才可能准确全面地理解和把握新唯物主义的含义。然而，正如导论所指出的，长期以来之所以不能正确理解新唯物主义含义的一个重要原因就在于缺乏对其系统深入的研究。这启示我们，对于马克思主义，无论是总的思想还是具体问题，我们的研究都必须系统深入，而不是从几篇著作中摘录出几段话就可以了。其实，像新唯物主义含义这样的问题并不复杂，系统深入的研究完全可以研究清楚，不应该长期得不到准确全面的回答。笔者自知自己没有资格说这样的话，也深知自己的观点并不一定都正确，但这确确实实是笔者在研究这个问题过程中的一个十分深切的感受。另外，包括马克思在内的思想家们在漫长一生的众多论述中经常会产生一些有所差别、不同乃至对立的观点和表述也要求我们的研究必须系统深入。思想家们的思想经常会有在总体一致基础上的自我差异甚至自我冲突。再经过表述，这种自我差异乃至自我冲突很可能进一步扩大。从而，没有系统深入的研究是绝对不行的，简单肤浅的研究无论如何也不能正确把握思想家们的思想。

除了对马克思新唯物主义含义这个问题作出准确全面的理解之外，本书也梦想以重新理解新唯物主义的含义这个极具代表性和理论穿透力与带动力的问题的实际行动投身于当代中国马克思主义哲学界重新理解马克思的思想洪流之中，探索重新理解马克思的途径和方式，抛砖引玉促动学术界对马克思主义进行更为广泛、深入、持久和科学的重新理解，为重新理解马克思这一重大理论努力添加一点微薄的力量。

任何科学著作都不可避免地存在种种疏漏乃至错误，不存在甚至不可能存在疏漏和错误的著作决非科学著作。由于时代和国度的马克思主义哲学研究水平给予的基础和范围没有也不可能达到极致，特别是由于笔者自身理论水平和马克思主义哲学研究水平的极其有限，从而，即使时间再充裕，疏漏、错误甚至严重误解也会不可避免地出现在本书中。任何思想史研究都不可能绝对准确地理解思想家们的思想，本书也不可能绝对准确地理解新唯物主义的含义，误解的幽灵同样会不留情面地在本书游荡。此时此刻，笔者猛然强烈地感觉自己仿佛又回到了导论开头对于理解、误解和重新理解及其相互关系的感触，那些观点也同样适用于笔者和本书的研究自身。这让下面这个想法再次强烈地涌上笔者心头：不断重新理解思想家们的思想、不断重新理解马克思将是我们永远的任务。我们愿做那追日的夸父，永远奔向心中的太阳！

参考文献

1. 《马克思恩格斯全集》（第二版）第一卷，中央编译局编译，人民出版社 1995 年版。
2. 《马克思恩格斯全集》（第二版）第三卷，中央编译局编译，人民出版社 2002 年版。
3. 《马克思恩格斯全集》（第二版）第三十卷，中央编译局编译，人民出版社 1995 年版。
4. 《马克思恩格斯全集》（第二版）第三十一卷，中央编译局编译，人民出版社 1998 年版。
5. 《马克思恩格斯全集》（第二版）第四十四卷，中央编译局编译，人民出版社 2001 年版。
6. 《马克思恩格斯全集》（第二版）第四十五卷，中央编译局编译，人民出版社 2003 年版。
7. 《马克思恩格斯全集》（第二版）第四十六卷，中央编译局编译，人民出版社 2003 年版。
8. 《马克思恩格斯全集》（第二版）第四十七卷，中央编译局编译，人民出版社 2004 年版。
9. 《马克思恩格斯全集》（第一版）第三卷，中央编译局编译，人民出版社 1960 年版。
10. 《马克思恩格斯文集》，中央编译局编译，人民出版社 2009 年版。
11. 《马克思恩格斯选集》（第二版）第 1 卷，中央编译局编译，人民出版社 1995 年版。
12. 《西方哲学原著选读》上卷，北京大学哲学系外国哲学史教研室编译，商务印书馆 1981 年版。

13. 《西方哲学原著选读》下卷，北京大学哲学系外国哲学史教研室编译，商务印书馆 1981 年版。

14. ［古希腊］亚里士多德：《形而上学》，吴寿彭译，商务印书馆 1959 年版。

15. ［英］培根：《新工具》，许宝骙译，商务印书馆 1984 年版。

16. ［法］笛卡儿：《第一哲学沉思集》，庞景仁译，商务印书馆 1986 年版。

17. ［荷］斯宾诺莎：《知性改进论》，贺麟译，商务印书馆 1960 年版。

18. ［荷］斯宾诺莎：《伦理学》，贺麟译，商务印书馆 1983 年版。

19. 《莱布尼茨与克拉克论战书信集》，陈修斋译，商务印书馆 1996 年版。

20. ［法］伏尔泰：《哲学辞典》，王燕生译，商务印书馆 1991 年版。

21. ［英］休谟：《人性论》，关文运译，商务印书馆 1980 年版。

22. ［法］拉·梅特里：《人是机器》，顾寿观译，商务印书馆 1959 年版。

23. ［法］卢梭：《爱弥儿》，李平沤译，商务印书馆 1978 年版。

24. ［法］狄德罗：《狄德罗哲学选集》，江天骥、陈修斋、王太庆译，商务印书馆 1983 年版。

25. ［法］霍尔巴赫：《自然的体系》上卷，管士滨译，商务印书馆 1964 年版。

26. ［法］霍尔巴赫：《袖珍神学》，单志澄译，商务印书馆 1981 年版。

27. ［德］康德：《纯粹理性批判》，李秋零译，中国人民大学出版社 2004 年版。

28. ［德］康德：《任何一种能够作为科学出现的未来形而上学导论》，庞景仁译，商务印书馆 1978 年版。

29. ［德］费希特：《论学者的使命人的使命》，梁志学、沈真译，商务印书馆 1984 年版。

30. ［德］谢林：《先验唯心论体系》，梁志学、石泉译，商务印书馆 1976 年版。

31. ［德］黑格尔：《小逻辑》，贺麟译，商务印书馆 1980 年版。

32. ［德］黑格尔：《哲学史讲演录》第一卷，贺麟、王太庆译，商务印书馆 1959 年版。

33. ［德］黑格尔：《哲学史讲演录》第二卷，贺麟、王太庆译，商务印书馆 1960 年版。

34. ［德］黑格尔：《哲学史讲演录》第三卷，贺麟、王太庆译，商务印书馆 1959 年版。

35. ［德］黑格尔：《哲学史讲演录》第四卷，贺麟、王太庆译，商务印书馆 1978 年版。

36. ［德］叔本华：《作为意志和表象的世界》，石冲白译，商务印书馆 1982 年版。

37. ［法］托克维尔：《论美国的民主》上卷，董果良译，商务印书馆 1988 年版。

38. ［德］费尔巴哈：《费尔巴哈哲学著作选集》上卷，荣震华、李金山等译，商务印书馆 1984 年版。

39. ［德］费尔巴哈：《费尔巴哈哲学著作选集》下卷，荣震华、王太庆、刘磊译，商务印书馆 1984 年版。

40. ［德］狄慈根：《狄慈根哲学著作选集》，杨东莼译，生活·读书·新知三联书店 1978 年版。

41. ［德］梅林：《保卫马克思主义》，吉洪译，人民出版社 1982 年版。

42. ［法］拉法格：《思想起源论》，王子野译，生活·读书·新知三联书店 1963 年版。

43. ［意］拉布里奥拉：《关于历史唯物主义》，杨启潾、孙魁、朱中龙译，人民出版社 1984 年版。

44. ［俄］普列汉诺夫：《马克思主义的基本问题》，张仲实译，生活·读书·新知三联书店 1961 年版。

45. ［苏］列宁：《唯物主义和经验批判主义》，中央编译局译，人民出版社 1998 年版。

46. ［苏］列宁：《哲学笔记》，林利等译校，中央党校出版社 1990 年版。

47. ［苏］斯大林：《斯大林选集》上卷，中央编译局编译，人民出版社 1979 年版。

48. ［匈］卢卡奇：《历史和阶级意识》，杜章智、任立、燕宏远译，商务印书馆 1996 年版。

49. ［德］柯尔施：《马克思主义和哲学》，王南湜、荣新海译，重庆出版社 1989 年版。

50. ［德］柯尔施：《卡尔·马克思》，熊子云、翁延真译，重庆出版社

1993 年版。

51. ［意］葛兰西：《狱中札记》，曹雷雨、姜丽、张跣译，中国社会科学
　　出版社 2000 年版。

52. ［德］霍克海默：《批判理论》，李小兵译，重庆出版社 1989 年版。

53. ［美］弗洛姆：《在幻想锁链的彼岸——我所理解的马克思和弗洛伊
　　德》，张燕译，湖南人民出版社 1986 年版。

54. ［德］施密特：《马克思的自然概念》，欧力同、吴仲昉译，商务印书
　　馆 1988 年版。

55. ［法］阿尔都塞：《保卫马克思》，顾良译，商务印书馆 1984 年版。

56. ［日］广松涉：《文献学语境中的〈德意志意识形态〉》，彭曦译，南
　　京大学出版社 2005 年版。

57. ［法］德里达：《马克思的幽灵》，何一译，中国人民大学出版社 1999
　　年版。

58. ［美］罗素：《西方哲学史》下卷，马元德译，商务印书馆 1976 年版。

59. ［美］蒂利希：《政治期望》，徐钧尧译，四川人民出版社 1989 年版。

60. ［加］本格：《科学的唯物主义》，张相轮、郑毓信译，上海译文出版
　　社 1989 年版。

61. 俞吾金：《重新理解马克思：对马克思哲学的基础理论和当代意义的
　　反思》，北京师范大学出版社 2005 年版。

62. 俞吾金：《实践诠释学——重新解读马克思哲学与一般哲学理论》，云
　　南人民出版社 2001 年版。

63. 张一兵：《回到马克思——经济学语境中的哲学话语》，江苏人民出版
　　社 1999 年版。

64. 张一兵：《马克思历史辩证法的主体向度》，南京大学出版社 2002
　　年版。

65. 王南湜：《后主体性哲学的视域——马克思唯物主义的当代阐释》，中
　　国人民大学出版社 2004 年版。

66. 杨耕：《为马克思辩护：对马克思哲学的一种新解读》，北京师范大学
　　出版社 2006 年版。

67. 张曙光：《人的世界与世界的人——马克思思想历程追踪》，河南人民
　　出版社 1994 年版。

68. 王东：《马克思学新奠基——马克思哲学新解读的方法论导言》，北京

大学出版社 2006 年版。

69. 高清海、孙利天：《马克思的哲学观变革及其当代意义》，《天津社会科学》2001 年第 5 期，第 9—16 页。

70. 孙伯鍨：《唯物主义和实事求是——为纪念恩格斯逝世 100 周年而作》，《江苏社会科学》1995 年第 4 期，第 83—88 页。

71. 黄楠森：《必须坚持辩证唯物主义》，《北京大学学报》（社会科学版）1998 年第 2 期，第 162—169 页。

72. 辛敬良：《立足于人类历史活动的唯物主义——对马克思主义哲学总体特征的再认识》，《哲学研究》1996 年第 3 期，第 3—10 页。

73. 徐崇温：《关于马克思的新唯物主义——纪念马克思写作〈关于费尔巴哈的提纲〉150 周年》，《开放时代》1996 年第 4 期，第 37—41 页。

74. 刘纲纪：《对马克思主义哲学中的唯物主义问题的重新考察》，《天津社会科学》1989 年第 3 期，第 31—40 页。

75. 韦人：《唯物主义一词是何时出现的——读书札记》，《学习与探索》1985 年第 5 期，第 25—28 页。

76. 俞吾金：《马克思实践唯物主义的当代趋向》，《江苏社会科学》2000 年第 6 期，第 42—46 页。

77. 俞吾金：《知识论哲学的谱系及其对马克思主义哲学研究的影响》，《马克思主义与现实》1997 年第 2 期，第 9—18 页。

78. 俞吾金：《论马克思的唯物主义学说的基本特征》，《上海行政学院学报》2001 年第 1 期，第 4—11 页。

79. 刘福森、胡金凤：《马克思的新哲学观和新世界观》，《学习与探索》1998 年第 1 期，第 69—73 页。

80. 刘福森：《作为世界观的历史唯物主义——论马克思实现的哲学革命》，《中共天津市委党校学报》2003 年第 2 期，第 3—9 页。

81. 张建军：《论〈费尔巴哈论〉中"唯物主义"的双重语义——为恩格斯辩护》，《江海学刊》2004 年第 6 期，第 17—22 页。

82. 马拥军：《现实主义还是抽象的唯物主义》，《华侨大学学报》2001 年第 1 期，第 1—9 页。

83. 王金福：《"广义历史唯物主义"、"狭义历史唯物主义"概念的规定及其与马克思主义哲学的关系——论马克思主义哲学的实质兼与张一兵同志商榷》，《南京社会科学》2000 年第 6 期，第 5—11 页。

84. 王金福：《在什么意义上说马克思的哲学是历史唯物主义》，《唯实》2002 年第 1 期，第 3—7 页。

85. 王金福：《马克思的"新唯物主义"新在何处》，《苏州职业大学学报》2004 年第 5 期，第 4—9 页。

86. 孙荣：《费尔巴哈的唯物主义在何种意义上属于旧唯物主义》，《苏州大学学报》2002 年第 3 期，第 31—34 页。

87. 刘森林：《论唯物主义的层次》，《马克思主义研究》2000 年第 4 期，第 44—51 页。

88. 张亮：《是物质实体，还是社会经济关系？——论青年马克思对唯物主义范畴的矛盾理解》，《南京大学学报》1998 年第 1 期，第 20—22 页。

89. 杨思基：《也谈唯物主义一般原理与历史唯物主义的关系问题——就〈论两种不同的历史唯物主义概念〉与俞吾金商榷》，《山东社会科学》1999 年第 1 期，第 51—58 页。

90. *MEGA2*：Ⅰ/2. Berlin：Dietz Verlag, 1982.

91. *MEGA2*：Ⅱ/5. Berlin：Dietz Verlag, 1983.

后　　记

　　终于盼来了这部青涩的处女之作即将成书问世的日子。距离初稿完成的 2008 年已有七年。这是一段颇有收获又略带心酸的等待。伟大的著作是光辉的生命，而对于每一位作者，用心写作的著作也是有生命的。依我个人看法，好的序言和后记是学术专著不可或缺的部分。至少，我时常为诸多伟大著作饱含思想与深情的序言和后记所震撼。因此，我决定不让自己著作的后记成为只是走过场的形式，而是希望能够为读者们提供一点可能有意义的东西。在过去的数年中，多样的感受曾经涌上我的心头。有些激烈，有些深沉；有些清晰可见，有些莫可名状；有些仍然鲜活，有些已然淡去。

　　回想起来，有一件同本书相关的有趣事情。小学三年级的时候，语文老师就对我们宣布了"我们是唯物主义的"这个重大"命题"。其实她也不太能分清我们是唯物主义者还是唯心主义者，想了不短的时间才强调说，"我们是唯物主义的，不是唯心主义的。"不知道为什么，语文老师这样一句当时我们完全不可能理解的话竟会钻进我幼小的脑袋中，难道是因为唯物主义这个名称的新奇古怪，或许是因为"我们是唯物主义的"这一事实的重要。进入大学和研究生阶段，我阅读了不少对于马克思主义哲学本质的争论，总觉得传统教科书理解模式的观点存在严重问题，但时常又觉得它们说得好像也有些道理，这让我一直非常困惑。常常又听到同学们争论唯物主义和唯心主义谁是谁非，这让我这个专门学习"唯一科学的唯物主义"却始终没有完全明白唯物主义是什么的学生负担倍增。

　　更直接促动我的是读研时和一位老师的一次争论。老师在课堂上向我们强调唯心主义是正确的，唯物主义是错误的，并以人大版马哲原理教材为对象进行了猛烈的批评。年轻气盛的我立马就提出了郑重的抗议和反驳。我强调，理解马克思主义的唯物主义思想应当以马克思本人的著作和思想为基础，而马克思哲学的核心和主要部分是历史唯物主义，而历史唯物主义主张的是社会存在决定意识。然而，老师问我：那么社会存在如何决定意识呢？听了这个问题，我一下子就慌张起来了，因为我也不很明白社会存在是如何决定意识的，结果只能胡乱回答了几句蒙混过关。从那以后，这个问题始终萦绕在心头搅扰着我，最后将我引向对马克思新唯物主义含义的探究。

现在，我要以自己正在跳动着的真诚的感激之心衷心感谢所有帮助本书书稿和我成长的人们！感谢所有引导和帮助我缓步走上理论学习和研究道路的老师，尽管很多老师很可能觉得只是在尽他们自己的本分。

衷心感谢我的硕士导师沈湘平先生。对于和沈老师接触不多的人来说，沈老师首先当然是一个"先天下之乐而乐"的人。"先天下之乐而乐"是沈老师在一次讲座上对湖南电视台进行著名批评时改造自范仲淹名言的名言。众所周知，沈老师非常乐观而积极。最典型的表现当然莫过于每每为我们所津津乐道的沈老师"隽刻"在他的电脑屏保上的"人事难得开口笑，积极生活每一天"。但是，更深入地了解沈老师，他更是一个"先天下之忧而忧"的人。这也是我最敬重沈老师的地方，我个人评价教师的首要标准是人品。由于是同乡的缘故，沈老师很敬重毛主席，而毛主席的一些元素也深入了沈老师的骨髓，以致师母经常戏称他为"石光荣"。沈老师不仅总把"天下兴亡"牢记在心，而且也总是把我们这些学生的大事小事牢记在心。

衷心感谢我的博士导师郭湛先生。郭老师的人品和学品之高总是令我肃然起敬。尽管工作非常繁忙，惜时如金，但郭老师十分关心学生们的成长。郭老师在学生论文上一丝不苟、密密麻麻的修改令我深受感动，在学生论文答辩会上的从头至尾丝毫没有任何改变的极致专注的神情我永远无法忘怀。出于对学术的追求和对学生的期望，郭老师很关心书稿的修改与出版和我的提高，对书稿提出了非常中肯的批评和指点。郭老师的批评把我从自大的迷梦中点醒。起初，我坚持认为书稿已经比较成熟了，不是很能接受老师的批评。然而，后来的修改让我一次又一次感受到老师教导的正确。书稿的确还很不成熟，以至于我一次又一次地冒出以前怎么写得这么差的想法。虽然还是很粗浅，不过得益于郭老师的批评和指点，书稿比以前提高了许多，而我惊喜地感到自己也逐渐提高了。

　　衷心感谢我的博士后导师赵敦华先生。承蒙赵老师不弃，我才得以进入仰慕多年的北京大学哲学系从事博士后研究工作。除了作为哲学家渊博的学识、宽广的视野、批判的精神和严谨的态度之外，先生作为哲学史家的学术运思更给我以一种强烈的冲击和鲜活的感触。我曾暗下决心好好学习先生这种厚重的风格。另外，先生还直截了当地说自己对这本小书"更感兴趣"，让我很受鼓舞。

　　感谢在我成长过程中给予我无私帮助的老师们。感谢北京大学丰子义和仰海峰二位老师。丰老师在十分繁忙的工作中抽出宝贵时间用心阅读了初稿，真诚而热切地鼓励了我，并且提出了五条中肯的建议，让我很是感动。仰老师作为外审专家给予了我十分热情的鼓励和指点。还有我三位本科时的老师：最初引领我走向马克思哲学的启蒙老师侯西安老师，对一个普通学生的学习和人生都关怀备至并悉心指点的李淑贞老师，在我急需帮助的时候毫不推托热情帮助的林少敏老师。

　　感谢北方工业大学思想文化与社会发展研究所秦志勇、张加才等前辈和同事。感谢你们对我工作和生活的关心、支持和帮助。感谢福建社会科学院在我这个理论上地位最高却很可能是当前中国最难找工作学科的学生，为谋得一份工作养活自己而极度困顿、低落和失望之际"收留"了我，没有让"毕业即失业"这个我们时代的恐怖魔咒在我身上发挥魔力，提供了十分自由充裕的时间和相当好的硬件条件让我得以完成这本书，还将其列为三级课题予以资助。感谢福建社会科学院哲学所潘叔明、张文彪、薛孝斌和黄平等先生对我的关心和帮助。还有很多启发和帮助过我的老师，谢谢你们！感谢所有帮助我发表书稿内容又不要"版面费"的杂志。感谢你们不顾基础理论研究的无人问津，也不顾经济的压力，更不追逐人人追求的物质利益，发表了我的不成熟的论文。

　　人们常说"当局者迷"，但实际上当局者也有清的一面。同书稿日夜相伴、相濡以沫了两年的我深知，由于自身学识浅薄、研究经验贫乏和其他各种原因，尽管我在主观上努力试图减少并且拙著似乎也随着时间的推移有些成长和成熟起来了——他的成长和我的成长是令自己深感快乐的同一个过程，但我仍然非常有信心地肯定本书存在着众多的不足、偏颇乃至谬误。有时我甚至会因为花了两年的时间费了九牛二虎之力，才弄出了这样一个很不成熟很不完善的小册子而埋怨自己。我真诚地敬请学界各位老师和前辈给予批评指正，并就论题以至整个马克思哲学展开广泛、深入、持久而科学的研究和讨论。我们中国哲学界对马克思主义哲学基础理论的研究，需要长期进行下去并也将长期进行下去。

我有一个愿望，在不久的将来，我们的理论能够得到人们更多的喜爱。人的生命和生活应该是全面、丰富而有意义的，既应该有通俗轻松的休闲，也应当有高尚艰深的理论学习和研究。虽然对于现在的大多数人们来说，理论无比艰深乏味，但我坚信，尽管会很艰难而漫长，实现这一愿望却是完全有可能的，因为理论的学习和研究同样也是幸福的。

刘志洪谨记

2015 年 6 月